KB079026

중국의 장래

역사와 과학으로 해석한 중국의 장래와 새로운 세계질서

중국의 장래

발행일   2015년 11월 10일

지은이   황 용 식
펴낸이   손 형 국
펴낸곳   (주)북랩
편집인   선일영   편집   서대종, 이소현, 김아름, 권유선, 김성신
디자인   이현수, 신혜림, 윤미리내, 임혜수   제작   박기성, 황동현, 구성우
마케팅   김회란, 박진관
출판등록   2004. 12. 1(제2012-000051호)
주소   서울시 금천구 가산디지털 1로 168, 우림라이온스밸리 B동 B113, 114호
홈페이지   www.book.co.kr
전화번호   (02)2026-5777   팩스   (02)2026-5747

ISBN   979-11-5585-765-6 03340(종이책)   979-11-5585-766-3 05340(전자책)

이 도서의 국립중앙도서관 출판예정도서목록(CIP)은 서지정보유통지원시스템 홈페이지(http://seoji.nl.go.kr)와
국가자료공동목록시스템(http://www.nl.go.kr/kolisnet)에서 이용하실 수 있습니다.
(CIP제어번호 : CIP2015029758)

성공한 사람들은 예외없이 기개가 남다르다고 합니다.
어려움에도 꺾이지 않았던 당신의 의기를 책에 담아보지 않으시렵니까?
책으로 펴내고 싶은 원고를 메일(book@book.co.kr)로 보내주세요.
성공출판의 파트너 북랩이 함께하겠습니다.

역사와 과학으로 해석한
중국의 장래와 새로운 세계질서

중국의 장래

황용식 지음

CHINA'S FUTURE

북랩 book Lab

이 책을 어머님께 바칩니다.

머리말

오늘날 중국대륙을 통치하고 있는 중화인민공화국은 중국대륙 역사상 13세기 중엽 약 70년간 몽골이 유라시아 대륙에 걸쳐 대제국을 이룩하였던 이래 최대의 영토와 중국대륙 역사상 가장 많은 약 13억 8천만 명의 인구를 가지고 새로운 국제질서 형성에 큰 영향력을 행사하려 하고 있다.

중화인민공화국의 발전이 어떠한 방향으로 전개될 것이며 앞으로 국제질서는 어떻게 변화할 것인가.

본서는 중국의 장래와 국제질서의 변화 방향을 살펴보려면 인류문명에 가장 커다란 영향을 준 중국대륙의 역사와 유럽대륙의 역사를 비교하고 중국대륙에서 일어난 여러 나라의 힘(국력)이 유럽대륙에서 일어난 여러 나라의 힘과 비교할 때 어떠한 변화가 일어났으며 그러한 힘의 변화를 가져온 원인이 무엇인가를 자연과학의 개념을 원용하여 정리해보기 위한 것이다.

인류문명의 발상지는 티그리스, 유프라테스 강 유역의 메소포타미아 문명, 나일 강 유역의 이집트 문명, 인더스 강과 갠지스 강 유역의 인도 문명, 황허 유역의 중국 문명과 같이 강 유역의 문명과 지중해의 에게 문명과 같은 바다를 중심으로 일어난 문명으로 나눌 수 있는데, 이들 문명의 발상지에서 역사적으로 가장 오랫동안 인류문화에 큰 영향을 미친 문화는 그리스, 로마의 문화와 중국의 문화라고 할수 있다. 역사상 이 두 문화의 발전은 유럽대륙의 역사와 중국대륙의 역사를 형성하였기 때문에 중국의 장래는 중국대륙에서 나타났던 여러 왕조들의 과거 역사를 유럽의 역사와 관련시켜서 검토할 필요가 있다.

현재 중화인민공화국이 통치하고 있는 중국대륙의 면적은 960만 평방킬로미터에 달하여 중국대륙을 유럽대륙과 비교하면 우랄산맥과 카스피 해 서쪽의 유럽대륙과 면적이 비슷하고(러시아 부분을 제외하면 약 2배가량)이고 인구는 약 1.6배(러시아 부분을 제외하면 약 3배)이다.

중국대륙에서는 한족漢族이 중심이 되어 인류 4대 문명의 발상지 중 하나인 황허黃河 중류를 중심으로 한 문명을 일으켜 기원전 약 15세기 경 인殷이라는 고대왕조를 이룩한 이후 기원전 11세기경 성립된 저우周왕조에 와서는 이미 중국대륙의 통치의 기본원칙과 전통사상을 확립하였다.

중국 역사상 '중국'이라는 명칭을 가진 국가는 존재하지 않았음에도 불구하고 중국대륙에서 세워진 역대의 여러 나라를 통칭하여 '중국'이라고 부르게 된 것은 이 나라들이 한족漢族이 중심이 되어 이룩한 문화에 흡수되어 전체적으로 독특한 문화권을 유지, 발전시켜 왔기 때문이다.

중국대륙과 유럽대륙의 문화가 서로 다른 가장 큰 이유 또한 유럽대륙의 인종은 북서부의 게르만족, 남부의 라틴족, 중동부의 슬라브족 등으로 다양하며 이들 인종들은 역사적으로 상호 대립과 투쟁을 거쳐 오늘날 50개의 독립국가를 형성하고 있는 반면 중국대륙에는 한漢족 이외에 55개의 소수민족이 있으나 한漢족이 약 92%를 차지하고 역사상 소수민족이 중국대륙을 지배한 기간이 있지만 문화는 한족 중심으로 발전되어 왔다는 점이다.

중국의 역사시대가 시작된 인殷왕조가 성립된 기원전 약 15세기에 유럽대륙에서는 지중해의 각 지방에 왕국이 성립하였으며 그리스인들이 미케네를 정복하고 도시국가를 이룩하였을 기원전 11세기경에 중국대륙에서 저우周왕조가 성립하였다. 유럽대륙에서 로마가 건국되었을 시기는 중국대륙의 춘추 전국시대이었고 로마가 포에니 전쟁을 통하여 서부 지중해의 제해권을 장악하였을 시기인 기원전 3세기는 중국대륙이 친秦나라에 의하여 통일된 무렵이었다.

친秦은 당시 대립하였던 6개국을 병합하고 중국대륙에서 최초의 통일국가를 이룩하였으나 친秦이 통일한 영역은 소위 중원中原이라고 불리는 한족漢族 본래의 생활영역인 오늘날 중국 허난성河南省, 싼둥성山東省 서부, 싼시성陝西省 동부에 걸친 황허黃河 중中·하류下流 유역流域과 베트남, 버마의 일부를 포함하는 지역이었다. 친秦은 비록 15년 동안밖에 존속하지 못하였으나 그 이후 2000년 이상 존속하게 된 통치제도인 황제지배제도를 확립하였다.

기원후 1년 무렵 로마제국의 인구와 중국대륙의 인구가 비슷하였으며 기원후 5세기 중국대륙의 남북조시대南北朝時代에 유럽대륙에서 서로마제국이 망하였으나 유럽대륙의 동로마제국의 존속 시기는 중국대륙의 밍明나라 중기까지의 기간에 해당한다.

유럽대륙에서 라틴족이 이룩한 로마제국이 쇠퇴하기 시작한 3세기경부터 게르만족이 대거 이주하여 유럽대륙에 여러 왕국을 수립하는 동안 중국대륙에서는 한족이 세운 친秦과 한漢이 3세기 초까지 존속하다가 3국으로 분열된 후 잠시 통일을 이룩하였으나 5세기 초 소수민족인 유목민들이 북방에서 일어나 이들에 의한 왕조가 계속되고 한족漢族들은 남방에서 왕조를 이어가는 남북조시대南北朝時代가 1세기 반이나 계속되다가 6세기 말에 다시 한족漢族에 의한 쑤이隋나라로 재통일되었다.

유럽대륙에서 게르만족들이 세운 프랑크왕국이 9세기에 중부, 동, 서프랑크로 분열되고 남쪽으로부터 이슬람교도, 동쪽으로부터 마자르족, 북쪽으로부터 노르만족의 침입을 받아 여러 국가로 나누어지게 되었는 데 반하여 중국대륙에서는 한족漢族 중심의 국가와 소수민족인 이민족이 수립한 국가들 간의 상호 주도권을 교체하는 시대가 펼쳐졌다.

중국대륙에서 7세기 초 탕唐나라가 건국되어 10세기 초 멸망하고 다시 유목민들에 의하여 5대 10국의 왕조가 성립한 후 쑹宋이 건국되었으나 쑹宋은 몽골 계통의 유목민인 거란족이 수립한 랴오遼나 투어바拓跋족이 세운 시샤西夏, 여진女眞족이 세운 진金의 압박을 받아 중국대륙 역사상 가장 축소된 영토만을 통치하다가 결국 13세기 중엽 유목민인 몽골족이 세운 위엔元나라에 멸망당하였다.

중국의 한족漢族들은 이후 약 1세기 동안 몽골족의 지배를 받다가 14세기 중엽 밍明나라를 수립하였으나 17세기 중엽 다시 만주족이 세운 칭清나라에 의하여 멸망당하였다.

칭나라는 20세기 초에 한족이 중심이 된 혁명에 의하여 붕괴되고 공화국이 탄생하였으나 이 공화국은 내란을 겪은 후 내란에서 승리한 중국공산당은 20세기 중엽 중화인민공화국을 설립하여 오늘날까지 존속하고 있다.

중국대륙에서 일어난 여러 나라들과 유럽대륙에서 일어난 여러 나라의 힘을 비교하면 13세기에서 16세기까지 중국대륙의 GDP가 세계전체 GDP의 3분의 1을 차지할 정도로 중국대륙이 유럽대륙보다 번성하였으며 춘추전국시대에 일어난 유교교리를 국가 통치철학의 기본으로 삼고 쑤이隋나라 이후부터 관리를 등용하는 과거제도를 실시하면서 이 과거제도에 유교교리에 대한 지식을 요구함으로써 유교가 국가의 중심사상으로 정착하게 되었다. 그러나 중국대륙은 19세기에 와서 유럽과 교역을 하면서 19세기 중엽에 영국과의 아편전쟁을 계기로 유럽 열강들의 반식민지 상태로 전락하였다.

칭나라의 멸망 후 중국대륙에는 국민당 중심의 공화국이 탄생하였으나 공산당과의 내전에서 패배하고 대만으로 정부를 옮기게 되었으며 공산당을 이끈 마오쩌둥毛澤東이 20세기 중반 중화인민공화국 정부를 수립하였다. 마오쩌둥은 공산당 조직을 기반으로 과거의 황제와 같은 절대 권력을 행사하면서 중국대륙의 인민을 통치하는 동안 1950년대 후반 인민공사人民公司와 대약진운동大躍進運動과 같은 무리한 경제정책을 시행하여 1958년부터 1961년까지 적어도 3천만 명의 아사자를 발생시키고 중국 국민총생산의 35%를 감소시켰다.

1959년 7월부터 8월에 걸쳐 루싼廬山에서 개최된 중국공산당 제8기 8차대회 겸 정치국 확대회의에서 정치국원이며 국무원 부총리 겸 국방장관이던 펑더화이彭德懷가 대약진운동의 성과를 비판하자 마오쩌둥 중심의 공산당은 그를 숙청하고 국방장관의 직위를 린뱌오林彪가 맡도록 하였으며 당내의 대항세력을 척결하는 방안으로서 대규모 민중운동을 활용하기로 하여 1969년부터 10년간 중국대륙에서는 홍위병紅衛兵들이 중심이 된 대규모 민중정치운동을 유도하여 인민의 이름으로 수많은 지식인을 자본주의를 추구하는 자(주자파:走資派)라는 혐의를 씌워 숙청하였으며 마오쩌둥의 후계자로 거론되던 리우샤오치劉少奇도 숙청당하여 사망하고 린뱌오林彪 또한 마오쩌둥의 비판을 받고 1971년 사망하였다.

중화인민공화국은 문화혁명 때 주자파走資派로 낙인이 찍혀 숙청되었던 덩샤오핑鄧小平이 1974년 저우언라이周恩來의 도움으로 부총리직을 맡았다가 1976년 마오쩌둥의 세력에 밀려 다시 실각한 후 마오쩌둥의 사후인 1977년 복권되어 공산당의 실권자가 되었다. 이후 개혁과 개방을 주장하면서 '중국식 사회주의'를 표방하면서 시장경제제도를 수용하였다.

중국의 개혁개방 이후 1990년대 초반까지 덩샤오핑은 국민에게 사회주의의 기본 틀을 유지하면서 시장경제를 수용하는 데 대한 설명을 하지 않을 수 없는 상황이었으나 시장경제를 수용한 중국경제가 연평균 10% 이상 성장하는 예상외의 성과를 거두자 2000년대 장쩌민江澤民이 집권한 후 세계무역기구에 가입하여 서구 자본주의와 본격적인 경제발전 경쟁체제로 돌입하고 국가주도의 자본주의 정책을 시행하면서 미국과 함께 국제질서에 가장 커다란 영향을 미치는 국가로 발전하였다.

중국대륙에서 시장경제체제를 수용하고 국제무역을 통하여 국가의 부를 증강시켜 나가고자 하는 정책은 중국대륙 역사상 춘추시대의 치齊나라의 제상이었던 관중管仲이 백성을 사농공상士農工商의 순서로 구분한 이래 수천 년 동안 지속되어온 직업의 중요도를 사상공농士商工農의 순서로 바뀌게 하였으며 수천만 명의 농민공農民工이 양산되는 결과를 초래하였다.

2012년 말, 중국의 새로운 지도자가 된 시진핑習近平은 중국이 그동안의 발전을 바탕으로 앞으로 더욱 번영하고 조화로운 국가를 건설함으로써 '중화민족의 부흥'을 '중국의 꿈'으로 명명하고 이의 실현을 추구하고 있다.

중국이 중국의 꿈을 실현하기 위하여 추구하는 기본 정신을 서구문화를 이룩한 바탕이 되는 사상을 수용하는 것이 아니라 중국 고유의 전통사상을 기반으로 이룩하려고 한다. 중국이 중국의 꿈을 실현할 수 있을 것인가는 기본적으로 중국인들에게 달려 있기 때문에 중국의 전통문화를 형성한 기본사상과 서구문화를 이룩한 서구인들의 기본사상이 어떻게 다른가를 살펴볼 필요가 있다.

인류 역사는 사람이 만들어 나가는 것이므로 역사를 만드는 사람들이 어떠한 사람이며 또한 그들이 어떠한 생각을 하느냐가 역사 형성의 기본 요소이다.

오늘날 세계 자본주의의 뿌리는 중세 서구의 상공업과 도시의 발달, 기독교(특히 신교도)정신을 기반으로 하였으며 중국대륙은 전통적으로 농본국가이었으며 사농공상士農工商의 관념이 강하여 상업에 종사하는 사람들을 중시하지 않았으므로 중국대륙 역사상 오늘날처럼 국가가 주도하여 상업(무역)을 중시한 적은 없었다. 서구와 다른 역사와 가치관을 가졌던 중국대륙이 국가주도형 자본주의로 서구국가와 본격적인 경쟁을 지속한다면 중국대륙의 장래와 세계질서는 어떻게 변할 것인가.

앞으로 나아갈 길을 살펴보려면 먼저 현재의 위치를 파악하여야 하는 것과 마찬가지로 역사의 앞길을 예측하려면 먼저 현재까지의 역사가 걸어온 길과 현재의 상황을 파악하여야 한다.

유럽대륙에서 라틴족이 건국한 서로마제국이 4세기 초에 기독교를 공인하고 곧이어 기독교를 국교로 하였으며 서로마제국이 5세기 말 게르만족의 용병대장傭兵隊長에게 멸망한 이후 게르만 민족이 유럽으로 대거 이주하였다. 이들 게르만 민족들이 유럽의 기독교문화를 수용함으로써 유럽에는 중세 기독교가 지배하는 봉건국가 시대에 기독교와 이슬람 간에 11세기와 13세기 동안 2세기에 걸친 십자군전쟁十字軍戰爭을 겪었다.

유럽대륙에서는 14세기와 15세기에 걸쳐 영국과 프랑스가 100년
간 전쟁을 하면서 민족국가로 발전하였고 17세기에는 기독교의 신교
국가와 구교국가 간의 30년에 걸친 전쟁을 겪고 난 후 근대 민족국가
들이 태동하고 프러시아와 러시아가 유럽대륙에서 새로이 나타난 강
대국이 된 베스트팔렌(Westfalen) 체제가 성립하여 약 2세기 동안 계속
되었다.

유럽대륙에서 19세기 초 프랑스의 나폴레옹이 황제가 되어 오스
트리아, 프러시아, 러시아를 침략하고 독일지역을 지배하던 신성로
마제국을 해체함으로써 유럽에서의 새로운 질서를 구축하려고 하였
으나 나폴레옹이 유럽연합군에게 패하고 빈(Wien)에서 나폴레옹시대
이전으로의 복귀를 지향하는 빈체제가 성립하여 약 1세기 반이 지속
되었다.

그러나 20세기 초 유럽대륙에서 게르만족과 슬라브족 간의 대립
으로 시작되어 독일, 오스트리아를 중심으로 한 동맹국 측과 영국,
프랑스, 러시아 등 연합국 측이 대립하여 대규모 전쟁으로 확대되고
전쟁 후반기에 미국까지 참전한 세계대전으로 비화하였으며 결국 독
일이 연합군에게 패함으로써 1919년 베르사이유(Versaille) 체제가 성
립하였다.

그 후 약 20년 후 다시 독일이 오스트리아, 이탈리아 등과 동맹하
여 제2차 세계대전을 일으켰으며 영국, 프랑스 등 연합국을 상대로
전쟁을 하였으며 이 전쟁에 미국이 개입하게 되고 독일이 전쟁에서
패한 후 연합국 주도로 유엔이 창설되어 유엔체제가 오늘날까지 지
속되고 있다.

제1, 2차 세계대전이 유럽대륙에서 발발하고 미국이 개입하여 양
차세계대전을 연합국 측의 승리로 이끌 수 있게 된 결과 유럽이 지도

하던 세계질서 형성의 주역이 유럽에서 미국으로 이동하였다. 제1차 세계대전 이후 이미 미국은 영국을 대신하여 세계에서 가장 부강한 국가가 되었으며 국제연맹을 창설하는 주역을 하였으나, 국제연맹에 가입하지 않고 미국경제가 다른 지역의 경제에 의존하는 정도가 약하여 미국 독자의 발전을 추구하였다.

과거 중국대륙에 존재하였던 여러 왕조 중에 유럽사회보다 생산력이 더 커서 유럽사회보다 더 풍요로운 시대를 형성하던 때가 오래 계속된 시기가 있었으나 19세기 후반 이후 서구의 반식민지가 되었다. 중국대륙의 국가가 유럽국가보다 생산력이 더 높았을 때는 중국대륙에 존재하였던 국가가 서구대륙에 존재하였던 국가에 비하여 상대적으로 통합된 힘이 더 강하였기 때문이라고 해석할 수 있고, 19세기 후반 중국대륙에 존재하였던 칭淸나라가 서구의 반식민지로 전락한 것은 그 왕조가 서구대륙의 국가들보다 통합된 힘이 약하였기 때문이다.

유럽대륙의 역사와 중국대륙의 역사를 비교할 때 역사의 흐름을 바꾸는 힘은 어떠한 사람들이 어떠한 생각을 하느냐는 것과 국가의 통치체제가 국가 전체의 힘(국력)을 증강하는 데 얼마나 효율적 이었느냐와 밀접한 관계에 있었다. 이는 국가의 힘(국력)은 그 국가를 구성하는 국민의 역량의 총화이기 때문에 이러한 힘은 결국 국민이 어떠한 생각을 가지고 국가의 통치체제가 국민의 힘을 어떻게 효율적으로 관리하느냐에 따라 결정되기 때문이다.

인간사회의 질서 변화는 인간사회의 통합된 능력으로서의 힘의 효율적 활용에 있었음을 역사가 증명하고 있다. 역사상 국가라는 지배체제가 형성된 이래 많은 국가가 내부 분열이나 다른 국가와의 전쟁에서 패함으로써 국력을 상실하고 그 국가를 규율하였던 질서가 무너져 버렸는데, 이는 그 국가는 더 이상 국가가 지향하는 특정한 일을 수행하는 데 필요한 힘을 효율적으로 관리하지 못하였기 때문이었다고 해석할 수 있다.

국가를 구성하며 국가의 힘을 형성하는 원천은 궁극적으로 국민에게 있기 때문에 국가의 힘은 기본적으로 그 국민이 어떠한 사람들이며 그들이 어떻게 생각하느냐 하는 것에 의존하게 되는데 이러한 국민의 특성과 의식구조는 그 국민이 가진 전통적 생활양식과 전통적 사고방식에 크게 영향을 받는다. 전통적 생활양식은 농경사회인가 상업사회인가에 따라 달라지며 사고방식은 종교나 전통적 사상에 의존하는 정도가 강하다.

중국대륙에서는 공쯔孔子가 탄생하여 유교교리를 창시함으로써 유교사상이 국민의 의식을 형성하는데 커다란 영향을 미쳤으며 유럽대륙에는 기독교가 국민의 의식에 중요한 역할을 하였다. 중국대륙에서 공쯔孔子가 사망한(BC.479) 10년 후 서양철학의 비조가 된 소크라테스가 탄생하였으며 유가사상을 새로이 해석하여 성리학을 완성한 쭈시朱熹가 생존하였을 시기(AD.1130-1200)는 유럽대륙에서 기독교교리를 탐구한 스콜라철학을 종합한 토마스 아퀴나스가 생존하였을 무렵(AD.1225-1274)이었다.

이러한 점을 감안할 때 중국대륙의 사상과 동시대의 유럽대륙의 그것이 양 대륙에 각각 미친 영향을 상호 비교하여 검토하는 것이 중국대륙 역사의 흐름을 종합적이고 균형된 시각으로 이해할 수 있을 것이다.

중국대륙에서는 전통적으로 유가사상이 지배하였으며 개인의 자유와 정치적 민주주의를 추구하기에 앞서 전체로서의 질서유지를 더 중요시한 데 비하여 유럽대륙에서는 르네상스, 종교개혁, 과학혁명,

산업혁명, 시민혁명 등을 거치면서 개인의 자유와 정치적 민주주의에 대한 가치관을 확립하였다.

본서는 중국대륙의 역사 이래 가장 오랫동안 가장 큰 영토를 확보하여 통치하고 있는 현재의 중화인민공화국(이하 약칭하여 '중국'이라고 한다)이 장래 어떻게 변화할 것인지를 예측하기 위하여 중국이 가지고 있는 자원을 고려하고 중국의 통치제도의 효율성과 중국인들 의지의 결집 정도를 종합한 국력 개념을 정립하고 이러한 국력이 국제사회의 기존 질서에 어떠한 변화를 줄 것인지에 관하여 과거 역사의 해석과 자연과학의 이치를 원용하여 파악하는 방안을 시도하였다.

독일의 철학자 헤겔(Hegel)은 역사의 원동력을 이성으로 보고 역사를 절대정신인 이성의 자기 전개과정, 즉 이성이 힘을 발휘하여 자신의 모습을 점진적으로 현실 속에 드러내는 과정이라고 하였다. 독일의 공산주의 이론가 마르크스(Marx)는 역사의 원동력이 생산 활동과 같은 물질적인 힘이라고 하였다.

그러나 헤겔은 역사를 형성하는 힘을 정신적인 면에서만 찾고 마르크스는 물질적인 요소에서만 구하려고 하였다는 점에서 역사가 정신적 요소와 물질적 요소의 복합작용에 의하여 형성되었다는 사실을 간과하였다. 본서는 역사를 움직이는 원동력은 특정 시대의 특정 집단이 가지는 물질적인 힘과 그 집단의 의지라는 정신적 요소가 상호 결합된 총체적인 힘이며, 그 힘은 집단적 의지가 지향하고자 하는 특정한 방향을 가지며 총체적인 힘은 방향성을 가지는 힘이기 때문에 벡터(vector)량의 개념으로 파악한다.

오늘날 중국이 '중국식 사회주의'를 표방하면서 서구식 자유민주주의를 기반으로 하는 미국과 병행하여 국제사회에 큰 영향력을 행사하려고 하는 것은 인류역사 전체로 볼 때 새로운 시대를 형성하는 커다란 변천을 의미한다.

본서는 중국이 표방하는 중국식 사회주의가 중국 역사에서 차지하는 의미를 분석하고 앞으로 전통적 가치관을 달리하는 중국식 사회주의와 서구식 자유민주의가 생성하는 힘이 이들을 상호 합류하는 방향으로 이끌어 나아갈 것인지 또는 상호 대립하는 방향으로 유도할 것인지를 검토하여 보는 데 그 목적이 있다.

본서는 중국식 사회주의가 어떻게 성립하였고 어떠한 이론을 가지고 무엇을 지향하며 어떻게 발전할 것인가를 역사적 관점에서 살펴보기 위하여 편의상 제1부, 제2부, 제3부로 나누었다. 제1부에서는 역사란 어떻게 이루어지는가. 중국대륙에서 이루어진 역사가 서구 역사와 비교하여 어떠한 특수성을 가지는가. 중국이 어떠한 과정을 겪어 '중국식' 사회주의를 주창하게 되었는가 하는 점을 역사적 관점에서 살펴보고 제2부에서는 '중국식 사회주의'의 내용과 지향하고자 하는 목표가 무엇인지를 살펴보며 제3부에서는 "중국식 사회주의"가 시행 과정에서 어떠한 변화를 가져왔느냐는 점과 국제사회에서의 중국의 부상이 기존의 국제질서에 어떠한 영향을 줄 것인가와 중국이 앞으로 어떻게 변화할 것이며 새로운 세계질서가 어떻게 형성될 것인가를 검토하고자 한다.

본서를 저의 어머님에게 바칩니다. 어머님은 한평생 초인적인 의지력과 근면성을 보이시면서 헌신적으로 자식 사랑을 한 분입니다.

2015년 9월 30일

저자 황용식黃龍植

목 차

제1부

국력의 의의와
현 세계질서의 역사적 함의含意

제1장 역사 형성의 원동력으로서의
국력의 의의

　자연계의 모든 현상은 끊임없이 변화하며 이러한 변화는 자연계에서 생겨나는 에너지의 작용이다.

　인류의 역사는 인류가 집단생활을 하면서 이루어졌으며 인류의 집단생활 중 국가가 형성된 이후에는 국가라는 단위조직이 국제질서를 변화시키는 데 중심적 역할을 하여 왔다. 국제사회에서 특정 국가가 역사를 변화시킬 수 있는 힘은 그 국가가 가지고 있는 총체적인 힘, 즉 국력이다.

　국제질서의 변화는 국제질서를 구성하는 국가들이 가지고 있는 힘의 상호 작용의 결과이다. 국가가 가지고 있는 통합된 힘인 국력은 국가형성의 기본요소인 인구, 영토의 규모(dimensions)와 경제력, 군사력과 같은 이미 성취된 역량(achieved power)과 이러한 규모와 성취된 역량을 효과적으로 운용할 수 있는 운용역량(operating power)과 국민의 의지가 특정 방향으로 결집될 수 있는 결집역량(consolidating power)으로 구성된다.

　국가의 통합된 힘(Integrated power: IP)을 수치상으로 나타낸다면 일반적으로 인구나 영토와 같은 규모(Dimensions: D)와 경제력(Economic power: E), 군사력(Military power: M)과 같은 이미 성취된 역량을 합한 것을 국가가 얼마나 국력을 증강하는 데 효율적으로 운용하는가를 나타내는 운용역량(Operating Power: O)계수, 국민의 의지를 국가가 지향하는 방향으로 결집시킬 수 있는 일반의지의 결집역량계수(Consolidating Power: C)를 곱한 것이라고 할 수 있다.

즉 IP = (D + E + M) × O × C로 표시할 수 있다.

여기서 국가의 운용역량 계수라고 하는 것은 국가가 보유하고 있는 인적 물적 자원이 가지는 에너지를 국가의 통합된 힘을 증강시키는 데 얼마나 효율적으로 기여하게 할 수 있는가를 말하고 결집 역량계수는 국민의 일반의지를 얼마나 국가가 발전하고자 하는 방향과 일치시킬 수 있느냐를 의미한다.

국가의 운용역량은 국가의 통치 조직이나 통치 방식을 통하여 국가에서 생산된 자원이 국민에게 합리적으로 배분되고 사회정의가 실현되며 국민 개개인이 가지고 있는 역량이 최대한 발휘될 수 있는 기회를 제공하며 외부환경의 변화에 신속히 대응할 수 있을 경우 국민의 지지를 받고 국가가 통합된 힘을 발휘하는 데 높은 효율성을 가질 것이다.

국민 일반의지의 결집역량은 국민이 가지고 있는 동일한 가치관이 국가가 지향하는 방향과 합치한다면 동일한 방향으로 결집하기 쉬워 국력 증가에 기여할 것이나, 국민의 일반의지와 국가가 지향하고자 하는 방향으로 결집하지 못하고 국민 간의 내부분열이 일어나 국민의 에너지가 분산된다면 국력을 증강하는 데 기여하지 못할 것이다.

국가의 통합된 힘(Integrated power: IP)을 구성하는 요소 중 군사력(Military power: M)은 경제력(Economic power: E)을 기반으로 한다는 점에서 상호 연관을 가지며 국가의 운용역량은 국가의 경제력이나 군사력의 발현 과정에서도 나타나지만 국민이 지향하는 의지의 통일성과 상호 영향을 미치기 때문에 국가의 운용역량(Operating power) 계수는 국민이 지향하는 일반의지의 결집역량(Consolidating power)계수와 상관관계가 있다.

국가의 통합된 힘으로서의 국력은 국민의 의지를 자유민주주의, 사회주의, 복지주의, 군국주의 등 여러 목표 중 국가가 지향하는 목표를 실현하는 방향으로 결집시킬 경우에 나타나는 힘은 크기만으로 나타낼 수 있는 스칼라(scalar)량이 아니라 방향성을 가지는 벡터(vector)량으로 나타난다.

국력을 방향을 가지는 벡터량으로 파악할 때 국력은 국가 내의 다른 방향의 벡터를 합성하여 이루어지는 합 벡터에 의하여 힘과 방향이 결정될 것이므로, 특정 국가 내에서 국가가 지향하고자 하는 방향이 서로 반대되는 세력이 대립한다면 이들 벡터량을 합성할 경우 에너지가 영纛이 될 것이므로 그 국가의 국력은 소멸된다고 할 수 있다.

인류 역사에서 수많은 국가가 내란으로 붕괴되었는데, 그 붕괴과정은 서로 다른 방향의 대립된 벡터량을 합성할 경우 전체 벡터량의 약화를 초래하게 되고, 이는 결국 국력의 약화를 의미하기 때문에 국가의 붕괴로 이어진 것이라고 설명할 수 있다.

국력을 국가가 가지는 인적, 물적 자원을 활용하여 국민의 의지를 국가가 나아가고자 하는 방향으로 집결시킬 수 있는 힘이라고 할 때 국력은 결국 그 국가의 통치체제가 주어진 인적, 물적 자원을 얼마나 효율적으로 활용할 수 있느냐의 문제와 그 국가가 지향하는 방향으로 국민의 의지를 집결하는 데 기반이 되는 공통사상이 무엇인가에 크게 영향을 받는다.

국가의 통합된 힘이 인구나 영토의 크기와 별도로 국가의 통치체제에 의하여 생성되는 운용역량(Operating power: O)계수와 국민이 동일한 방향으로 발전을 지향하는 일반의지의 결집역량(Consolidating power:C)계수를 변수로 하는 함수관계에 있다는 것은 여러 가지 역사적 사실에서 나타난다.

인류역사를 돌이켜 보면 모든 국가가 국민의 의지가 한 방향으로 결집되는 강도가 높고 국가의 통치체제가 국민의 단합된 의지를 효율적으로 활용하여 나갈 때 성장기를 맞이하다가 국가의 발전이 최고조에 달한 이후에는 통치력이 국민의 의지를 집결시키지 못하고 국민의 의지가 분열되어 쇠퇴기를 맞이하는 형태(pattern)를 반복적으로 전개하여 왔다.

중국대륙의 역사에서도 수많은 국가의 흥망을 결정짓는 가장 중요한 요인은 통치제도의 효율성을 나타내는 국가의 운용역량(operating power)과 국민 의지력의 통일성을 나타내는 결집역량(consolidating power)의 변화에 따른 것이었다.

통치제도의 효율성은 통치가 어떠한 구조로 이루어지는가 하는 통치체제의 문제, 통치주체가 누군가 하는 문제와 통치이념이 피통치자가 가진 사상과 부합하여 피통치자들에게 쉽게 수용될 수 있는가의 문제들을 내포한다.

먼저 중국대륙 역사상 일어났던 여러 왕조의 통치체제의 효율성이 그 왕조의 국력에 미친 영향을 살펴볼 필요가 있다. 중국대륙의 통치체제는 중국대륙에서 생활하는 사람들의 통치권력의 근원에 대한 기본적인 사고방식과 관련이 있다.

중국대륙에는 저우周시대부터 통치자를 천자天子라고 불렀는데, 이는 하늘의 명天命을 받아 백성을 통치한다는 천명사상天命思想에 기원한다. 천명사상은 통치자가 하늘의 뜻을 받들어 덕德으로 백성을 다스릴 것을 기대하고 만약 천자가 덕으로 다스릴 능력이 없다는 것이 판명되면 피통치자가 혁명을 할 수도 있다는 사상이다. 천명사상은 그 후 기원전 4세기에 태어난 멍쯔孟子에 의하여 이론적으로 확립되었는데[1], 이 사상은 통치자에게 일단 권력의 정당성을 부여한 후 통치자의 절대적 과실이 판명되면 통치행위가 있은 후에 피통치자가 이에 항거할 수 있다는 이론이어서 통치권력의 행사에 대한 감시 장치가 결여되어 있다.

이러한 사상이 지배한 중국대륙에서는 국가의 흥망이 황제 개인에게 의존하는 경향이 강하게 되어 유능한 황제가 출현하면 국가의 통치전략의 효율성계수가 높아져 국가의 비약적인 발전을 가져올 수 있었던 데 비하여 무능한 황제가 출현하면 그 왕조가 급격하게 쇠퇴하는 결과를 초래하였다.

중국대륙에서 일어났던 국가들의 통치체제는 기원전 11세기에 일어났던 저우周는 봉건제도를 채택하였으나 봉건제도가 제후 간의 경쟁으로 사실상 붕괴되자 춘추전국시대를 맞이하였으며, 기원전 221년 중국을 최초로 통일한 친秦은 황제 지배제도하의 중앙집권체제를 유지하였다. 이러한 황제 중심의 체제는 중국 사람들의 전통적 사상인 천명사상天命思想과 결합하여 1911년 칭淸나라가 망할 때까지 약 2천 년 동안 계속되었다.

이러한 사실은 유럽대륙에서 17세기 중엽에 영국에서 일어난 청교도 혁명, 명예혁명, 18세기 중엽 프랑스에서 일어난 시민혁명, 19세기 중엽 프랑스의 7월 혁명, 2월 혁명 등으로 왕권을 제한하려는 시민들의 반항운동으로 절대왕정제도가 붕괴된 것과 비교하면 중국대륙에서는 유럽대륙 국가들보다 황제지배제도가 약 1세기 이상 더 오래 유지된 것을 의미한다.

---

1) 孟子, 萬章章句 上

다음으로 국민의 의지를 같은 방향으로 집결시키는 국민의지의 통일성 계수가 국력형성의 요인이 된다. 국력 크기의 차이를 가장 단적으로 나타내는 것이 전쟁이다. 전쟁은 국가의 존망과 관련되기 때문에 전쟁 당사국은 국가의 통합된 힘 전부를 동원하여 전쟁에서 승리하고자 한다.

역사적으로 전쟁에서 나타나는 국가의 통합된 역량은 결국 해당국가가 가지는 영토의 크기나 인구 등으로 나타나는 규모(dimensions)나 경제력 및 군사력과 같은 이미 성취된 역량(achieved power) 이외에 통치제도의 효율성을 나타내는 운용역량(operating power)과 국민의 의지력이 동일한 방향으로 결집할 수 있는 결집역량(consolidating power)과 연관된다는 사실을 보여주는 대표적 사례로 고대 페르시아 전쟁, 19세기 청일전쟁, 20세기 중동전쟁을 들 수 있다.

페르시아(Persia)는 기원전 525년까지 소아시아, 시리아, 팔레스타인, 이집트를 정복하여 서쪽의 에게 해에서 동쪽의 인더스 강에 이르기까지 대제국을 건설한 후 그리스(Greece)를 정복하기 위하여 3차에 걸친 대원정을 시도하였으나 그리스의 도시국가인 아테네와 스파르타를 중심으로 결성된 동맹군들은 자유주의의 이념하에 협동정신과 단결력을 발휘하여 수적으로 우세하나 여러 민족으로 구성된 페르시아 군대를 물리치고 승리하였다.2)

페르시아의 왕 다리우스 1세 (Darius I)는 기원전 492년 그리스 북쪽 트라키아를 침략하기 위한 1차 원정을 하였으나 아토스(Athos)에서 폭풍을 만나 난파당하고 300척의 전함과 2만 명의 군사를 잃게 되었다.

---

2) *The Columbia History of the World* (edited by John A. Garraty and Peter Gay (Harper & Row, Publishers, New York, 1984), pp.169-177

다리우스 1세는 기원전 490년에는 제2차 그리스 원정을 단행하여 20만 명의 군대를 아테네 북동쪽에 있는 마라톤(Marathon) 평야에 상륙, 아테네를 공격하였으나 아테네는 약 1만 명의 병력으로 밀집방어대인 팔랑크스(Phalanx) 조직으로 맞서 페르시아군 6천4백 명을 전사시킨 반면 아테네군은 192명만이 희생되는 가운데 페르시아 군대를 패퇴시켰다.

페르시아의 다리우스 1세(Darius I)가 사망한 후 그의 아들 크세르크세스 1세(Xerxes I)가 기원전 480년 제3차 그리스 원정을 단행하여 수십만 명의 군대를 동원하여 해륙 양면에서 그리스를 공격하였다.[3]

그리스는 스파르타(Sparta)를 중심으로 하는 30개 도시국가가 참여한 동맹을 결성하고 육군은 스파르타가, 해군은 아테네가 지휘권을 맡았는데 아테네의 해군은 살라미스(Salamis) 만에서 페르시아 해군을 물리쳤고 스파르타의 팔랑크스를 중심으로 뭉친 육군은 기원전 479년 플라타이에(Plataiae)에서 페르시아 육군을 물리쳤다.

그리스가 수적 열세에도 불구하고 페르시아를 물리칠 수 있었던 이유는 육전에서 스파르타군이 사용한 창이 페르시아 군대의 창보다 훨씬 길어 당시의 백병전에서 군사전략적으로 그리스가 우세하였으며 해전에서 아테네(Athens)군이 좁은 해협을 이용하여 3~4배가 많은 페르시아 해군을 격퇴한 전술상의 이유도 있었지만, 기본적으로 그리스 군대들은 자신들이 민주국가의 주인으로서 국가를 지켜야 한다는 정신무장이 되어 있었던 반면에 페르시아 군대들은 여러 식민지로부터 모집한 인원들로서 힘을 합쳐 싸워 이겨야 한다는 단결력이 부족하였기 때문이다.

---

3) J.M. Roberts, *The Penguin History of the World,* (Penguin Books, London, 1995) p.179

청일전쟁은 조선에서의 동학교도들의 항쟁으로 조선정부가 이를 진압하기 위하여 칭淸나라에 지원을 요청하자 칭나라의 군대가 조선에 진입하게 되었고, 이를 알게 된 일본이 조선 파병의 구실을 삼아 결국 칭나라와 일본이 조선반도에서 전쟁을 하게 된 것이다. 그런데 이 전쟁에서 칭나라가 일본에 패한 주된 원인은 당시 칭나라의 통치제도와 일본의 통치제도가 외부환경의 변화에 대응하는 운용역량의 효율성에 차이가 있었을 뿐만 아니라 국가가 지향하고자 하는 방향으로 국민의 의지를 집결시키는 결집역량계수에 차이가 있었기 때문이라고 해석할 수 있다.

1894년 2월 전라도에서 동학교도들인 농민들이 지방 관리의 학정에 분노하여 난을 일으켜 그 세력이 커지자 조정에서는 1894년 6월 칭나라에 비공식적으로 파병청원을 하였는데, 일본 외상은 이 사실을 파악하여 일본 각의閣議에 보고하면서 "청국이 어떤 명칭을 붙여 파병하던지 이에 대응하여 즉각 일본도 파병을 하고 조선에 대한 권력의 균형을 유지하여야 한다"는 의견을 제시하였다.

일본 각료가 모두 이에 동의하자 이토(伊藤博文) 총리는 메이지明治 천황에게 조선 출병의 재가를 받고 조선 파병의 육해군을 통솔하는 최고 총사령부인 대본영大本營을 설치하였다. 이러한 일본의 준비와는 달리 칭나라는 당시 일본과의 전쟁을 직예총독(直隸總督 겸 북양대신 北洋大臣인 리홍짱李鴻章)에게 일임하다시피 하였다.

1984년 7월 일본 연합함대가 황해의 풍도豊島 앞바다에서 청국군을 가득 실은 청국 수송선을 격침하자 리홍짱李鴻章이 조정에 북양해군만으로 일군을 상대하기 어려우니 증원을 하여 달라고 요청하였다. 그러나 청국관민은 일본과의 전쟁을 리홍짱의 실권을 박탈할 수 있는 기회라고 보고 증원을 하여 주지 않았다. 청일전쟁은 대일본제국과 칭나라 군대의 일부에 불과한 북양北洋 육해군과의 전쟁이 됨으로써4) 칭나라는 결국 일본과의 전쟁에서 패하였다.

칭나라가 멸망할 당시인 1912년의 칭나라의 국내 총생산(GDP)는 미화 2410억 달러로서 당시 유럽의 독일이나 영국의 GDP를 능가하여 세계에서 미국 다음으로 큰 규모이었으며 그 후 20년이 지난 1932년 일본의 광동군이 민주를 침략할 당시 중국의 GDP 규모는 일본의 2배에 달하였다.5)

청일전쟁에서 칭나라가 일본에게 패한 가장 큰 이유는 일본은 이 전쟁에 이기기 위하여 정부와 국민이 단결한 데 반하여 칭나라는 정부와 국민이 전쟁에 이기기 위한 국가의 총력을 동원하지 못하였기 때문이다. 이러한 사실은 국력이 경제력과 같은 국가의 성취된 힘(achieved power)이 크더라도 국가의 운용역량(operating power)과 국민의 의지력의 결집역량(consolidating power)이 국력 형성에 결정적인 역할을 하였다는 것을 나타낸다.

중동전쟁은 이스라엘과 주변 아랍국가 간의 4차에 걸친 전쟁이었는데, 인구 780만의 이스라엘이 주변 아랍국들인 이집트, 시리아, 요르단, 레바논, 이라크 등 아랍인구 2억 명 이상을 상대로 전쟁을 하여 승리하였다. 전쟁에 승리한 이스라엘의 국력과 주변 아랍국들의 국력의 차이는 국가의 운용능력과 국민의 의지를 동일한 방향으로 집결시킬 수 있는 국민의지의 통일성 계수가 다르기 때문이었다고 해석할 수 있다.

유대민족은 기원전 933년 북쪽에 이스라엘 왕국과 남쪽에 유대 왕

---

4) 白鐘基, 近代韓日交涉史硏究(正音社, 1977), pp 328-330
5) Carl E. Walter, Fraser J. T. Howie, Red Capitalism, (Wiley & Sons, Singapore Pte. Ltd. 2012), p.xiv

국을 건설하였으나, 기원전 722년에 이스라엘 왕국이 아시리아 (Assyria)에게 정복당하고 기원전 586년에는 유대 왕국이 신바빌로니 아(New Babylonia)에게 정복되었다.

그 후 이스라엘 민족은 페르시아 제국, 이집트의 지배를 받다가 기 원전 63년에 로마제국의 보호하에 들어갔다가 기원후 70년 로마의 속주가 된 이후 독립된 국가를 갖지 못하고 세계 도처에 흩어져 살게 된 유대인의 이산(離散 :diaspora)이 시작되었다. 19세기부터 유대인들 이 유대 종교와 그들의 전통적인 사상에 근거하여 고대 예루살렘 중 심부의 시온(Zion)이라는 약속된 땅, 즉 팔레스타인이 자기들의 고향 이며 그곳으로 돌아가 유대인 독립국가를 건설하자는 운동(시오니즘: Zionism)을 전체 유대민족에게 급속하게 퍼지게 하였는데, 이는 유대 인들의 민족주의적인 염원에서 비롯된 것이다.

유대민족들은 시오니즘을 실현하는 방안의 하나로 제1차 세계대 전과 제 2차 세계대전에서 연합국에 적극 협조하여 연합국의 동정을 사게 되어 1917년 11월 영국 정부가 발표한 발포어 선언(Balfour Declaration)에서 영국이 "팔레스타인 지역에서 아랍주민의 권리를 침 해하지 않는 범위 내에서 유대민족 국가의 건립을 지지한다."고 하였 으며 1922년 국제연맹 이사회는 영국에게 팔레스타인 지역을 행정 과 발포어 선언의 이행을 위임하는 결정을 하였다.

1947년 11월 29일 유엔 총회에서 "요르단 강 서쪽 팔레스타인 지 역에 유대국가와 아랍국가의 두 국가를 건설하고 예루살렘을 국제적 인 행정관할 구역으로 한다."라는 결의에 의하여 이스라엘 국가가 탄 생하였다.

유대국가와 아랍국가의 두 국가를 건설하도록 한 1947년 유엔 총회 결의에 따라 팔레스타인이 건설고자 하는 지역은 요르단 강 서안(West

Bank)과 가자 지구, 동예루살렘인데 이 중 요르단 강 서안(West Bank)은 1950년 요르단 왕국이 공식적으로 합병했으나 국제적으로 인정받지는 못했던 땅이고 가자 지구는 이집트가 관할하여 온 땅이었다.

팔레스타인지역에서 이스라엘 국가의 탄생은 오랫동안 이 지역에 생활의 근거를 가지고 있었던 팔레스타인의 아랍 민족이 수용할 수 없는 결정이었다.

팔레스타인 지역에서 영국군이 1948년 5월 철수할 계획이 발표되자 1948년 1월부터 팔레스타인의 아랍민족, 이집트, 시리아, 요르단, 이라크 등이 군대를 파견하여 3만여 명으로 '아랍해방군(Arab Liberation Army)'을 구성하고 이스라엘 민족을 팔레스타인 지역에서 축출한다는 목표하에 이스라엘을 침공하였다.[6]

이스라엘은 이러한 아랍의 침공을 예견하고 1947년 중반에 이미 유대민족 대표처장 벤구리온(David Ben-Gurion)의 지휘하에 이스라엘 민족을 전투단위인 하가나(Haganah)로 조직하여 아랍의 침공에 대항하였다. 아랍의 침공에 맞서 싸운 이스라엘 병력은 당시 전체 이스라엘 인구 65만 명 중 4만5천 명이었으며, 이 중 3만 명은 각 지역에서 자체 방위 병력이었으므로 실제 아랍과의 전투에 종사한 병력은 1만5천 명에 불과하였다. 아랍 국가들은 아랍연대 병력 1만 명, 이집트군 5천 명, 시리아군 8천 명, 레바논군 2천 명, 이라크군 1만 명이 이스라엘 공격에 동원되어 주로 이스라엘군의 보급선을 차단하려는 전략을 썼다.

이러한 아랍의 공격에 대하여 이스라엘군은 35명으로 구성된 팔마크(Palmach)라는 소대를 구성하여 자피아(Jaffia)에 소재하는 아랍군

---

6) Chaim Herzog, *The Arab-Israeli Wars, War and Peace in the Middle East.*, (Random House, New York, 1982) p.11

사령부를 공격하고 낙손(Nachshon)작전을 통하여 산악지대에 회랑을 만들어 아랍의 봉쇄를 돌파하고자 하였다.

아랍의 이스라엘 침공은 결국 1948년 5월 15일부터 6월 11일까지의 첫 번째 휴전과 1948년 7월 18일부터 10월 15일까지의 두 번째 휴전을 거친 후 1949년 2월 미국 로드아일랜드에서 이스라엘과 이집트 간의 휴전협정, 1949년 3월 레바논과의 휴전협정, 1949년 4월 요르단과의 휴전 협정, 1949년 7월 시리아와의 휴전 협정으로 종결되는데, 이들 휴전협정에서 아랍군들이 철수하고 이스라엘국가의 존립이 인정되었으므로 전쟁의 결과는 이스라엘 측의 승리였다.[7] 과거 UN의 분할 안案에 의한 이스라엘의 영토 크기는 팔레스타인 지역의 56%이었으나, 휴전 후 이스라엘-아랍 간의 국경 재조정은 전쟁에서 승리한 이스라엘에 유리하게 적용되어 팔레스타인 영토의 80%를 확보하게 되었다.

이스라엘이 이 전쟁에서 겨우 6000명의 사망자를 내고 승리한 것은 이스라엘 국민이 벤구리온(Ben Gurion)의 영도력하에 시오니즘으로 그들의 의지를 한 방향으로 집결시킬 수 있었는 데 비하여[8] 아랍 국가들은 다국적군을 조직하였으나 각국의 이해관계가 일치하지 않고 지휘계통의 체계가 일사분란하지 못하여 국가의 운영 능력으로서의 국력이 이스라엘에 미치지 못하였기 때문이라고 해석할 수 있다.

제2차 중동전쟁은 1956년 영국, 프랑스와 이스라엘이 이집트를 공격함으로써 발생한 것인데, 이 전쟁의 배경은 이집트에서 1952년 7월 나세르(Nassser)가 주동이 된 장교단이 쿠데타를 일으켜 파루크(Farouk) 왕을 망명시키고 나세르가 권력을 잡은 후 이스라엘에 대하

---

7) 상게서 p.p.6-110
8) 상게서 p.108

여 강경정책을 펴고 수에즈 운하를 국유화한다는 방침을 선언한 것이다.

이집트는 이스라엘 배가 홍해로 나갈 수 있는 국제해로인 티란해협(Strait of Tiran)을 봉쇄하고 이스라엘 배의 수에즈 운하와 아카바만(Gulf of Aqaba)의 통과도 금지했다. 이스라엘은 이집트의 이러한 조치들이 이스라엘을 경제적으로 봉쇄하려는 계획임을 간파하고 수에즈 운하의 자유로운 통과가 자국의 이해와 긴밀히 연결된 프랑스와 영국이 이집트의 수에즈 운하 국유화에 대처하는 방안을 수립한 정보를 입수하여 프랑스, 영국과 공동 군사작전을 펼칠 것을 협의한 후 1956년 10월 29일 이스라엘이 시나이(Sinai) 반도의 요충지에 낙하산 부대를 투입하여 동 지역을 점령한 후 시나이 반도 외곽의 거의 대부분 지역에 이스라엘 군대가 진격하였으며 영국과 프랑스 양국은 이집트 공군기지를 폭격하여 이집트 공군을 지상에서 거의 파괴하였으며 수에즈 운하를 점령하였다.9)

그러나 미국은 영국과 프랑스의 중동에서의 세력 신장을 견제하기 위하여 영국과 프랑스의 군사행동을 비난하고 엄정중립을 선언하였다. 소련도 영-프 양국의 군사개입에 강력한 비난 성명을 발표하고 영국, 프랑스, 이스라엘의 침략행위를 규탄하였다.

결국 영국, 프랑스, 이스라엘은 전쟁에서 승리는 하였지만 미국과 소련의 압력으로 1956년 11월 정전이 이루어졌으며, UN총회에서 영-프-이스라엘 3개 점령군의 즉각 철수가 결의되고 캐나다 정부의 제안으로 유엔 긴급군(United Nations Emergency Force:UNEF)이 창설되어 이스라엘과 이집트 국경지대에 배치되어 팔레스타인지역의 남서부와 시나이 반도 북쪽으로 연결된 가자 지구(Gaza Strip)와 시나이반도 남

9) 상게서 p.p.114-147

쪽의 샤름 엘 셰이크(Sharm El Sheik)는 유엔 긴급군의 관할 지역으로 편입되었으나 가자 지구는 1957년 이집트의 압력으로 유엔 긴급군이 철수하고 다시 이집트가 관할하게 되었다.[10]

이 전쟁의 결과 이스라엘은 티란 해협의 자유로운 통과가 인정되었고 이집트의 수에즈운하 국유화도 인정되었다. 이 전쟁은 미국과 소련의 관여로 이스라엘이 희망하였던 가자 지구와 샤름 엘 셰이크(Sharm El Sheikh)를 얻는 데는 실패하였으나 이집트가 취한 티란 해협 봉쇄는 좌절되었다. 2차 중동 전쟁은 결국 이스라엘의 국력이 이집트의 국력보다 더 크다는 것을 증명하였으며 이러한 국력의 차이는 결국 국가의 운영능력과 국민 의지의 통일성 계수와 관련된다고 해석할 수 있다.

제3차 중동전쟁은 6일 전쟁이라고도 하는데, 이 전쟁의 배경에는 아랍 국가들의 정세변화가 있다. 1958년 이라크의 페이잘 왕(King Feisal)이 암살당하였고 같은 해에 이집트와 시리아가 연합하여 통일 아랍 공화국(United Arab Republic)이 되었다. 또 같은 해에 레바논에서 기독교 출신의 샤문(Chamoun) 대통령이 친미정책을 추진하자 이슬람 세력이 반발하여 내란이 발생했다. 이에 대통령이 미국의 개입을 요청했고 미군이 베이루트에 상륙하여 3개월간 계속된 내전으로 2700여 명이 사망하는 사태가 발생하였다.

제3차 중동전쟁 발발의 직접적 계기는 이스라엘과 인근 국가의 식수 문제와 타란 해협 봉쇄이었다. 레바논과 시리아는 레바논의 하자니 강(the Hazhani)과 시리아의 바니아스 강(the Banias)에 운하를 파고 동 강의 지류를 만들어 요르단의 야르무크 강(the Yarmuk)으로 흘러들어 가도록 하는 계획을 구상하였는데, 동 구상은 이스라엘의 요르단

---

10) *Ibid.*, p.147

강의 식수 3분의 2를 빼앗는 결과가 되며 이스라엘은 그동안 수차에 걸쳐 티란 해협의 봉쇄나 요르단 강의 물줄기를 바꾸는 것은 이스라엘에 대한 전쟁 선포로 간주한다고 발표한 바 있다.

이러한 상황에서 1967년 4월 시리아가 요르단과 레바논을 경유하여 이스라엘의 농촌지역에 포격을 가하였으며 시리아는 이집트의 나세르에게 이스라엘을 공격할 것을 종용하였다. 1967년 5월 20일 나세르는 7개 사단 10만 명의 병력을 이스라엘 남서부 국경지대에 배치시키고 5월 22일에는 티란 해협(Strait of Tiran)의 봉쇄를 발표하였다.

아랍국가의 동정을 살피고 전쟁을 준비하고 있던 이스라엘 공군기들은 1967년 6월 5일 아랍의 레이더망을 피한 저공비행을 통하여 이집트 공군을 파괴하였으며 그 후 요르단, 시리아의 공국과 이라크의 공군도 파괴시켰다.[11]

이 전쟁은 6일 만에 이스라엘의 일방적인 승리로 끝나게 되었고, 이스라엘은 가자 지역, 구 예루살렘 지역, 요르단 강 서안 지역, 골란 고원, 시나이 반도 등의 8,600㎢를 새로 점령하여 이스라엘의 지배하에 들어간 영토 면적은 이스라엘 독립 초기의 8배가 넘는 102,400㎢로 확대되었다. 제3차 중동 전쟁으로 팔레스타인의 난민은 150만 명에 이르렀다. 이에 대해 유엔 안전보장이사회는 이스라엘에 대해 모든 점령지로부터 철수하도록 결의했으나 이스라엘은 그 결의를 거부하였다.

제4차 중동전쟁은 1973년 10월 6일 유대인의 기념일인 속죄절(贖罪節: Yom Kippur)에 발생하였기 때문에 욤 키푸르 전쟁이라고도 하는데, 전쟁 발발의 배경은 이집트에서 1970년 나세르가 심장마비로 사

---

11) *Ibid.*, p.p.154-164

망하여 그의 뒤를 이은 군인 정치가인 사다트(Anwar El Sadat)가 대통령
이 된 후 이집트와 시리아가 과거 3차례 중동전쟁에서 잃었던 영토
회복을 위해 수에즈 전선과 골란 고원의 양 전선에서 이스라엘을 기
습 공격함으로써 시작되었다. 이집트는 동 전쟁을 1973년 5월부터
준비하였으나 사다트가 1973년 9월이나 10월이 더 유리한 시기라고
판단하여 공격의 시기를 연기하자 동 정보를 이스라엘의 첩보기관이
파악하게 되었다.12)

전쟁 초기 이스라엘의 피해가 컸으나 이스라엘은 개전 6일 만에
반격을 시작하여 초기 열세에서 벗어나기 시작하였으며 이스라엘의
작전으로 시나이 반도의 이집트 주력부대가 포위됨으로써 또 다시
패배하게 되었으며, UN에서의 미-소 결의로 휴전이 성립되었다.

그 후에도 분쟁은 계속되어 1982년에는 제5차 중동전쟁이라고도
일컫는 레바논 전쟁이 터졌다. 이 전쟁에서 이스라엘은 레바논이 팔
레스타인 게릴라의 기지가 되어 있다고 해서 레바논을 침공하였다.

중동전쟁이 팔레스타인인의 생존권과 아랍 국가들의 이슬람 원리
주의를 관철하기 위한 대리전쟁이라는 성격을 가지면서 아랍 측이
당초 기대와는 달리 전쟁에서 패배를 거듭함에 따라 팔레스타인인들
이 직접 자신들의 생존권을 회복하기 위한 정치적 기구를 발족시키
고 이스라엘과의 직접투쟁에 나서기 시작하였다.

팔레스타인은 1963년 민족적 자결을 요구하는 팔레스타인 해방기
구(PLO: Palestine Liberation Organization)를 결성하여 1964년 카이로에서
개최된 아랍국 정상회담에서 이 기구의 승인을 받은 후 팔레스타인
군대도 창설하고 팔레스타인의 행동 지침인 팔레스타인 규약
(Palestine Covenant)을 제정하여 1965년에 예루살렘에서 개최된 아랍회

---

12) *Ibid.*, p..248

의에서 팔레스타인 해방기구(PLO)가 정식 발족하였다.

1968년 팔레스타인 혁명군 최고사령관을 역임한 야세르 아라파트가 PLO 의장이 되었다. PLO는 임시본부를 레바논에 설치하자 이스라엘은 PLO의 탄생에 불안감을 느끼고 아랍 여러 나라들의 대립을 틈타서 1976년에 레바논 내전에 개입하여 PLO에 큰 타격을 주었으며 1982년 이스라엘이 레바논을 습격하자 PLO는 임시본부를 튀니지(Tunisie)로 옮겼다.

1973년 10월 제4차 중동전쟁 이후 PLO의 수반인 아라파트는 PLO가 국제테러에 개입하지 않는 대신 국제사회가 PLO를 인정해줄 것을 요청했다.

1974년 10월 아랍정상회담에서 PLO를 400만 팔레스타인인의 유일한 합법기구로 인정하였고, 12월 국제연합도 PLO를 유엔의 정식 옵서버로 인정하였다.

팔레스타인이 독자적인 행정 체제를 구축하고 대 이스라엘 항쟁에 직접 당사자로 부상하게 됨에 따라서 그 동안 팔레스타인을 대리하여 대 이스라엘 무력 투쟁에 앞장섰던 이집트는 대 이스라엘 강경책을 완화하고 이스라엘과의 타협을 모색하게 되었다. 나세르(Gamal Abdel Nasser)의 뒤를 이은 이집트의 사다트 대통령은 수에즈 운하를 재개함과 동시에 대결노선을 폐기하고 이스라엘과 대화하는 정책을 택하였다.

1978년 9월 미국이 주선한 캠프 데이비드 회담을 통해 이스라엘과 이집트가 1979년에 평화협정을 체결하고 이 협정에 따라 이스라엘 국가의 존재를 인정하고, 이스라엘은 제3차 중동전쟁에서 점령한 시나이 반도에서 1979년부터 1982년 사이에 군대를 단계적으로 철수하고 시나이반도 전체를 이집트에 넘겨주었다.

다만 골란 고원은 1967년부터 이스라엘군의 관리를 받고 있었는데, 1981년 이스라엘은 골란 고원에 이스라엘의 법, 사법권과 행정권을 적용한 골란 고원법을 통과시킴으로써 사실상 골란 고원(Golan Heights)을 이스라엘에 합병시켰다.

냉전 종결이라는 국제 정세의 큰 전환기를 맞아 국제 여론은 중동 평화에 크게 관심을 가지게 되었고, 그 결과 1991년에는 마드리드에서 중동평화회의가 열렸다. 이 회의의 초점은 제3차 중동전쟁에 즈음하여 유엔이 내놓은 정전 결의안인 '유엔 안보리 결의 242호'를 다루는 일이었다. 이 결의의 요지는 첫째로 이스라엘은 점령지로부터 철수할 것, 둘째로 교전 상태를 중단할 것, 셋째로 이스라엘의 생존권을 승인할 것 등 세 가지였다. 이스라엘은 이 결의안을 거부했을 뿐 아니라 최대의 점령지인 요르단 강 서쪽 지역에 유대인 정착촌을 건설하여, 점령지를 이스라엘 영토로 기정사실화하는 정책을 폈다.

이스라엘과 팔레스타인 간에도 평화를 모색하는 협상이 진행되었으나 결국은 성공하지 못하고 양자 간에는 전선 없는 시민전쟁이 자주 지속되었다.

이스라엘의 라빈 총리와 팔레스타인 해방기구(PLO)의 아라파트(Yasser Arafat) 의장은 노르웨이 오슬로 등에서 여러 차례 극비 접촉을 가진 후 1993년 9월 향후 중동평화 과정의 초석이 될 오슬로 협정에 서명하였다. 이로써 팔레스타인 독립국가와 이스라엘이 평화적으로 공존할 수 있는 가능성을 보여주었고, 이 협정으로 1994년 7월 아라파트를 수반으로 하는 팔레스타인 임시 자치정부 수립을 선언하였다.

그 후 1995년 제2차 오슬로 협정이 성립하였는데, 이 협정의 요지는 이스라엘이 가자 지구와 요르단 강 서안을 팔레스타인에게 반환하여 팔레스타인 자치국가를 설립케 하는 대신, 아랍권은 이스라엘의 생존을 보장한다는 것으로 '영토와 평화의 교환'이 기본원칙이다. 이 협정에 따라 이스라엘은 점령지에서의 철군을 진행시켰고 팔레스타인은 1996년 2월 잠정 자치정부를 본격 출범하게 되었다.

1996년 팔레스타인 자치정부가 수립되면서 팔레스타인이 수도로 삼으려고 하는 동예루살렘이 이스라엘에 의하여 점령되고 있는 상황을 감안 요르단 강 서안에 있는 라말라를 팔레스타인 자치정부의 임시 행정수도로 하였다. 2004년 11월 팔레스타인 자치정부의 수반인 아라파트가 사망함에 따라 팔레스타인 자치정부 2대 수반을 뽑는 선거가 2005년 1월 실시되어 마흐무드 압바스(Mahmoud Abbas)가 새로운 PLO 수반으로 당선되었다.

2012년 11월 유엔 총회결의에 의하여 팔레스타인이 옵서버 국가 지위를 획득하여 유엔에서 옵서버 단체(observer entity)의 지위로부터 국가(state)의 지위로 승격하였으나 유엔 회원국들인 개별 국가로부터 국가의 지위를 획득하고 외교관계를 수립하는 것은 주로 이슬람 국가에 제한되고 있다.

팔레스타인 자치정부는 파타(Fatah)당이 집권하였으나 2006년 총선거에서 하마스(Hamas)당이 승리하여 약 160만 명이 거주하는 가자지구에서 파타당을 축출하고 통치권을 장악하였으며 약 250만 명이 거주하는 서안지구는 여전히 파타당의 통치하에 있다.

1997년 말 팔레스타인 민간인들이 이스라엘에 대항하여 대규모 전투를 벌인 적이 있는데, 2000년부터 팔레스타인인들이 다시 대 이스라엘 민중투쟁인 인티파다(Intifada: '저항, 봉기'를 뜻하는 아랍어) 운동을 전개하였고 이에 하마스를 포함한 조직들이 합류하여 대 이스라엘 무장투쟁을 전개하자, 이스라엘은 하마스를 테러집단으로 규정하고 팔레스타인에 대한 무력 공격을 감행하여 수천 명의 팔레스타인인들이 희생되었다.

이스라엘은 2002년부터 서안지구 전체를 장벽으로 둘러싸고 요소에 검문소를 설치함으로써 팔레스타인들의 통행을 제한하였고, 2008년 이후 가자 지구를 공습하였으며 이러한 공습이 2014년 재개되어 팔레스타인인 2000여명이 사망하였다.

이스라엘과 팔레스타인의 직접적 무력충돌로 이스라엘이 무력적 위협을 가장 크게 느끼는 인근 국가인 이집트와 시리아와의 평화를 모색하여 이집트와는 1979년 평화협정을 체결하였으나 시리아와의 관계는 불안정한 상태로 남아 있다.

이스라엘과 시리아 양국 간 평화협상이 1996년 시작되었고 2000년 당시 에후드 바라크(Ehud Barak) 전 이스라엘 대통령과 하페즈 알 아사드(Hafez al-Assad) 시리아 대통령은 1967년 중동전쟁 때 이스라엘이 점령한 골란 고원의 상당 부분을 시리아에 반환하기로 의견을 교환했으나 반환 규모에 대한 양측의 이해 차이와 이스라엘이 시리아 측에 팔레스타인 무장단체들의 사무실 폐쇄와 테러단체 지원 중단 등을 요구하면서 협상이 결렬되었다.

미국과 유엔, 러시아, 유럽연합(EU) 등이 이스라엘, 팔레스타인 사이의 유혈 사태를 종식시키기 위해 중동 지역의 평화를 위한 단계적 이행 안을 제시하였다. 동 이행 안으로서 2003년 중동 평화 계획인 중동 평화 로드맵을 작성하여 2005년까지 3단계로 나누어 이스라엘, 팔레스타인 양측이 단계적으로 폭력을 종식시키고 팔레스타인 독립국을 창설하며 팔레스타인 개혁과 효율적인 안보를 담보할 것을 구상하는 것이었으나, 이 로드맵은 협상 과정에서 이스라엘과 팔레스타인의 잇따른 폭력사태로 사문화되었다.

이 사태를 계기로 유엔은 팔레스타인의 민족 자결권을 승인함과 동시에 PLO를 팔레스타인인의 유일하고 정당한 대표로 인정하는 결의안을 채택하였다.

위와 같은 이스라엘과 주변 아랍국가들 간의 분쟁은 기본적으로 이스라엘의 유대교와 아랍 국가들의 이슬람교가 상호 타협할 수 없는 종교상의 교리의 차이에서 유래한다. 유대교와 이슬람교는 모두 유일신을 믿고 이브라힘과 모세를 그들의 조상으로 인정하는 같은 뿌리를 가지는 종교이나 유대교가 야훼(Yahweh, 영어 명칭: Jehova)라고 부르는 유일신을 믿고 유대인들이 신의 선택을 받은 민족이라고 주장하면서 그들의 율법에 따라 생활할 것을 강조하는 종교인 데 반하여, 이슬람교는 그들의 유일신을 알라(Allah)라고 칭하고 유대인이 신의 선택을 받았다는 사상을 부정하고 그들 종교의 창시자인 무함마드(Muhammad)를 예수 다음의 마지막 예언자로 믿고 그의 가르침에 따른 행동을 할 것을 주장하는 데에 두 종교 간에 근본적인 교리의 차이가 있다.

이러한 종교상 교리의 차이로 인하여 이스라엘과 팔레스타인 간의 생존권 싸움이 종식되지 않고 격화되고 있는 상황이나 8백만에도 미치지 못하는 인구를 가진 이스라엘과 2억 명이 넘는 인구를 가진 인근 아랍국가 간에 대립이 종식되지 않는다는 것은 국력이 인구나 영토 또는 경제력, 군사력뿐만 아니라 국가의 통치능력과 국가가 국민의 의지를 동일한 방향으로 집결할 수 있는 결집력이 국력의 중요한 구성 요소라는 점을 나타낸다. 즉 이스라엘 국민이 시오니즘(Zionism)으로 이스라엘 민족의 독립국가를 유지하여야 한다는 의지의 결집력과 이슬람 국가들이 이슬람교의 여러 종파로 나누어져 자체 내의 분열을 동반한 채 이루는 결집력 정도의 차이가 양 집단 간의 국력의 차이를 발생하는 중요한 요인이 되는 것으로 해석할 수 있다.

제2장 국가의 국민 의지 결집 방안

국가의 통치이념은 피통치자들의 의지를 동일한 방향으로 효율적으로 집결할 수 있는 요소인데, 이러한 이념은 피통치자들이 수용하는 데 어려움이 없어야 하므로 결국 피통치자들이 일반적으로 가지고 있는 사상이나 종교를 활용하는 것이 효율적인데 이러한 사상이나 종교는 결국 피통치자들이 어떠한 사람인가와 그들이 어떠한 생각을 하느냐, 즉 그 국민의 오랜 역사와 전통에 의하여 형성된 생활양식 및 사고방식과 밀접한 관련을 가지게 된다.

인류가 문화생활을 시작한 이래 끊임없는 사고를 통하여 삶의 가치를 추구하게 되고 그 과정에서 사상과 종교가 발달하게 되었는데 사상은 인간의 이성(reason)을 기초로 특정한 생각을 논리적으로 정리한 것인 데 비하여 종교는 논리적 근거를 추구하는 것보다 믿음(faith)으로써 그 종교 교리의 정당성을 인정하려고 하는 데 근본적인 차이가 있다.

어떠한 사상이 국가의 힘이나 그 사상을 전파하는 지도자에 의하여 많은 추종자가 그 사상의 타당성을 더 이상 의심하지 않는 권위를 부여받고 그 사상에 따르는 의식이 널리 행하여지면 그 사상은 종교가 된다.

고대의 태양이나 불을 숭배하는 사상은 처음부터 이성이 아닌 믿음에 기초하는 원시 종교이었고 중국의 공쯔孔子를 중심으로 발전된 유가사상儒家思想은 한漢나라가 국교로 정한 이후 유교儒敎가 되었으며, 라오쯔老子와 주앙쯔莊子가 중심이 되어 성립한 도가사상道家思想은 남북조시대(南北朝時代: 430-589)에 그 교리가 신선설神仙說, 참위설讖緯說 등과 결합하고 라오쯔老子를 교주敎主로 모시는 교단이 생겨났는데, 베이웨이北魏의 커우치엔쯔寇謙之가 교단의 조직을 확대하여 종교로서의 위치를 확고히 하였다.

인도의 석가모니釋迦牟尼에 의하여 생겨난 불가사상은 그 후 석가모니를 교조敎祖로 하여 그의 가르침을 절대적인 진리로 믿고 따르면 사후 극락세계에 갈 수 있다고 신봉하는 집단에 의하여 불교佛敎로 발전되었다.

사람의 이성적 사고의 산물인 사상을 초월하여 별도로 종교가 발달하게 된 근본원인은 사람들이 직접적으로 인식할 수 있는 능력이 제한되어 있기 때문이다.

즉 사람들이 생각을 발전시키려면 우선 주변에서 일어나는 상황의 원인과 발전 과정을 알 수 있어야 하는데 사람들이 직접적으로 지각하여 알 수 있는 범위는 극히 제한되어 있다. 사람들이 볼 수 있는 빛은 제한된 가시광선의 범위를 벗어나지 못하고 들을 수 있는 범위는 진동의 제한된 주파수 범위 내에 불과하며 냄새를 맡거나 접촉을 통하여 인지할 수 있는 범위는 이 방면이 더 민감하게 발달된 동물의 지각능력의 수만 분의 일에도 미치지 못한다. 사람들은 지각할 수 있는 범위가 제한되어서 알고 싶은 세상만사의 이치를 파악하기 어렵기 때문에, 어떤 종교지도자가 주장하는 내용을 합리적이냐 아니냐의 이치로 따지지 않고 그 지도자의 주장을 믿는 것이 종교이다.

종교가 주장하는 진리의 내용이 교리인데 이러한 교리는 사람의 이성으로 그 합리성을 인식하는 과정을 추구하는 대신 전지전능한 신의 존재를 상정하거나 특정 결론을 절대적인 진리로 단정하여 이를 교리로 정리하고 교리의 정당성을 신뢰하고 그 교리를 따름으로써 정신적 안정을 얻고자 하는 것이다. 종교의 교리가 반드시 이성에 의한 합리성을 근거로 하지 않기 때문에 종교는 인류가 이 세상에 태어날 초창기부터 존재하였다.

그러나 인류가 문명생활을 지속적으로 해 나오면서 이성을 기초로 한 과학적 방법을 통하여 간접적으로 상황의 존재와 발전의 방향을 인식하는 것이 가능하여졌기 때문에 이성에 바탕을 두지 않는 비합리적인 원시종교는 더 이상 믿음의 대상이 되지 못하고 사라진 경우가 많았다. 과학을 통하여 인간이 이성으로써 인식할 수 있는 범위가 확대됨에 따라 이러한 이성과 합치하지 않는 종교의 교리에 대한 신뢰성이 저하된다면 그 종교가 가지는 영향력도 적어질 수 있기 때문에 과학의 발달이 종교에 미치는 영향을 살펴볼 필요가 있다.

인류는 오랜 역사를 통하여 꾸준히 과학적인 방법을 통하여 인식의 범위를 확대하여 왔는데, 특히 17세기에 와서 자연의 세계가 인간이 이해하고 파악할 수 있는 법칙에 따라 움직이고 있어서 인간이 자연세계를 통제하고 지배할 수 있다는 생각을 가지게 되는 과학혁명의 시대를 맞이하였다. 이러한 과학혁명은 코페르니쿠스가 지구가 움직인다는 주장을 한 이래 케플러, 갈릴레이를 거쳐 뉴턴(Newton, Issac)이 만유인력을 발견함으로써 우주의 전 질서가 하나의 통일적인 법칙에 의하여 움직이고 있다는 주장이 설득력을 가지게 됨에 따라 인류는 과학을 통하여 알고 싶은 모든 것을 알 수 있다는 생각까지 하게 되었다.

19세기 초 프랑스의 수학자이자 천문학자인 라플라스(Laplace, Pierre

Simon)는 어떤 시각에 우주의 상태가 주어진다면 우주의 진화를 정확하게 결정할 수 있다고 하였다. 또한 19세기에 와서 다윈(Darwin, Charles)의 진화론進化論과 멘델(Mendel, Gregor Johann)의 유전법칙遺傳法則이 알려지게 되자 그 전까지 신이 이 세상 모든 것을 창조하였다는 종교, 특히 기독교의 교리와 갈등을 겪게 되었다.

20세기 벽두부터 시작된 현대과학의 발달은 인간의 인식의 범위를 획기적으로 변화시킨 커다란 업적을 이룩하였다. 프랑크가 에너지의 알갱이를 발견하여 양자量子라는 이름을 붙인 이후 전자가 발견되고 원자핵과 원자핵 내부에 양성자陽性子와 중성자中性子의 존재가 확인된 후, 이들 양성자와 중성자에는 소립자素粒子인 쿼크(quark)가 존재한다는 사실이 밝혀져 양자 역학(量子力學: quantum mechanics)이 급속도로 발전되었다.

한편 허블(Hubble, Edwin Powell)에 의하여 우주가 팽창한다는 사실이 입증된 후, 우주가 137억 년 전 대폭발(빅뱅)로 탄생되었다는 사실도 알게 되었으며 지구에서 610킬로미터 떨어진 대기권 밖에 대형 망원경을 설치하여 우주를 관측하고 우주에는 지구가 속한 태양계와 같은 별들이 수천억 개나 모인 은하계가 수천억 개나 존재한다는 사실도 인지하게 되었다. 이러한 사실은 갈릴레이나 코페르니쿠스가 생각하였던 태양 중심의 우주관을 크게 벗어나는 것이다.

현대 물리학은 뉴턴이나 라플라스의 생각과 같이 우주의 특정 상태를 정확히 인식한다면 장래의 변화를 예측할 수 있다는 주장이 타당하지 않다는 것을 증명하였다. 아인슈타인은 시간의 흐름이 절대적인 것이 아니라 속도와 중력의 변화에 따라 달라진다는 것을 입증하였고, 하이젠베르크(Heisenberg, Werner Karl)는 전자의 속도와 위치를 동시에 정확히 측정할 수 없다는 소위 불확정성의 원리(uncertainty principle)를 밝힘으로써 현재 상태에 대하여 정확하게 알 수 있더라도 미래에 일어나는 사실을 정확하게 예측하는 것은 불가능하다는 것을 설명하였다.

그러나 다른 한편, 현대 물리학은 우주의 탄생 원인을 밝히고자 노력한 결과 최근에는 유럽 입자물리 연구소에서 거대 입자가속기를 통하여 빅뱅 당시에 있었던 것으로 추정되는 물질(힉스 입자: Higg's boson)을 재현해 내는 데까지 성공하였으며 물리학의 궁극적 목표는 우주에 존재하는 모든 힘(중력, 전자기력, 강력, 약력)을 하나의 원리로 설명하기 위한 통일장 이론을 완성하려고 노력하고 있다.

이러한 과학의 발달이 인류사회에 커다란 영향을 준 종교에 어떤 변화를 주게 될 것인가. 종교는 원래 인간이 이성적으로 규명하기 어려운 현상에 관하여 변화의 과정을 인간의 이성으로 규명하려는 노력을 포기하고 인간의 능력을 초월하는 절대자를 상정하여 이러한 절대자의 뜻에 의하여 변화가 일어난다고 주장하는 데 기초한다.

앞으로 과학이 더욱 발전하여 우주에 존재하는 모든 힘을 인간의 이성으로 파악할 수 있는 단계에 도달한다면 종교에서 주장하는 절대자의 뜻으로 이해된 많은 부분이 절대자를 상정하지 않고도 설명이 가능하게 되어 종교의 교리가 변하고 종교의 영역이 축소될 수 있을 것이다.

우주에서 일어나는 모든 현상을 과학적 방법으로 해석한다면, 이는 결국 우주 내의 모든 공간에 충만하여 있는 천체에 존재하는 가장 작은 단위인 소립자로부터 시작하여 모든 단위 조직 간의 상호관계와 이들 상호관계에서 가질 수 있는 인과관계를 모두 파악하여 우주 내의 모든 변화를 인간의 이성을 통한 인식이 가능하다는 것을 뜻한다. 앞으로 과학이 더욱 발달하여 이러한 관계를 과학적으로 증명할 수 있는 영역이 확대된다면 종교가 사라지게 될 것인가.

과학의 발달이 종교의 교리에 변화를 일으켜 종교에 영향을 줄 수는 있으나 과학의 발달이 종교를 사라지게 할 수는 없을 것이다. 그 이유는 첫째로 과학이 아무리 발달한다고 하더라도 과학 그 자체가 종교가 하는 역할을 대체할 수 없기 때문이다.

20세기의 탁월한 과학자 중 한 사람인 아인슈타인(Einstein)은 과학이 아무리 발전하더라도 과학이 직접적으로 인간에게 무엇을 하라고 가르쳐 주지는 않기 때문에 종교가 과학이 할 수 없는 일을 할 수 있다고 하였다.[13] 종교가 과학과 별도로 존립할 수 있는 또 다른 이유는 사람들이 확고한 종교적 신념을 가지고 있을 경우 그 신념에 따른 행동은 그 신념이 과학적 근거를 가지느냐 가지지 않느냐와 무관하게 이루어질 수 있기 때문이다.

현대의 저명한 과학자인 스티븐 호킹(Stephen William Hawking) 박사는 과학자들은 '무엇인가'에 대한 해답을 얻기 위하여 '왜' 그런가에 대한 답을 구하는 것을 목표로 하지 않으며 이러한 답을 주는 것을 소임으로 하는 철학자들이 현대 과학의 발전을 충분히 이해하고 인간의 삶에 대한 올바른 답을 주는 능력이 부족하였다고 하고, 과학이 우주의 모든 현상을 설명할 수 있게 된다면 과학자, 철학자, 일반사람 모두가 인간과 우주가 왜 존재하는가 하는 문제를 논하는 데 참여하여 인간 이성의 완전한 승리를 할 때 신의 뜻을 헤아리게 될 것이라고 하였다.[14]

이 말은 결국 인간 이성이 미치지 못한 부분을 과학이 다 해결할

---

13) Stephen Hawking, *The Illusrated A Brief History of Time,* (A Bantum Book, New York, 1996) p.234
14) *Ibid.,* p.233

수 없기 때문에 인간 이성을 초월하는 신을 상정하는 종교가 존립하나 만약 인간이 이성으로써 모든 의문을 해결할 수 있는 경지에 다다를 수 있다면 인간 이성과 신의 합치점을 이룩할 수 있게 될 것이라는 의미로 이해할 수 있을 것이다.

우주 내의 모든 변화는 우주 전체 질서와 조화되지 않은 요소의 도태와 질서와 부합하는 새로운 요소의 생성을 반복하면서 끊임없이 우주 전체로서의 조화를 이룩하려는 과정이라고 볼 수 있고, 인류가 이룩한 자연과학의 발달은 이러한 우주 전체로서의 조화를 이루는 자연 질서를 찾기 위한 노력의 결과라고 해석할 수 있다. 이에 비하여 종교는 우주 내의 이러한 자연 질서가 인간이 아닌 절대자의 뜻에 의하여 이룩된 것으로 믿고 이러한 절대자의 뜻을 추구하는 노력이라고 할 수 있는데, 인간이 자연 질서의 모든 변화를 과학적 방법으로 설명할 수 있다면 이러한 과학을 통한 인식이 결국 종교에서 상정하는 절대자의 뜻을 이해한다는 것과 같은 의미가 된다.

예를 들면 러시아의 과학자인 멘델레프(Mendeleev, Dmitrii Ivanovich)는 1869년 그 당시까지 알려진 원소들을 성질이 비슷한 원소들끼리 나열하고 아직 발견되지 않은 원소의 원자량에 해당하는 자리를 공란으로 남겨둔 채 그 자리에 들어갈 원소들의 성질까지 예측하였는데 그 후 그의 예측에 맞는 원소들이 발견되었다.

이러한 과정을 설명하는 데 있어 과학은 자연 질서를 과학적 방법으로 이해할 수 있게 되었다고 할 것이고 종교에서는 신의 뜻을 이해하게 되었다고 할 것이므로 호킹 박사가 말한 인간의 이성으로 신의 뜻을 이해하게 된다는 것은 결국 인간이 자연 질서의 모든 변화를 과학적 방법을 통하여 설명할 수 있는 경지에 도달할 수 있는 경우를 말한 것이라고 해석할 수 있을 것이다. 그러나 인간 능력의 한계성으로 인하여 인간이 이러한 경지에 도달할 수는 없을 것이기 때문에 과학의 발달이 종교를 사라지게 할 수 없을 것이다.

과학이 종교를 대체하기 어려운 세 번째 이유는 인간의 탄생과 사망이 자기의 의지에 의하여 이루어지는 것이 아니고 생존 과정에서도 자기의 의지가 모두 실현되는 것이 아님을 인식하게 됨으로써 탄생이 어디에서 왔으며 사망 후 어디로 가는 것인가와 어떻게 사는 것이 바람직스러운 삶인가에 대한 물음에 대한 답변을 과학으로부터 얻어내기가 어렵기 때문에 이러한 문제에 대한 해답을 제시하는 종교에 의존하려는 경향을 나타내기 때문이다.

이러한 이유로 종교는 인류역사상 국민의 의지를 단합시키는 데 중요한 역할을 하기도 하였으며 또한 교리가 서로 상충되는 종교를 신봉하는 국민 간에는 격심한 대립과 갈등을 일으키는 요인이 되기도 하였다. 특히 유일신을 믿는 집단 간의 서로 용납할 수 없는 다른 종교 교리 때문에 발생하는 분쟁은 매우 장기적으로 지속되고 그 갈등 방안을 모색하기가 매우 어려웠다.

11세기부터 13세기까지 약 200년간 지속된 기독교도와 이슬람교도 사이의 십자군 전쟁이 대표적인 종교분쟁이었다. 이외에도 16세기 후반 프랑스에서 일어났던 위그노(Huguenots) 전쟁도 30년간 계속된 신·구교도 간의 내분을 비롯하여 17세기 초부터 중반까지 유럽 전체로 확대된 기독교의 구교도와 신교도 사이에 일어났던 30년 전쟁이나 오늘날까지 지속되고 있는 중동 분쟁의 근본적인 원인이 모두 종교 교리상의 갈등에 기인하는 것이다.

역사상 동일한 종교의 교리가 사람들의 의지를 통합시켜 동일한 방향의 힘을 창출하는 중요한 요인이 된 것과 유사하게 어느 집단이 가지고 있는 공통된 사상이 사람들의 의지를 동일한 방향으로 집결시켜 힘을 창출하는 요인이 될 수도 있었다.

미국의 건국 후 발달한 자유민주주의 사상이나 과거 소련의 공산주의 사상은 국민의 의지를 이러한 신념을 바탕으로 동일한 방향으로 집결시킴으로써 통합된 국가의 힘으로 나타나게 할 수 있었다.

국가의 통합된 힘을 증대시키기 위하여 국민 의지를 한 방향으로 집결시키는 데 활용되는 종교나 사상은 건전한 인간의 이성에 바탕을 둔 합리적인 것일 수도 있고 도그마(dogma: 비합리적 신념)에 기초한 것일 수도 있다.

지나간 역사를 돌이켜 보면 어느 국가나 사회가 그 구성원들의 자유로운 이성을 개발하는 것을 존중하여 이러한 이성에 따른 합리적 판단이 지배하는 경우, 그 국가나 사회는 자유로운 이성의 개발을 억제하여 비합리적인 사상이나 믿음이 지배하는 국가나 사회보다 높은 경쟁력을 가지고 역사의 주된 역할을 할 수 있었다. 사람들의 자유로운 이성에 기초하지 않은 믿음이나 사상은 도그마이다.

도그마가 국민의 의지를 동일한 방향으로 집결시키는 데 활용되는 이유는 일반대중들의 의지를 결집시키는 데 있어서 합리적인 이성에 바탕을 둔 논리적 정당성보다 비록 객관성을 결여하는 비합리적 요소가 있더라도 국민이 가지고 있는 일반 정서에 호소하는 것이 국민의 의지를 동일한 방향으로 집결시키는 데 더 효과적일 수 있기 때문이다.15)

믿음이나 사상에 도그마의 요소가 강하게 내포될수록 그 믿음이나 사상을 주도하는 지도자는 도그마를 유지하기 위하여 자신의 권위를 강조하게 되고 그 도그마에 대한 반대 입장을 나타내는 집단에 대한

---

15) Francis Fukuyama, *op. cit.*, p.39 "rule following for human beings is not primarily a rational process but one that is grounded in the emotion."

적대적인 태도를 견지하고 그 믿음이나 사상을 추종하는 집단들로 하여금 대항세력과 투쟁하도록 유도하게 된다.

유럽역사에서 종교가 국민의 의지를 결집시키는 데 중요한 역할을 하게 된 이후 국력을 결정하는 국민의 의지를 결집하는 데 가장 중요한 요소가 된 것이 민족주의이다.

유럽에서 민족의식이 고조된 것은 14세기 중엽에서 15세기 중엽까지 계속된 프랑스와 영국 간의 백년전쟁(百年戰爭: Hundred Years' War)이었으며, 그 이후 18세기 말 프랑스 혁명시기에 프랑스 인근 국가들이 프랑스의 혁명여파가 자기 국가로 전파될 것을 두려워하여 프랑스를 침략할 움직임을 보이자 프랑스가 먼저 오스트리아, 프러시아를 침략한 혁명전쟁 시기에 프랑스에서 고조된 민족주의 사상이 유럽 국가 전체로 확대되었다.

프랑스혁명 이후 등장한 나폴레옹이 오스트리아, 프러시아, 러시아를 굴복시키고 신성로마제국을 해체하였으나 그는 그가 정복한 각국의 민족주의의 반격으로 몰락하게 되었다.

나폴레옹의 몰락 후 19세기 초 유럽에서 빈 체제가 형성되고 자유주의 혁명의 시기를 거쳐 19세기 중엽 독일에서 비스마르크가 나타나 오스트리아와 프랑스와의 전쟁을 거쳐 독일 연방을 탄생시킨 후 유럽에서 게르만족과 슬라브족 간의 대립은 20세기 초 제1차 세계대전을 유발하였다. 이 전쟁의 결과 국제연맹을 탄생시킨 베르사이유(Versailles) 체제가 성립하였으나, 이 체제는 19세기 중엽 독일의 히틀러가 독일 민족주의를 바탕으로 한 나치즘(Nazism)으로 국민의 의지를 결집시키고 이탈리아, 일본과 동맹을 맺고 인근 유럽 국가를 침입한 제2차 세계대전이 발발함으로써 종식되었다.

제2차 세계대전의 결과 국제연합이 탄생되는 새로운 체제가 형성되었으나 이 체제는 자유민주주의 사상으로 국민의 의지를 결합하는 미국 중심의 진영과 공산주의를 이념으로 하는 소련 중심의 진영으로 나누어져 대치하다가 20세기 말 소련 중심의 공산주의를 이념으로 하는 체제가 스스로 붕괴됨으로써 새로운 국제질서가 형성되었다.

민족주의에 호소하여 다른 국가나 국민은 무시하고 그들의 국가와 민족이 가장 우수하다는 인식을 국민에게 고취한다면 그러한 인식은 도그마를 내포하지 않을 수 없다. 이러한 도그마는 일시적으로 국민의 의지를 동일한 방향으로 결집시키는 데 효과적일 수 있으나 도그마에 의하여 결집된 국민의 의지는 합리적 판단에 기초한 이성으로 통제하기 어려운 방향으로 발전되어 자국민은 물론 외국 국민에게 부당한 피해를 발생하게 할 가능성이 커지며 추후 새로운 합리적인 가치관이 수립될 경우 국력의 급속한 저하를 야기하고 피해에 대한 책임을 부담하게 된다.

나치즘은 게르만 민족의 우수성을 신봉하는 극단적 민족주의이고 공산주의는 유럽에서 발달한 자본주의가 붕괴될 것이라는 가설에서 출발한 사상이었으나, 이러한 사상이 국민의 의지를 결집시켜 한동안 국력을 강화하는 데 중요한 역할을 하였으나 이러한 사상이 불합리한 믿음, 즉 도그마의 요소를 포함한 사상이었기 때문에 결과적으로 국력을 올바른 방향으로 행사하지 못하고 국가의 멸망이나 체제의 붕괴를 가져오게 되었다.

일본은 군국주의에 기초하여 국민의 의지를 결집하고 태평양전쟁을 발발시켰으나 제2차 세계대전 이후 전범자들이 책임을 져야하였다.

오늘날 북한은 주체사상이라는 일종의 폐쇄성 민족주의에 기초하여 국민의 의지를 결집시키고 있으나 이러한 민족주의는 외부와의 교류를 통한 상호발전의 기회를 상실하게 함으로써 경제력과 같은 국가의 성취된 힘(achieved power)을 증가하는 데 불리한 작용을 하게 된다.

국가를 구성하여 역사를 창조해 나가는 사람들이 집단적으로 가지게 되는 사상에 중요한 영향을 미치는 요인은 그들의 삶의 방식에 따른 가치관이다. 인류 문명이 시작될 때 사람들의 삶의 방식은 농경생활을 하여 토지와 결부된 정착생활을 하면서 이웃사람과 함께 집단생활을 해온 농경민족과 목축 생활로 초원을 찾아 이동하면서 사는 유목민들이 있었는데 나중에 도시가 발달하고 사람들 사이에 교역이 시작되면서 다른 사람들과 교역을 하여 얻은 이익을 주된 생계수단으로 살아가는 상업을 위주로 하는 민족도 생겼다.

농경민족들은 집단생활을 유지하기 때문에 집단 내의 질서유지를 가장 중요한 가치관으로 생각한다. 이들은 집단 내의 질서유지를 원만히 이끌어 나가기 위하여 집단내부의 분쟁이 발생하였을 경우 사안별로 해결하기보다 사람과 사람과의 전체관계를 더 중요시하여 전체 질서유지의 차원에서 해결하려는 경향을 나타낸다.

농경민족 중에서도 논에 일정 기간 물을 가두어 두어야 하는 논농사를 하는 민족들은 벼농사에서 필수적인 관개시설을 유지하여야 하기 때문에 이웃과의 관계를 중요시하고 여러 이웃이 상호의존 관계를 형성하는 집단생활을 하는 경향이 강하다.[16]

이러한 논농사는 계절풍의 영향으로 강우량이 일정한 기간 집중되는 지역인 중국대륙의 창장(長江) 이남이나 한국, 일본, 동남·북아시

---

16) T.M.Luhrmann, "Wheat people vs. rice people", *International New York Times*, 2014. 12. 5. p.6

아의 해안과 평야, 인도 갠지스 강 유역 등 관개灌漑 가능 지역에서 이루어져 왔는데, 이들 지역의 사람들은 집약농업을 주로 하여 집단을 이루어 살아왔기 때문에 인구 밀도가 높다.

중국에서 1973년 쩌장성浙江省에서 발굴된 신석기 시대의 유적지는 창장長江 유역이 황허黃河 유역에서 보다 약 2000년 이전에 이미 벼농사를 한 것을 보여 주고 있으며[17] 황허黃河 유역은 원래 조 등을 심는 밭농사를 하다가 창장 유역의 벼농사의 영향을 받게 된 것으로 추정되고 있다. 강수량이 적은 황허黃河 북방지역에서는 밭농사를 하지 않을 수 없었으나 남방에서는 일찍이 논농사가 발달하였다.

일정 기간 논에 물을 가두고 벼를 재배하는 논농사를 생계수단으로 하는 민족들은 그들의 생활양태에 따른 특성을 가지게 된다. 이들은 벼 경작기간 동안 계절에 맞추어 정확하게 논을 관리하여야 하기 때문에 사람과 토지와의 결합성이 매우 강하여 집단이 외부로부터 침략을 받을 경우에도 쉽사리 다른 지역으로 이동하기 어렵다는 안보의 취약성이 있는 반면에 일정한 지역을 중심으로 장기간 동안 문화의 동질성을 유지하면서 발전할 수 있는 장점이 있다.

이와 반대로 유목민들은 환경의 변화에 따라 다른 지역으로 자주 이주하기 때문에 정착된 문화발전 수준이 낮아 다른 농경민족을 침략하여 그들의 새로운 지배자가 되거나 지배할 힘이 없을 경우 농경민족의 지배를 받으며 살아간다. 그들은 비록 농경민족을 정복하여 그들이 농경민족을 통치하게 되더라도 그들의 문화수준은 대체적으로 정착생활을 하면서 지속성 있는 문화를 발전시켜온 농경민족의 문화수준보다 더 높은 수준을 형성하기가 어렵기 때문에 농경민족의

---

17) 王思明, *稻作起源與生産及其對中國社會發展的影響*, 文明硏究 第3號(2009) 南京農業大學中華農業文明硏究院

문화를 수용하면서 농경민족을 통치하게 되는 것이 일반적이다.

　논농사를 하면서 장기적으로 동일한 집단을 유지하고 집단원 간의 인간관계를 발전시켜온 민족들은 집단 내부의 질서유지를 가장 중요하게 여기고 이러한 질서유지에 책임을 질 수 있는 자를 지정하여 이 지도자 개인의 질서유지 역량에 의존하는 경향이 강하다. 그러나 자주 이주하면서 다른 민족과의 접촉이 불가피한 민족들은 동일민족 내부의 질서유지 못지않게 다른 민족들과의 관계를 유지, 발전시키기 위한 제도를 강구하여 전체적인 인간관계 형성보다 사람들 간에 관계를 맺을 때 발생하는 사안별 권리. 의무 관계를 분명하게 할 수 있는 객관적인 기준을 마련하려고 노력하게 된다.

　중국대륙에서 강우량이 인구분포와 생활양식의 차이를 나타내는 주요변수이다. 중국 동북부의 헤이롱장성黑龍江省 아이훈愛琿으로부터 윈난성雲南省 텅총騰沖 사이를 횡선을 그어 나누면 이 선 동남 반쪽은 중국대륙의 36%밖에 차지하지 않지만 인구는 96%를 차지하고, 서북 반쪽은 대륙면적의 64%를 차지하지만 인구는 4%를 차지하는데 불과한데 이러한 분계선은 중국의 연 강우량 400밀리미터의 선과 합치한다.[18]

　중국에서 강우량이 많은 남부지방에서는 주민들이 다른 지역과의 교류 없이 자급자족할 수 있기 때문에 다른 지역과의 교류가 적어 지역별로 고유 언어가 발달하게 되었고 북방은 강우량이 적어 다른 지역과의 교류를 통하여 생활수단을 획득하려는 노력이 강하기 때문에 광범위한 지역에서 언어의 통일이 용이하게 되었다.

　중국대륙 역사는 고대로부터 농경생활을 하는 한족漢族들과 이민족인 유목민들과의 투쟁의 역사이나 토지에 정착하는 강도가 높은

---

18) 上揭論文

한족 중심의 문화를 유지하여 왔다.

중국대륙에서 한족漢族들이 주변의 유목민들을 상대로 생활영역을 어떻게 변화시켜 왔는지를 간략히 살펴본다.

기원전 약 15세기에 세워졌던 인殷나라의 유적이 황허黃河 남쪽인 허난성河南省에서 발굴됨에 따라 이 지역에서 최초의 통치체제가 이루어진 것으로 추정되며 기원전 약 11세기에 일어났던 저우周나라가 기원전 8세기에 이미 서쪽의 유목민들의 침입을 피하기 위하여 수도를 하오징鎬京에서 동쪽인 루어양洛陽으로 옮기게 되었다.

그러나 인殷나라나 저우周나라는 일종의 씨족 공동체인 소규모의 읍제국가邑制國家에 불과하였고 그 후 저우周 왕실의 힘이 약화되고 전국시대戰國時代를 맞이하여 각 지방의 실력자들이 서로 대결할 시대에 새로운 지역에서 실력자들이 등장하여 실력자를 중심으로 영토국가領土國家를 형성하여 전체적인 통치영역이 황허 동북부와 창장長江 이남으로 확대되었다.

이후 중국대륙을 통일한 친秦나라는 수도를 싼시성陝西省의 창안(長安: 지금의 西安)에 두고 서북부의 유목민의 침입을 막기 위하여 만리장성을 구축하여 통치영역을 중국대륙 남동부로 한정시켰다. 한漢나라의 우디武帝가 서북지방과 남쪽의 푸지엔福建, 광둥廣東지방, 서쪽의 쓰추안四川, 구이저우貴州, 위에난越南, 한반도 일부까지 영토를 확장하였다. 허우한後漢이 멸망한 이후 약 60년간 3국시대가 계속되다가 시진西晉에 의하여 통일되었으나 1세대 이후 북방의 유목민족에게 멸망당하고 이후 북방에서는 약 130년간 5개의 이민족이 16개 나라를 일으킨 5호16국五胡 十六國 시대를 맞이하였다가 시엔베이鮮卑족이 통일하여 베이웨이北魏를 세웠다.

이때 한족漢族들은 창장長江 이남으로 밀려나서 동진東晉, 쑹宋, 치齊,

량梁, 천陳 등의 나라로 이어지고 북쪽은 이민족이 통치하는 나라로 이어지는 남북조시대南北朝時代가 약 150년간 계속되었다.

남북조시대는 한漢족에 의한 쑤이隋나라의 건설로 막이 내리지만 쑤이隋를 이어받은 탕唐나라가 망한 후 다시 화북지역에 허우량後梁, 허우탕後唐, 허우진後晉, 허우한後漢, 허우저우後周등 주로 북방유목민에 의하여 건립된 5대와 기타지역에 10국이 난립하는 5대 10국五代十國시대가 약 50년 간 계속되다가 10세기에 한족에 의하여 쑹宋나라가 건국되었다.

그러나 쑹宋나라 때에 다시 북방에서 이민족이 세운 진金의 세력에 밀려 수도인 카이펑開封이 함락되어 수도를 창장長江 이남인 항저우杭州로 옮기게 되었으며 한족이 통치하는 영역이 중국대륙의 남동부 일부에 한정되는 가장 적은 영역으로 축소되었다.

북방의 베이징北京이 통치의 중심지가 된 것은 이민족이 중국대륙을 지배한 위엔元나라 때부터이었고 밍明나라가 난징南京지방에서 일어나 위엔元을 멸망시키고 베이징으로 수도를 옮겼다. 만주에서 일어난 이민족이 건국한 칭清나라는 만주에서 가까운 베이징北京을 수도로 하게 되었고 칭이 멸망하자 베이징이 새로운 정치의 중심지가 되었다. 이러한 오랜 역사 과정에서 중국의 한족漢族들은 주로 남방 지역을 중심으로 한족의 고유문화를 지속적으로 발전시킬 수 있었고 이러한 문화에서 오늘날까지 계속되는 중국의 전통적 사상이 탄생, 발전하게 되었다.

제3장 현 세계질서의 역사적 함의

(유럽대륙 역사와 중국대륙 역사 비교)

　질서는 힘의 상호작용에 의하여 형성되는 것이므로 현 세계질서 또한 여러 국가 간의 힘의 작용에 의하여 균형을 이룩한 상태에서 형성된 것이다.

　현 세계질서를 형성하는 데 가장 영향력이 큰 힘은 미국과 중화인민공화국으로부터 나온다고 할 수 있는데, 미국의 힘은 역사적으로 유럽대륙이 가졌던 힘이 미국으로 이전된 것이라고 볼 수 있으므로 현 세계질서를 이해하려면 중국대륙에서 형성되었던 힘의 성격과 유럽대륙에서 형성되었던 힘의 성격을 비교할 필요가 있다.

　역사상 유럽대륙의 힘의 변천 과정과 중국대륙의 힘의 변천 과정을 유럽대륙에서 부침하였던 국가들의 규모(dimensions), 성취된 역량(achieved power), 국가통치제도의 운용역량(operating power), 국민의지의 결집역량(consolidating power)으로 분석하여 고찰하는 것이 양 대륙에서 부침한 국가들의 힘의 변화추이를 이해하는 데 유용하다.

　인류문명의 4대 발상지인 메소포타미아, 이집트, 인도, 중국 문명은 모두 강 유역에서 농경생활을 영위하면서 발전하였으며 그 중의 하나인 중국문명은 창장長江과 황허黃河 유역에서 농경사회를 하면서 시작되었다.

인류 문명 4대 발상지는 모두 농경문화에서 태동하여 정착생활을 하였으나 그 중 하나인 메소포타미아 문명은 비록 시작은 유프라테스(Euphrates)와 티그리스(Tigris) 강 유역의 농경문화이었지만, 그 후 주변의 소아시아의 초원지대를 근거로 한 유목민들에 의하여 바빌로니아(Babylonia), 아시리아(Assyria) 등의 문화를 탄생시켰으며, 이 지역 사람들은 동부 지중해 연안에서 교역을 중요한 생계수단으로 하는 히타이트(Hittites), 페니키아(Phoenicia)인들과 유목민인 히브라이인(Hebrews)들과 상호교류를 하면서 사상과 종교의 교류가 이루어지는 이동이 활발한 문명이 이루어졌다.

정착민족은 집단이 가지고 있는 공통의 종교나 윤리를 기준으로 집단구성원 전체의 질서를 유지하려고 하는 경향이 강한 데 비하여 다른 민족과 교류가 많은 이동민족은 상호 접촉 시 발생하는 관계를 객관적 기준에 의하여 정립하여 줄 수 있는 법률의 필요성을 느끼게 되어 메소포타미아 지역의 바빌로니아는 인류문명의 발상지 중 일찍부터 법률문화가 가장 발달한 지역이 되었다.

중국대륙에는 기원전 약 18세기부터 시작된 인殷 또는 상商이라고 칭하여지는 왕조로부터 시작하여 수많은 왕조가 건국되어 일정한 시기에 존속하였다가 다른 왕조가 새로 들어서서 새로운 국가를 건설하는 과정을 되풀이하여 왔으나, 그 어느 왕조도 '중국中國'이란 명칭을 사용한 적은 없기 때문에 '중국中國'이란 말은 시대에 따라서 각각 별도의 명칭을 가진 국가를 대표적으로 지칭하는 말이며 반드시 한漢족이 이룩한 국가들만이라고도 볼 수 없다. 그러나 소수민족이 중국을 지배하는 시기에도 중국의 문화는 한漢족이 이룩한 문화를 벗어나지 못하였으며 한漢족이 이룩한 문화에 동화되었을 뿐만 아니라 이민족이 수립한 왕조도 결국 한漢족이 승계하여 새로운 국가를 탄생시켰다.

　오늘날 중화인민공화국이 차지하는 영토는 960만 평방킬로미터에 달하고 인구는 13억8천만 명에 이른다. 유럽대륙은 아시아 대륙과 연결되어 있기 때문에 유럽대륙의 범위는 관점에 따라서 달라질 수 있으나 역사상 유럽의 기독교 문화가 절대적으로 영향을 미친 지역을 모두 유럽대륙에 포함한다면 우랄산맥과 카스피 해海의 서쪽부터 대서양에 이동 지역을 포함한다. 이 지역의 면적은 약 1000만 평방킬로미터로 중국대륙과 비슷하고(러시아의 유럽부분을 제외하면 490만 평방킬로미터로 중국대륙의 2분지 1에 해당) 인구는 약 8억 명이며 인종은 북서부의 게르만족, 남부의 라틴족, 중동부의 슬라브족 등으로 다양하며 이들 인종들은 역사적으로 상호 대립과 투쟁을 거쳐 오늘날 50개의 독립 국가를 형성하고 있다.

　중국대륙의 역사에서 한漢족이 주도하는 통치영역이 현재와 같이 광대한 적이 없었기 때문에 오늘날 중화인민공화국은 과거 역사에 비추어 보아 현재의 통치영역을 확보하고 국가의 정체성을 유지하는 것이 가장 중요한 과제가 아닐 수 없다. 오늘날에도 '중국'이 1949년 10월 건국한 중화인민공화국中華人民共和國을 지칭하는 것인지 중화인민공화국과 대만의 정식 명칭인 중화민국中華民國을 포괄하는 상위개념인지는 법적으로는 명확하지 않다.

　중국이라는 명칭은 사용하는 때에 따라서 중화인민공화국을 지칭할 때도 있고 또는 구체성을 가지는 특정국가가 아닌 한漢민족 중심으로 문화가 기원하였던 황허黃河 유역 중심 지역(중원: 中原이라고 일컬어지던 지역)으로부터 흥망성쇠를 거듭 하였던 국가들을 대표하는 추상적 개념일 수도 있다. 이러한 점을 의식하여 대만에서는 대만을 제외한 중국을 '중국中國'이라는 용어 대신에 '중국대륙中國大陸'이라고 표현하여 지리적 개념에 정치적 의미를 부여한다.

중화인민공화국을 구성하는 민족은 한漢족이 약 92%를 차지하고 있으나 한漢족 이외에 55개의 소수민족이 있다.

오늘날 중국의 소수민족 중 인구가 많은 민족은 장족(쭈앙쭈 壯族: 약 1천8백만 명), 만주족(滿族: 약 1천1백만 명), 회족(回族: 약 980만 명), 먀오족(苗族: 약 890만 명), 위구르족(維吾爾族: 약 840만 명), 투자족(土家族:약 800만 명), 이족(彝族: 약 780만 명), 몽골족(蒙古族: 약 580만 명), 티베트족(짱쭈 藏族: 약 540만 명) 등이 있다.[19]

이들 소수민족은 원 거주지가 중국대륙의 서북부에 있었던 소수민족, 동북부에 있었던 소수민족, 남방에 있었던 소수 민족, 원래 중국대륙내부에서 살아왔던 소수민족 등으로 나눌 수 있는데 위구르족(터키계 회교도), 회족(回族; 사우디반도에서 이주하여 중국에 동화된 소수민족), 티베트족(짱쭈 藏族: 장족)은 서북부지역, 만주족(滿族: 만족), 몽골족(蒙古族)은 동부지역, 장족(쭈앙쭈:壯族)은 남부지역에서 이동하여 온 민족이며 나머지 소수민족은 원래부터 중국 내부 지역에 살고 있던 민족이다.

이 소수민족 중에서 위구르족(터키계 회교도), 티베트족(藏族: 장족)은 오늘날까지 가장 강력하게 종교적 자유와 독립을 추구하려는 움직임

---

19) 이는 외교부 중국개황(2012.1.3)- 중국 소수민족인구와 분포의 자료에서 2005년 8월에 발표한 중국민족사무위원회의 소수민족 개황에 따른 자료임 (2005년 기준). Wikipedia, "List of ethnic groups in China"의 자료는 아래와 같이 약간 다르게 나타남.

The major minority ethnic groups in China are Zhuang (16.9 million), Uyghur (11.5 million), Hui (10.5 million), Manchu (10.3 million), Miao (9.4 million), Yi (8.7 million), Tujia (8.3 million), Tibetan (6.2 million), Mongol (5.9 million), Dong (2.8 million), Buyei (2.8 million), Yao (2.7 million), Bai (1.9 million), Korean (1.8 million), Hani (1.6 million), Li (1.4 million), Kazakh (1.4 million), and Dai (1.2 million).

을 보이고 있어서 가끔 중국 정부와 마찰을 유발하고 중국 정부는 이들의 독립운동을 강력 저지하고 있다.

중국대륙에서 처음으로 통일왕조가 성립한 3세기 이후 오늘날까지 약 2200년간 계속된 역사에서 중국대륙 전부 또는 일부 지역에서 다수족인 한족漢族이 소수민족인 이민족과 중국대륙을 분할하여 통치하던 시기가 약 630년간에 달하고 이민족(異民族)이 중국대륙 전체를 통치한 시기도 약 350년간에 이르러 중국대륙에서 통일국가를 이룩한 후 한족이 독자적으로 통치한 시기는 중국 전체 역사의 약 절반을 약간 상회하는 기간에 불과하다.

한족이 소수민족과 중국대륙을 분할하여 통치하던 시기는 중국대륙 북방에서 시진西晉이 망하고(AD316) 유목민들이 5호胡16국國을 세운 시기와 그 이후 한족이 통치한 남조(南朝)와 함께 남북조시대南北朝時代를 이루다가 한족에 의하여 쑤이隋나라가 건국된 때(AD580)까지와 탕唐나라가 멸망(AD907)한 후 쑹宋이 건국될 때(AD960)까지 북방유목민에 의하여 흥망이 지속된 5대10국의 시기와 쑹宋나라 때 북방에서 몽고계통의 유목민족이 세운 랴오遼(AD 919- 1125), 투어바(拓跋족)이 세운 시샤西夏(AD 1038-1227), 여진女眞족이 세운 진金(AD 1115-1234)과 함께 대륙을 분할 통치하던 약 630년간이다.

중국대륙 전체를 소수민족인 이민족이 통치하던 시기는 몽골족이 건국한 위엔元(AD1267-1368)과 만주족이 건국한 칭淸(AD1661-1912)시대를 합한 약 350년간이다.

인류문명의 4대 발상지와는 별도로 지중해 동쪽 해역에 있는 에게해海(Aegean)에 존재하는 크레타(Creta)섬에서 해상무역을 하는 사람들에 의하여 시작된 해양문명이 존재하였는데 기원전 15세기 경 크레타 섬에 미케네(Mycenae)인들이 침입하여 크레타 문명을 수용하고 그리스(Greece)와 펠로폰네소스(Peloponnesos) 반도의 각지에 여러 왕국을 건립하였는데 유럽대륙의 문화는 이들에 의하여 시작되었다.

기원전 12세기 경 그리스인들은 미케네인이 건립한 왕국을 멸망시킨 후 도시국가(polis)를 건설하여 아테네를 중심으로 유럽문화의 기초를 이루었으며 기원전 5세기 3차에 걸친 페르시아(Persia)의 침입을 막아내는 데 성공하였으나 기원전 4세기 경 마케도니아(Macedonia)에 패하고 마케도니아의 알렉산더(Alexander) 대왕이 기원전 4세기 페르시아를 멸망시키고 유럽, 아시아, 아프리카 3대륙에 걸친 대제국을 이룩하였으나 알렉산더 대왕 사후 제국이 마케도니아, 시리아(Syria), 이집트(Egypt)로 분할되었다.

그 후 이탈리아 반도 중부의 티베르(Tiber) 강 하류의 도시국가를 이룩하고 농경생활을 하던 라틴계의 로마가 강력한 군대를 가지고 기원전 3세기에 이탈리아 반도를 통일하고 기원전 3세기부터 100년간에 걸쳐 지중해 무역을 독점하던 카르타고와 카르타고를 지원한 동부지중해의 마케도니아와 전쟁을 하여 승리함으로써 기원전 2세기까지 로마가 지중해 세계를 통일하고 이탈리아 반도 전체를 로마의 속령으로 하는 한편 기원전 1세기 후반까지 시리아 이집트까지 멸망시키고 이들 지역 모두를 로마의 영토로 하는 대제국을 이룩하고 발달시킨 문화가 유럽대륙 문화의 뿌리가 되었다.

유럽대륙의 역사는 서로마 제국 말기 이후부터 시작된 게르만족, 동부의 슬라브족, 북부 스칸디나비아의 바이킹족 등 여러 민족이 이주한 역사이며[20], 서로마제국 이후에 새로이 이주한 민족문화와 원래의 민족문화가 융합되어 복합적인 새로운 문화를 탄생시켜 왔다.

---

20) Peter Heather, *Empires and Barbarians, The fall of Rome and the Birth of Europe,* (Oxford University Press, 2009), pp.1-452

유럽대륙에서의 민족의 이동은 4세기 말 카스피해 서북쪽에 거주하던 유목민인 훈족(Huns)이 서쪽으로 이동하면서 게르만족의 하나로서 흑해 북쪽에 있던 동 고트족(Ostro-goths)과 도나우(Donau)강 동쪽에 살고 있던 서 고트족(Visigoths)를 압박하자 이들이 로마영내로 이주하기 시작한 이래 5세기 초에는 같은 게르만족의 하나인 반달족(Vandals)이 라인(Rhein)강을 넘어 스페인으로 이주하여 반달왕국을 세운 후 이어 서고트족에게 밀려 아프리카에서 반달왕국을 세웠고 서고트족은 스페인과 세느(Seine) 강, 르와르(Loire) 강 사이의 지역인 갈리아 지방에 서고트왕국을 세웠다.

북부 독일과 덴마크 지방에 거주한 또 다른 게르만족의 일파인 앵글족(Angles)과 색슨족(Saxons)족은 5세기와 6세기에 걸쳐 브리튼 섬의 동남부 지역으로 쳐들어가 원주민인 켈트족(Celts)을 서북쪽으로 밀어내고 그들의 왕국을 건설하였다. 5세기 말 게르만족은 결국 서로마제국을 멸망시킨 후 게르만족의 분파인 프랑크족(Franks)이 갈리아 지방에서 서고트족을 물리치고 프랑크 왕국을 건설하였으며 동고트족은 이탈리아에 침입하여 동고트 왕국을 건설하여 6세기 초까지 과거 서로마제국의 모든 영토에 게르만족의 여러 왕국을 건설하였다.[21]

게르만족이 세운 여러 왕국 중 라인 강 하류지방에 살고 있었던 프랑크족들이 건설한 프랑크왕국이 유럽대륙에 가장 강력한 국가를 건설하고 게르만 문화와 로마 문화를 융합한 새로운 문화를 탄생시킨 주역으로 등장하게 되었는데, 그 주된 방법은 프랑크족들이 로마 가톨릭교와 제휴를 통하여 이루어졌다.

로마제국이 313년에 기독교를 공인하고 4세기 말에는 기독교를 국교로 정한 후 기독교가 로마의 변방지방에도 전파되었다. 로마교

---

21) *Ibid.*, p. 226-332

회가 325년 니케아 종교회의에서 예수 그리스도의 신격을 인정하는 삼위일체설을 받아들이고 이를 기독교의 정통교리로 채택하자 기독교 내부에서 이러한 정통교리를 받아들이는 파인 아타나시우스(Athanasius)파와 예수의 인간성을 인정하고 신격을 부정하는 종파인 아리우스(Arius)파로 나누어지게 되었다.

유럽대륙으로 이주한 대부분의 게르만족들은 과거 로마제국의 주민들에 비하여 수적이나 문화적으로 열세이었기 때문에 로마계 주민들을 통치하는 데 어려움이 있었으며 로마교회가 이단異端 취급한 아리우스파를 수용하고 있어서 로마 가톨릭교를 통한 서로마 주민들과의 융합이 쉽지 않았으나 프랑크족들은 일찍부터 로마 가톨릭교의 정통파를 받아들임으로써 과거 서로마제국의 주민들의 지지를 받는 데 유리하였을 분만 아니라 프랑크 왕국이 적극적으로 로마 가톨릭교를 부활시켜 기독교가 인류문화에 커다란 영향을 미치게 하는 후원자가 되었다.

서로마제국의 멸망 후 로마교회는 동로마제국의 지배하에 들어갔으나 프랑크왕국의 후원을 받은 후 동로마의 교회와 분리하여 독립적인 지위를 얻게 되었으며 로마계 주민들도 로마 교회의 주교主敎에게 정신적으로 의지하려는 경향을 보여 로마주교가 교황(Papa)으로 추앙받게 되었다. 6세기 중엽 동로마의 유스티니아누스(Justinianus) 황제가 이탈리아의 동고트왕국을 멸망시킨 후 이탈리아 반도를 지배하자 동로마제국의 로마교회에 대한 지배가 강화되기도 하였으나 568년 게르만족의 다른 한 분파인 롬바르드족(Lombards)이 이탈리아에 침입하여 새로운 지배자가 됨으로써 로마교회는 동로마황제의 지배에서 벗어나게 되었다.

프랑크왕국은 건립자인 클로비스(Clovis)왕의 사망 이후 주로 왕의 실권이 사실상 궁재(宮宰: Mayor of the Palace)들에 의하여 행사되어 왔는데, 8세기 초 프랑크의 궁재 찰스 마르텔(Charles Martel)이 스페인에서 쳐들어온 이슬람 교도들을 물리치자 로마교황은 프랑크왕국을 동로마제국에 대신하는 자신들의 보호자로 삼게 되어 프랑크왕국과 로마 교회의 제휴가 더욱 강화되었다.

6세기에서 7세기에 이르기까지 게르만족의 생활영역이 엘베 강(the Elbe) 서쪽으로 제한되었으며 6세기 이후 슬라브족(the Slavs)이 발칸지역(the Balkans)과 엘베 강 북쪽, 발틱(Baltic), 볼가 강(the Volga)의 동북쪽 및 북극해 주변에 대규모로 이주하였고 유목민인 아바르인(Avars)과 불가르인(Bulgars)들이 발칸의 북쪽으로 침입하였다.

서로마제국의 멸망 후 서유럽에서 봉건제도가 성장하여 지방 분권적인 체제가 정착되어 나갈 무렵 동로마제국은 전제정치가 계속되고 세력을 크게 팽창시켰으나 유스티니아누스대제의 사망 이후 롬바르드족과 프랑크족에 의하여 이탈리아의 대부분을 빼앗기고 동쪽으로부터는 이슬람교도들의 침입을 받았고 발칸반도 북쪽에서는 아바르인(Avars)과 불가르인(Bulgars)들의 침입을 받았다.

이러한 결과 8세기 말엽에는 동로마제국의 영역이 발칸반도의 남단과 소아시아지역만으로 축소되고 문화도 로마적 요소가 점차사라지고 공용어가 라틴어에서 그리스어로 바뀌는 등 그리스 적이고 헬레니즘(Hellenism) 요소가 강하여 지는 문화로 변모되었다. 또한 이 지역으로 이주한 슬라브족들이 동로마제국의 그리스 정교로 개종하여 슬라브족들이 동로마제국의 문화를 계승하게 되었으며 서로마제국의 문화를 계승한 게르만족과 대립하게 되는 발단이 되었다.

유럽대륙에서 마지막으로 대규모로 이주한 민족은 바이킹(Vikings)이라고도 불리는 노르만인(Norman)들이었다. 노르만들은 원래 스칸디나비아반도에 거주하던 민족이었는데 9세기 말부터 11세기 중엽에 걸쳐 유럽의 거의 모든 해안과 지중해 연안을 침입하였다. 그들은 잉글랜드 동북부와 프랑스 서북부 해안 지역에 침입하여 1066년서 프랑크에 침입하였던 노르망디공 윌리암(William)이 잉글랜드를 정복하여 영국에 노르만왕조를 열었다. 노르만인들은 또한 9세기에 동로마제국에 침입하였던 슬라브족을 정복하여 키예프(Kiev) 공국을 건설하였으며 키예프 공국의 블라디미르 1세(Vladimir I) 때에는 동로마제국이 공주와 결혼하고 그리스정교로 개종하여 키예프 공국은 동로마제국의 문화와 결합하게 되고 나중에 러시아 문화의 일부가 되었다.[22]

프랑크왕국과 제휴한 로마 가톨릭 교회는 서유럽 일대를 기독교화하는 데 성공하고 7세기 말에는 잉글랜드 교회가 로마교회의 권위를 받아들인 후 게르만 이교도들을 개종시키는 데 앞장섰다. 9세기에는 프랑크 왕이 스칸디나비아에 수도사를 파견하여 이 지역을 기독교화하였으며 10세기에는 독일 오토대제의 후원으로 폴란드, 보헤미아, 헝가리 등 동부유럽의 주민들에게도 기독교를 전파하였다.

기독교는 12세기 13세기의 중세유럽에서 가장 영향력 있는 사상으로 수용되었으나 십자군 전쟁이 끝난 13세기 이후부터 교황과 세속 군주들의 싸움으로 로마교회가 정치적 지배기구가 되어 세속화되어 감에 따라 십자군의 실패와 더불어 민중들의 신앙심을 경감시키는 요인이 되었으며 왕권이 강화되어 교황과 교회의 권위가 떨어지게 되었다.

이리하여 유럽대륙에서는 14세기 이후 기독교사상의 지배에서 벗어나 인간 중심의 새로운 사상을 발전시킴으로써 기독교 중심 문화

---

22) *bid.*, p.452-514

에서 한층 더 높은 수준의 새로운 문화를 발전시켜 사람들의 생활의 질을 크게 변화시켜 왔다.

이러한 변화의 시발점은 14세기 이후 르네상스 운동이었으며 이어서 16세기 일어난 종교개혁, 17세기에 일어난 과학혁명, 18세기에 산업 혁명을 성공시키고 계몽주의 사상가들이 출현하게 되었다. 18세기 말 계몽주의 사상에 영향을 받은 시민계급을 중심으로 하여 시민혁명이 일어나면서 자유민주주의 사상이 보급되어 19세기 이후 서유럽에서는 자유민주주의 사상이 통치이념으로 자리 잡게 되는 변화의 과정으로 연결되었다.

유럽대륙이 이러한 변화의 과정을 겪은 데 비하여 중국대륙에서는 획기적인 변화의 과정을 겪지 않고 점진적으로 전통문화의 지속적인 발전을 이룩하여 왔는데 유럽대륙에서의 변화과정과 중국대륙에서의 변화과정이 다른 근본적 이유는 이러한 변화를 야기한 중국대륙에서 발전되어온 통치제도 및 중국 사람이 가졌던 사상과 유럽대륙에서 발전된 통치제도 및 유럽대륙 사람들의 사상이 서로 달랐기 때문이다.

먼저 통치제도 측면에서 중국대륙과 유럽대륙이 달랐던 점을 살펴본다면 한漢족이 중국대륙을 통치할 시기에도 역사상 수많은 왕조가 각각 별도의 국가명칭을 가지고 통치권을 행사하는 정치적 변혁을 겪어 왔으며 각 왕조의 통치권이 미치는 통치영역 또한 변화하여왔다. 중국 왕조는 대부분 일종의 유형에 따라 정형화된 변천과정을 겪었는데 그 유형은 무력이나 권력을 가진 유능한 통치자가 출현하여 통일국가를 이룩한 후 일정한 시기가 지나면 내란이나 외부세력의 침략을 받아 국력이 쇠약해지고 결국 새로운 세력이 나타나 통치 권력을 승계 받는 순환과정을 겪어왔다.

중국대륙에서 일어났던 여러 나라들이 멸망하게 된 중요 원인은 통치제도의 경직성에서 오는 운용역량의 효율성 저하와 국민 의지를 동일한 방향으로 결집할 수 있는 이념의 결여에서 오는 국민의지의 결집성 계수가 급격히 저하됨으로써 통합된 국가의 힘이 약화되었기 때문이었다.

통치제도의 경직성은 통치 권력이 지나치게 황제에게 편중된 황제 지배제도로 인하여 중앙에서 황제를 위요하고 권력투쟁이 벌어졌을 때 이를 제도적으로 해결하기가 어렵고 국가 권력이 지방에까지 미치기 어려워 시대의 상황에 적합한 정치제도의 개혁이 제때에 이루어지지 못하였다. 중국대륙의 역대 왕조가 멸망한 이유는 칭나라 멸망 전까지는 모두 지방에서 소외된 계층이 소요사태를 일으키거나 외부의 세력이 침입할 때 중앙권력이 지방까지 미치지 못하여 이러한 위기에 효과적으로 대처하지 못하였기 때문이다.

둘째로 중국대륙과 유럽대륙에서 국민의 의지를 결집시킬 수 있는 사상적 측면이 다른 점을 살펴본다면 중국대륙에는 한나라 이후 통치원리를 유가사상에서 구하였고, 유가사상은 원래 가정의 질서를 유지하기 위한 규범의 역할을 하였으나 나중에는 국가통치 원리로 활용한 이념이었다. 따라서 이러한 이념은 현명한 군주가 등장하여 피통치자의 전폭적인 지지를 받을 경우에 국가의 안정과 발전에 크게 기여할 수 있으나 현명하지 못한 황제가 등장하였을 때에는 황제를 견제하는 제도상의 세력이 없어 국가의 정책을 수행하기 위하여 국민의 의지를 결집시키는데 효율적인 이념이 되지 못하였다.

유가사상은 원래 춘추전국시대의 중국대륙이 각 제후에 의하여 비교적 작은 영역으로 나누어 다스려질 때 각 지역에서 현명한 군주가 나타나 가부장적家父長的인 권위를 가지고 왕도정치를 하는 것을 이상으로 할 때에 적합한 이념이나 광대한 영역을 포함하는 대제국을 통치하는 이념으로는 결함을 가지는 제도이었다.

중국대륙과 유럽대륙 간의 위와 같은 근본적인 차이로 인하여 중국대륙의 역사를 유럽대륙의 역사와 비교할 때 여러 가지 다른 특징이 나타난다.

첫째, 유럽대륙에는 문화를 달리하는 다수 민족이 서로 대립 투쟁하여 새로운 문화를 창조해온 데 비하여 중국대륙에는 한漢민족이 절대 다수를 차지하여 중국대륙에 한 민족漢民族이외의 이민족이 통치하는 시기에도 한민족의 문화가 계승, 발전되어 왔다는 점이 근본적으로 다르다.

유럽대륙의 역사는 이민족간의 투쟁에 의하여 역사가 변화될 경우 새롭게 지배하는 민족이 지배한 민족의 문화에 대체하는 새로운 문화를 창설한 데 비하여 중국대륙의 역사는 이민족이 한족을 지배하는 경우에도 기본적으로 한족의 문화가 유지되고 한족의 전통적 가치관이 유지되어 온 점이 다르다.

중국대륙에는 고대로부터 농경민족이며 원주민인 한족漢族들이 유목민인 이민족의 침입에 시달려 왔는데 이들 유목민은 슝누匈奴, 투쥐에突厥, 위구르(Uygur, 回紇, 維吾爾), 까오처高車와 같은 터키계 유목민과 시엔베이鮮卑, 투어바拓跋, 러우란柔然, 우환烏桓/烏丸과 같은 몽골계 유목민이 있었다. 그런데 이들의 대부분은 후에 한족에게 동화되기도 하였지만 중국대륙의 역사는 절대 다수족인 한漢족이 통치한 시대가 계속된 것이 아니라 한족의 통치시대와 소수민족이 통치시대가 거의 상호 교대하는 과정이 되풀이 된 역사이다.

중국대륙에서 기원전 15세기경 최초로 통치조직을 갖춘 것으로 알려지고 있는 인殷은 농업 중심국가이었다. 기원전 11세기 경, 인殷

을 멸망시키고 중국문화의 기반을 이룩한 저우周도 농경사회를 유지하여 농경사회의 질서 유지에 필요한 사상이 발달하였으며 기원전 3세기에 친秦이 중국대륙 최초의 국가를 형성한 후 기원후 3세기 한漢이 망할 때까지의 중국대륙 문화의 기반이 형성되었다.

저우周 왕조는 5대 이후 왕실의 통치역량이 약화되면서 왕실의 자손이 제후가 되는 혈연관계가 유지되지 못하였으며 지방의 실력자가 제후가 됨으로써 변화하기 시작하였다. 또한 주변 이민족의 침입을 자주 받아 기원전 770년에 수도를 하오징鎬京에서 루어양洛陽으로 옮겨 이전의 저우周를 시저우西周라 하여 이 이후의 저우周인 동저우東周와 구별한다.

동저우東周 왕실은 형식상의 통치권을 행사할 뿐 실질적으로 지방제후가 관할 지역을 통치하고 지방제후들 간의 무력항쟁이 이어지는 춘추전국시대를 맞이하게 된다.

형식상 저우周의 통치시대나 실질적으로 지방제후가 지배하였던 춘추전국시대는 기원전 221년에 처음의 통일국가인 친秦이 건국됨으로써 종료된다. 당시 중국에 분열하였던 6개 국가를 통일한 친秦은 중국최초의 황제 중심의 제국을 형성하고 친秦의 황제는 이민족인 슝누匈奴의 침입을 막기 위하여 만리장성을 쌓았다.

슝누匈奴는 이란계의 유목민이라는 설도 있고 터키계 유목민이라고 하는 설이 있으나 이들이 사용한 문자에 터키계의 흔적이 있음에 비추어 터키계 유목민이라는 설이 더욱 유력하다. 또한 슝누匈奴가 서양사의 훈족(Huns)이라는 설을 제기한 학자도 있으나 훈족은 원래 볼가 강 동쪽에 살던 종족이고 슝누匈奴는 몽고 남쪽에 살던 민족인 점에 비추어 이러한 학설을 부정하는 견해가 더 설득력이 있다.

슝누匈奴는 기원전 206년에 전 몽고지방을 지배하는 국가를 건립하고 그 우두머리를 찬위單于라 하였는데 한漢에 침입하여 한漢의 황족의 여자를 찬위單于의 비妃로 데려오기도 하였으나 허우한後漢 이후 점차로 한漢족에 동화되었다.

중국대륙 역사에서 커다란 역할을 한 몽골족은 원래 헤이룽장(黑龍江: Amur 강) 상류에 살던 삼림족이었는데 9세기 후반 바이칼 호수 부근의 셀렝게(Selenge) 강의 지류인 오르혼(Orkhon) 강 유역으로 이주하면서 유목민이 되어 몽골지방으로까지 세력을 넓힌 민족이다. 여진족女眞族 또는 만주족滿洲族이라 하는 민족은 원래 쑹화장松花江 부근에서 반농半農, 반목半牧을 하던 민족이었는데 11세기 말부터 중국대륙으로 진출하여 세력을 확장한 민족이었다.

한족은 중국대륙을 처음으로 통일하여 친秦을 건국하였으나 친秦은 불과 15년 만에 망하고 반란세력 중 귀족세력을 중심으로 하는 샹위項羽와 농민세력이 위주인 리우방劉邦 간의 7년에 걸친 싸움 끝에 리우방이 한漢나라를 건국하였다(BC202). 한漢나라는 황실은 한때 외척外戚에 의하여 멸망하였다가 다시 한漢을 재건하여 치엔한前漢과 허우한後漢으로 나누어 모두 약 400년을 통치하다가 농민들의 반란으로 멸망(AD220)하고 이후 3국으로 분열되었다가 시진西晉에 의하여 통일(AD280)될 때까지는 모두 한족에 의한 통치였다.

그러나 시진西晉이 망하자 북방지역에 슝누匈奴, 시엔베이鮮卑, 지에羯, 디氐, 창羌 등의 다섯 소수 이민족이 약 130년 동안 16개의 나라(5호 16국)를 세웠으며 결국 기원후 439년 시엔베이鮮卑족이 세운 베이웨이北魏에 의하여 통일되었다.

이들 소수민족 중 슝누족은 터키계통, 시엔베이鮮卑나 지에羯족은 몽고계통, 디氐족과 창羌족은 티베트계통으로 알려지고 있다. 중국의 북방에는 이들 이민족들에 의하여 여러 나라가 교체되는 과정을 겪었으나 문화적으로는 한문화漢文化에 동화되는 과정을 겪었으며 베이웨이北魏는 동웨이東魏와 시웨이西魏로 나누어지다가 다시 베이지北齊 베이저우北周로 분열된 후 베이저우北周의 외척外戚인 한족 양지엔楊堅에 의하여 기원후 589년 쑤이隋나라가 건국되었다.

쑤이隋나라는 불과 29년밖에 존속하지 못하고 한족 장군인 리위엔李淵이 탕唐나라를 건국하여 약 300년간 존속하다가 민중반란이 일어나 결국 쭈취엔쭝朱全忠에 의하여 멸망하였다(AD907). 이후 중국대륙에는 쭈취엔쭝朱全忠이 허우량後梁을 세운 것을 포함하여 주로 북방유목민들이 중심이 된 5대 10국이 이어지는 혼란시기를 맞이하다가 한족 장군이었던 짜오쾅인趙匡胤에 의하여 쏭宋나라가 건국되었다(AD960).

쏭나라 시대에는 주변의 유목민들이 세운 여러 국가와 대립, 투쟁, 공존하는 시기이었다. 몽골계통의 유목민인 거란족은 919년 중국대륙 북부지방에 거란契丹국을 세운 후 랴오遼로 나라 이름을 바꾸어 기원후 1125년까지 통치하였으며 몽골 계통의 이민족인 시엔베이鮮卑족의 한 분파인 투어바拓跋족은 기원후 1038년 지금의 티베트 동북쪽 부근에서 시샤西夏라는 나라를 세우고 기원후 1227년 몽골에 의하여 망할 때까지 독립적인 왕조를 유지하였다.

퉁구스계의 여진女眞족은 랴오遼를 멸망시키고 진金을 세웠으며 (AD1115), 진金의 군사들이 쏭의 수도인 카이펑開封을 함락하자 쏭은 수도를 남쪽인 항저우抗州로 옮겨(AD1129) 이 때부터 난쏭南宋의 시대가 되었다.

이후 이민족인 몽골족이 일어나 진金을 멸망시킨(AD1234) 후 다위엔大元이라는 국가를 세워(AD1267) 난쏭南宋을 멸망시키고 기원후 1368년까지 중국대륙을 통치하였다. 위엔元나라 말기 반란이 일어나 한족인 쭈위엔짱朱元璋이 위엔을 멸망시키고 밍明나라를 건국하여 약

300년간 존속하였으나 다시 퉁구스계의 만주족이 만주의 동북부지역에서 1619년 허우진後金을 건국하여 기원후 1636년 다칭大淸이라고 이름을 바꾼 후 중국대륙을 점령하여(AD1661) 약 280년간 통치하다가 한족의 혁명세력에 의하여 멸망당하고 한족이 중화민국을 건국(AD1912)한 후 오늘날까지 한족의 통치가 존속되고 있다.

둘째, 중국대륙 역사는 강가의 농경문화에서 발생하고 농경사회를 기초로 발달하였으나 유럽대륙의 문화는 바다를 중심으로 교역 활동을 하는 문화에서 발생하였다는 점에 문화적 차이가 있다.

농경생활을 하는 민족은 생활의 기반의 되는 토지를 떠나기가 어렵기 때문에 경작하는 토지를 중심으로 집단생활을 지속하기 위한 방안을 강구하지 않을 수 없다. 따라서 농경생활을 하는 집단은 그 집단의 질서유지를 위한 지도자의 권위를 매우 중요시하게 되며 집단 지도자의 권위에 쉽게 순종하는 경향을 가진다.

농경사회의 구성원은 또한 구성원 개개인간에 발생하는 문제는 사안별로 개개인의 권리, 의무 관계에 의하여 해결하려는 시도보다 개인과 집단 간의 전체적인 관계의 측면에서 해결하려고 하는 경향을 보여 왔는데, 이러한 풍습으로 인하여 오랜 정착생활에서 발생되는 사람 사이의 혈연, 지연 등 인연을 중요시하고 이러한 인연을 기초로 파벌을 형성하여 파벌 이익을 매우 중요시하고 파벌에서 축출되는 것을 매우 두려워하는 경향을 나타낸다.

농경사회를 이루고 사는 사람들은 경작하는 토지를 떠나기가 어렵기 때문에 자손대대로 같은 토지에서 정착생활을 하게 되어 전통을 존중하여 일관성 있는 문화를 지속적으로 발전시킬 수 있는 장점이 있는 반면, 전통과 습관의 노예가 되어 새로운 환경변화에 대처하는 개혁이 적시에 이루어지지 못하며 이민족의 침입을 받을 경우 신속히 방어할 수 있는 대책을 마련하기가 어려워 이민족의 침입에 노출될 가능성이 큰 단점이 있다. 반면에 유목생활을 하는 민족은 삶의 터전을 바꾸는 것이 용이하기 때문에 기동성이 좋아 다른 민족을 침입하여 새로운 생활 기반을 확보하는 것이 상대적으로 용이한 반면 지속성 있는 문화발전이 어려운 단점이 있다.

중국대륙의 역사에서 개혁이 얼마나 어려운가를 나타내는 단적인 예로서 여성들에 대한 전족(纏足: footbinding) 습관을 들 수 있다. 당唐 말기부터 시작된 이 관습은 중국 사람들의 음양사상陰陽思想에 기인하여 남성은 양陽, 여성은 음陰으로서 여성은 남성의 그림자로 상정하고 여성의 활동 범위를 제약하기 위하여 어린 여성의 발이 자라지 못하도록 주로 여성인 어머니가 발을 천으로 강하게 싸매어 두는 습관이다. 이러한 습관은 여성에게 엄청난 고통을 주었음에도 불구하고 중국에서 1920년대에 폐지될 때까지 약 1천 년 동안 약 10억 명의 여성이 이러한 고통을 참고 지냈다.[23]

중국대륙의 역사가 농경사회를 기초로 발전하면서 춘추전국시대부터 개인들의 사회적 지위를 사농공상士農工商의 순서로 인식하였기 때문에 일반인들은 신분의 상승을 가져오려면 관리가 되어야 하고 관리가 되지 못할 경우 농업에 종사하는 것이 사회적 대우를 받는 최선의 방법으로 여겼다.

교역이나 상업을 생계수단으로 하는 집단은 그 집단 내부의 동일인을 상대로 인간관계를 형성하는 것보다 자기가 속한 집단 이외의 종족들과 교역을 통한 교류를 하면서 생활을 영위하여야 하기 때문에 그들의 교류를 지속할 수 있도록 교류의 상대방과의 신뢰를 형성

---

23) John King Fairbank, *The Great Chinese Revolution 1800-1985* (Harper & Row, New York,1986) p.70-73

할 수 있는 제도의 확립을 더 중요시한다. 교역이나 상업을 생계의 수단으로 하는 집단은 집단 전체의 이익보다 우선 개개인의 이익을 더 중요시하게 되고 거래 활동을 하는 사람 간의 문제가 발생하였을 경우 전체적인 인간관계에 의하여 해결하려는 것보다 구체적 사안별로 문제를 해결할 수 있는 방안의 확보를 더 중요시하게 된다.

셋째로 중국대륙과 유럽대륙은 전통적인 통치원리와 통치방식에 차이가 있다.

중국대륙의 전통적인 통치원리와 통치방식은 고대 국가인 저우周대에 형성되었으며 유럽대륙의 통치원리는 그리스·로마 문화의 영향을 받아 형성되었는데 중국대륙과 유럽대륙의 통치방식의 차이는 고대 중국과 로마시대의 통치방식이 서로 달랐다는 점에서부터 연유한다.

유럽대륙에서 로마가 지배하다가 서로마 제국이 멸망한 476년까지의 시기는 중국대륙에서 친秦이 망한 후 한漢이 일어나 치엔한前漢과 허우한後漢으로 400년간 중국대륙을 지배하다가 다시 분열되어 3국 시대를 거쳐 진晉에 의하여 재통일 후 다시 분열하여 5호 16국 시대와 남북조南北朝시대로 전개되던 시기에 해당하고 이후 동로마 제국이 멸망한 1453년까지의 중국대륙은 남북조시대가 쑤이隋나라의 통일로 종식된 이후 탕唐나라와 쑹宋나라를 거쳐 밍明나라 중기까지에 해당하는 시기이기 때문이다.

유럽대륙과 중국대륙의 통치방식의 근본적 차이는 유럽대륙의 경우 그리스 시대에 이미 민주정치의 통치방식이 시도되었는 데 비하여 중국대륙에서는 국민은 통치의 대상일 뿐 통치의 주체가 되는 통치방식이 시도된 적이 없다는 점에 있다.

즉 유럽대륙에서는 그리스시대의 도시국가에서 정치가 씨족의 귀족으로부터 최하의 행정단위인 데모스(demos)에서 선출된 시민市民이 정치를 담당하는 민주주의(democracy)의 최초 형태가 나타났으며 로마시대에는 왕과 귀족 중심의 정치를 하였으나 최고의결기관으로서 귀족들로 구성된 원로원元老院과 평민들로 구성된 평민회平民會가 조직되어 원로원의 권력을 제한하는 공화정共和政의 형태를 갖추고 있었다. 로마는 이후 3두정치三頭政治의 시대를 지나 아우구스투스(Augustus)시대에 원수정元首政을 실시하고 사실상 황제 독재체제를 수립하였다.

유럽대륙에서 로마의 아우구스투스시대 이후와 중국대륙에서 모두 황제독재체제가 실시되었음에도 불구하고 로마의 통치 방식과 중국대륙의 통치방식에는 근본적인 차이가 있었던 것은 유럽대륙은 로마 이래 통치의 기본원리로 법치주의를 지향한 데 비하여 중국대륙에서는 춘추 전국시대 이래 친秦나라에서 법치주의를 채택한 것을 제외하고는 유가사상儒家思想에 기초한 덕치주의德治主義를 지향하였다는 점과 관련이 있다. 유가사상에 의한 덕치주의는 국가의 통치 원리를 가정의 질서유지 원리와 동일한 것으로 보고 통치자 개인에게 통치에 관한 절대적인 권한을 위임하는 것을 당연한 것으로 생각하였다.

유럽대륙의 법치주의의 뿌리는 로마시대의 법문화를 기초로 이후 관습법을 중요시한 게르만법과 독자적인 법률이론을 발전시킨 교회법(canon law)의 영향을 받아 법률체계가 형성되었다. 로마는 사회지도층 인사들로 하여금 전문법률가로 양성하여 법학을 성립시키고 자유주의적인 화폐경제를 바탕으로 하는 사법私法 분야를 공법公法 분야보다 우선적으로 발전시켰다.

로마법은 기원후 6세기 동로마제국의 유스티니아누스(Justinianus) 대제에 의하여 로마법 대전으로 집대성되었으며 이후 관습법 중심의 게르만법과 중세의 교회법에 커다란 영향을 미치고 오늘날 유럽대륙 국가 법률사상의 기초가 되었다. 로마법 대전은 민사법과 형사법, 공법과 사법을 구분한 최초의 법전이며 상거래에 있어서 계약과 재산권을 중요시하였다.[24]

중국대륙에서 이미 샤夏나라, 인殷 또는 상商나라로 일컬어지는 때부터 많은 법률이 제정된 것으로 전해지고 있으나 오늘날까지 법률문서로 남아있는 가장 오래된 것은 기원전 5세기 이후의 전국시대戰國時代의 것이 다수이다.[25] [26]

전국시대의 웨이魏나라의 리쿠이李悝가 제국의 법을 정리하여 법경法經을 편찬하였으며[27] 친秦나라는 상양商秧이나 리쓰李斯와 같은 법가사상가法家思想家를 중용하여 법치주의法治主義를 통치의 기본원리로 삼고 황제 지배 제도하에서 군현제도를 통한 강력한 중앙집권체제를 구축하여 친秦 왕실의 과세권이나 사회동원 능력이 17세기 프랑스나 스페인의 절대왕정시대보다 더 강력하였다.[28]

친나라의 상양商秧은 종전의 법을 율律로 개칭하고 수많은 법률조항을 제정하였는데, 이 후 중국대륙에서 이미 법률로 제정된 것을 율律이라 하고 황제가 내리는 기존의 율律에 포함되지 않는 법률과 같은 효력을 가지는 새로운 명령을 령슈이라고 하였다.[29] 진나라는 엄

---

24) Francis Fukuyama, *op. cit.*, p.268-269

25) 박건주, 中國 古代社會의 法律 (백산자료원 2008)

26) 중국대륙에서 기원전 11세기경에 건립된 저우周나라는 봉건제도를 택하고 왕이 덕치주의(德治主義)로 통치하려고 하였으나 5대 왕(穆)이후 저우周 왕실과 제후 간의 관계가 소원하여져 지방의 힘센 제후가 서로 싸우게 되었으며 주 왕실은 이들에 대한 통제력을 잃어 기원전 770년에는 이민족의 침입을 받아 수도를 하오징(鎬京에서 루어양(洛陽)으로 옮기고 이때부터 기원전 403년까지를 춘추시대(春秋時代라 하고 그 이후 기원전 221년 친秦이 통일할 때까지를 전국시대(戰國時代라 한다.

27) 박건주 상게서 p.13

28) Francis Fukuyama, *op.,cit.*, p.125

29) 박건주, 상게서 p.13-19

격한 형벌규정을 제정하여 서민과 관료를 막론하고 법에 따른 신상필벌信賞必罰의 원칙을 지켜 황제의 권력을 강화하는 데 활용하였다.

중국대륙의 법치주의는 개인을 통치의 객체로만 인식하고 법을 통치행위를 하는 데 필요한 사항을 규정하였다는 점에서 로마의 법치주의가 개인을 권리의 주체로 인식하는 사법私法 분야의 법을 별도로 발전시켰다는 것과 대조된다. 따라서 로마의 법이 시민의 권리와 의무에 관한 전반적인 관계를 규율하는 법을 위주로 법 이론을 발전시킨 것과 달리 중국의 법은 국가 통치 권력의 행사와 관련된 공법公法 분야, 특히 형벌위주의 법률이었으며 개인 간의 관계에 관한 법률은 국가의 형벌을 받을 수 있는 제한된 범위에서만 언급되었다.

중국대륙에서 친秦나라 이후에 탕나라의 당률唐律과 밍나라의 명률明律과 같이 개인의 전률田律과 같은 재산 관계와 호율戶律과 같은 신분 관계를 규정하는 민사 법률이 증가하고 국가 체계의 정비에 따른 행정법규와 개인의 권리 의무를 국가권력에 의하여 확정하는 소송법규 등도 나타났으나 중국대륙 법률의 편찬체계는 중국고대로부터 칭淸에 이르기까지 형벌위주로 민사, 형사, 행정, 경제, 소송법규 등을 융합한 것이었으며 20세기 초에 와서 비로소 유럽대륙법계의 법전 편찬 방식을 참고하여 형률, 민률, 상률, 소송법과 법원편제법 등으로 나누어 편제하게 되었다.[30]

중국대륙에서 친秦나라의 법치주의는 한漢나라 이후에 국가 통치 이념을 법치주의보다 덕치주의德治主義를 우선 시함으로써 쇠퇴하게 되었다. 이는 법으로 통치하는 것을 패도覇道라고 하고 덕으로 다스리는 것을 왕도王道라 하였는데 왕조 타도와 같은 불가피한 상황을

---

30) 李鍾晋, "중국 사회의 토지 소유에 대한 법제사적 검토- 진 · 한 및 수 · 당 대를 중심으로"(KRF-2005-003 B00327)참조

제외하고는 왕도에 의한 통치가 패도에 의한 통치보다 우월하다는 중국인들의 전통적 사상을 반영하게 되었기 때문이다.

중국대륙에서의 이러한 왕도에 의한 통치 방법으로 황제 지배 제도하의 중앙집권체제와 지방의 군현제도를 택하였으며 유교의 원리를 통치사상으로 삼는 이상론적인 통치 방법이었으나 이러한 통치 방법은 통치 영역이 너무나 광대하여 중앙정부의 권력이 지방에 미치지 못하게 되고 각 지방별로 사병私兵을 조직하여 독자적인 세력을 형성하는 경향이 강하게 됨으로써 중앙정부의 통치 효율성이 저하되는 결과를 야기하였다.

중국대륙에서 고대로부터 황제 중심주의의 통치를 한 데 비하여 유럽대륙에서는 로마는 건국 당시부터 시민들이 정치에 관여하는 제도를 경험하였다. 로마는 도시국가로 출발하여 기원전 7세기 동안 소아시아에서 침입한 이민족의 왕정 하에 있었으나 기원전 6세기말 라틴계의 로마인들이 이민족 왕을 축출하고 공화정을 시행하였다.

로마 공화정의 통치조직은 시민들에 의하여 선출되는 임기 1년의 2명의 집정관(Consul)이 공동으로 국정을 담당하고 귀족들로 구성된 최고의결기관인 원로원元老院과 평민들로 구성된 평민회平民會를 두었으며 평민회에서 평민들의 권익을 옹호하는 호민관護民官을 선출하였다.

기원전 4세기 중엽에는 집정관 중 1명이 평민에서 나오도록 하는 법률을 제정하였으며 기원전 3세기에는 평민회의 결의가 원로원의 인준을 받지 않고도 유효하도록 하는 법률도 제정하였다.

로마는 전문법률가들로 하여금 세속적이고 합리적인 법률을 제정하도록 하여 고도의 법률문화를 창출하였는데 기원전 5세기 중엽 귀족과 평민 간의 관계를 규율하는 십이표법十二表法을 성문법으로 제정하고 재판관의 판례나 법률가들의 해석 등에 법률로서의 권위를 부여하여 불문법不文法인 시민법을 발전시켰는데 시민법은 로마제국 내의 모든 자유민에게 로마시민권을 부여함으로써 만민법萬民法이 되었다.

로마의 노예제는 자연법에는 반하지만 문명법인 만민법에 의해 널리 인정되는 제도로 인식되었으며, 해방을 통해 자유를 회복하는 길이 열려 있었다.

로마법은 자유주의적인 화폐경제하에서 시민의 자유와 소유 개념을 기초로 사법私法이 중심이 되었으며 사법은 사적私的 소유에 대한 근본적인 존중을 바탕으로 오늘날의 사법과 유사한 재산법상의 여러 제도를 인정하였다.

로마는 해외 식민지가 확대됨에 따라 식민지를 통치하는 총독을 두었는데 식민지 경영에 따른 새로운 부유층이 형성되어 새로운 귀족층이 형성되고 해외 원정 등으로 농지를 잃은 농민들이 실력자들의 사병私兵으로 전락하는 경우가 많아지게 되어 사병화된 군대 간의 정권 싸움이 일어나고 원로원이나 평민회가 무력해짐으로써 두 차례에 걸쳐 삼두정치三頭政治 체제가 이루어졌으며 결국 실력 싸움에서 승리한 옥타비아누스가 원로원으로부터 아우구스투스(Augustus : 원수) 칭호를 받고 로마의 황제가 됨으로써 로마는 제정帝政시대로 변하였다.

넷째, 중국대륙 역사에서는 공쯔孔子가 주창한 유가사상儒家思想이나 라오쯔老子, 주앙쯔莊子에서 유래하는 도가사상道家思想이 국가 통치권력과 상호보완 관계를 이루고 대립. 투쟁을 유발하지 않았으나, 유럽대륙 역사는 종교권력과 정치권력이 제도적으로 대립하여 상호 투쟁하는 역사가 있었다.

중국대륙에서 허우한後漢 말 장자오張角가 중심이 되어 태평도太平道를 조직하여 일으킨 황건적黃巾賊의 난, 위엔元나라 말의 백련교도白蓮教徒의 난, 미륵교도彌勒教徒의 난, 칭나라 말의 태평천국의 난, 백련교도의 난 등 종교적 결사단체가 국가 권력에 반대하여 난을 일으킨 때가 있었다. 그러나 이러한 종교단체는 교주가 기존의 종교 교리를 자의적으로 해석하여 추종자를 규합하여 세력화한 것이므로 신도 수와 존속 기간이 제한적이었으며 한漢나라 이후 전통사상인 유가사상이 국가통치원리가 되고 또 다른 주요 사상인 도가사상 또는 외래에서 전래된 불교 등에 대하여도 국가권력이 이들 종교사상을 모두 포용함으로써 심각한 종교 갈등을 야기하지 않고 국가의 안정적 발전을 기할 수 있었다.

　유럽대륙의 정신문화사에서 가장 큰 변화를 일으킨 것은 기독교의 수용이었는데 기독교는 교리 자체가 인간의 본성인 죽음의 공포로부터 믿음을 통하여 구원을 얻을 수 있다고 호소함으로써 강력한 전파력을 가지게 되어 출현 당시부터 권력으로 통치하는 자와 이 교리를 신봉하는 자간의 갈등이 야기되었다.

　유럽대륙에서 로마 제국의 지배하에 있던 유태교 민족에서 예수 그리스도가 태어나 그의 제자들이 유태교를 바탕으로 새로운 종교인 기독교를 창설하여 그 세력을 확장시켜 나가자 로마제국은 기독교사상으로 인하여 로마 황제의 권위가 실추될 것을 우려하여 초기에는 기독교를 강력히 탄압하였으나 로마 제국 자체가 쇠약하기 시작하자 로마제국 스스로 기독교를 활용하여 로마제국이 통일을 기하기 위하여 기독교를 공인하였을 뿐만 아니라 기독교를 유일한 국교로 삼고 다른 종교를 금하기까지 하였다.

　로마 제국은 180년 마르쿠스 아우렐리우스(Marcus Aurellius) 황제의 사후부터 군대의 권력이 강하여 3세기에 들어와서는 군대의 실력자에 의하여 황제가 선임되는 결과를 가져오다가 3세기 말엽에 디오클레티아누스 황제와 콘스탄티누스 황제에 의하여 군에 대한 통솔권을 회복하고 전제군주 체제를 확립할 수 있게 되었다. 콘스탄티누스 황제는 수도를 비잔티움(Byzantium)으로 옮겨 이를 콘스탄티노플(Constantinople)이라고 개칭하고 박해를 받아오던 기독교를 313년 밀라노 칙령으로 이를 공인하였다.

로마제국의 승인을 받은 기독교는 325년 니케아 종교회의에서 신(성부)과 예수그리스도(성자)와 신의 영(성령)이 결국 하나라는 삼위일체설을 기독교의 정통교리로 채택하였는데 로마제국은 3세기 말 이러한 기독교를 국교로 인정하였다.

콘스탄티누스 대제 사후 즉위한 테오도시우스(Theodosius) 황제는 로마제국을 양분하여 두 아들에게 전해 줌으로써 로마제국이 동서로 나누어지게 되었으며 서로마 제국은 로마교회를 중심으로 한 기독교 문화가 발달한 반면에 동로마 제국은 콘스탄티노플 교회가 그리스정교(Greek Orthodox)를 신봉하는 기독교 문화로 나누어지게 되었고 476년 서로마 제국이 게르만족에게 멸망당하자 로마교회는 콘스탄티노플의 동로마 황제의 권위에 복속하게 되었다.

동로마제국의 콘스탄티노플 교회는 처음부터 동로마 제국 황제의 권위에 복속하여 황제교황주의(Caesaropapism)가 정착되어 황제가 교권을 가졌으며 교권은 황제가 임명하는 콘스탄티노플 교회의 총 대주교의 관할하에 각 지역의 자치를 중요시하여 각 지역 주교가 그 지방의 교권을 행사하였는데, 의식을 중요시하고 우상숭배 금지 원칙을 철저히 지킨 점 등이 로마 교회의 교리와 다른 점이다.

기독교가 정치권력에 맞설 수 있을 만큼 독자적인 세력을 가지게 된 것은 서로마제국이 망하고 이 지역에 이주한 게르만 민족에 의하여 이루어졌다.

서로마 제국이 망한 후 북부 유럽에 거주하던 게르만족의 일부인 프랑크족이 라인 강 하류를 중심으로 일어나 과거 로마제국 영토에 대거 이주하여 여러 왕국을 수립하였는데 게르만 민족의 문화 수준이 로마문화 수준보다 열세이기 때문에 로마 문화를 수용하고 자신들이 기독교로 개종하고 로마 가톨릭 교회와 제휴하여 기독교를 유럽 전체에 전파시키는 역할을 하였다.

로마는 기독교를 공인하고 기독교를 국교로 삼은 이후 기독교 국가가 되었으나 황제가 로마교회의 교황의 임무를 겸임하였다. 그러나 로마교회가 동로마제국의 지배를 벗어나 서로마 제국이 지배하였던 영토에서 다시 부활하여 그 지역을 통치하던 황제의 권위에 대항할 수 있을 만큼 발전하게 된 것은 게르만족에게 멸망당한 서로마 제국의 사람들이 로마교회의 주교主教를 그들의 정신적 지주로 삼아 교황(教皇:Papa)으로 추대한 것과 게르만족이 이룩한 프랑크 왕국의 지도자들이 과거 로마 제국사람들을 통치하기 위한 수단으로 로마교회의 영향력에 의존하려고 한 데 기인한다.

로마 교회의 교황은 동로마 황제로부터 독립적인 지위를 추구하려고 노력하여 왔으나 동로마의 유스티니아누스 황제가 이탈리아 반도에 게르만족이 건립한 동고트 왕국을 멸망시킨 후 이탈리아 반도를 수복한 후 동로마 황제의 지배가 강화되었다. 그러나 6세기 말 도나우 북쪽에 살던 다른 게르만족인 롬바르드족(Lombards)이 다시 북이탈리아를 지배하게 되자 로마 교황은 동로마 제국의 지배에서 벗어나게 되었다.

그 후 게르만족이 세운 왕국 중 가장 큰 프랑크 왕국의 피핀 3세

(Pepin III)는 751년 로마교황의 도움을 받아 왕위에 올라 754년 이탈리아 중부의 땅을 로마 교황에게 기증하여 로마교황령이 생기게 되었으며 기원후 800년에는 피핀의 아들 찰스가 로마교황으로부터 서로마 제국의 황제관皇帝冠을 받게 됨으로써 기독교권이 동쪽의 그리스 정교회와 서쪽의 로마 가톨릭 교권으로 명백히 나누어지게 되었다.

프랑크 왕국의 찰스대제가 사망한 후 그의 아들 루이 1세는 843년과 870년의 조약으로 프랑크 왕국을 분할하여 그의 세 아들에게 나누어주게 됨으로써 오늘날 독일, 프랑스, 이탈리아의 기원이 되었는데 962년 독일의 작센공 하인리히가 왕위에 오른 후 그의 아들 오토 1세가 항가리에 침입한 마자르인들(Magyars)을 물리치고 962년 교황으로부터 신성로마제국이라는 이름의 제관을 받아 독일의 왕이 신성로마제국 황제의 지위를 유지하게 되었다.

이와 같이 로마교회의 교황과 신성로마제국의 황제는 출발 당시 상호 협조 관계이었으나 11세기 초 교황 그레고리 7세(Pope Gregory VII) 때 교황이 모든 기독교도들에 대한 법적 우선권(legal supremacy)를 가지며 교회의 주교(bishop)를 독자적으로 임명할 수 있다고 주장하고 교회의 독립을 선언하여 그 후 로마교회의 교황과 신성로마제국의 황제 사이에 대립과 경쟁의 과정을 겪게 되었다.

신성로마제국 황제 하인리히 4세는 신성로마제국 내의 성직자의 임명권을 로마 교황 그레고리 7세가 행사하려고 하자 이에 대항함으로써 교황과 황제 간의 싸움이 벌어져 교황이 신성로마제국의 황제를 파문하고 황제가 교황에게 사죄하였으나(AD1077) 7년 후 하인리히 황제가 로마에 쳐들어와 교황 그레고리를 물러나게 한 사건은 교황과 황제 간의 권력 다툼의 대표적 사례이다.

교황과 황제 간의 싸움은 그 후에도 계속되었으나 결국 보름스 협약(Concordat of Worms)을 통하여 교황이 주교를 임명하는 권리를 가지되 주교는 국왕의 신하가 되도록 하는 타협이 이루어졌다(AD1122). 보름스 협약으로 로마교황이 주교를 직접 임명할 수 있게 된 것과 로마교회가 성경에서 언급한 신자들의 성금 납부의무 이행에 기인하여 세금을 거두기 시작함으로써 교황의 교권이 황제의 세속권으로부터 독립할 수 있는 기반이 마련되었다.31)

이 후에도 유럽대륙에서 교황과 신성로마제국의 황제나 영국, 프랑스의 국왕 간에 상호 견제하는 관계를 유지하였으며 교황 인노센트 3세(Innocent III) 때(AD1198-1216)에는 교황의 세력이 왕권보다 우월한 때도 있었으나 11세기 이후 교황권과 왕권이 상호 견제하고 병존하였다.

십자군 원정의 실패로 교회의 권위가 떨어지자 13세기경부터 기독교 세력이 약화되고 국왕의 권력이 강해짐에 따라 영국과 프랑스에서 성직자에 대한 과세권이나 성직자에 대한 재판권 문제로 교황과 국왕이 다투기도 하였으나 국왕이 승리하고 성직자들이 교황보다 국왕의 권위에 더 복종하게 되었다.

동로마제국은 1453년 오스만 터키에 멸망할 때까지 그리스 정교를 받아들였기 때문에 유럽대륙의 기독교는 동서로 나누어져 있었으나 게르만족이 과거 서로마제국의 기독교를 수용하면서 게르만 문화와 로마문화를 융합시켜 새로운 유럽대륙의 문화를 창조한 반면 동로마제국의 그리스 정교는 발칸 반도 중심의 슬라브족 종교로 변함으로써 유럽에서 게르만족과 슬라브족 간의 종교적 차이도 상호 대립하게 된 원인의 하나가 되었다.

31) Francis Fukuyama, *Ibid.*, pp. 264-267

유럽대륙에서 기독교의 교리가 지배사상이 되자, 이 기독교의 교리와 정면으로 배치되는 교리를 가지는 이슬람교도들과의 격렬한 갈등이 야기되어 양 집단 간의 대규모 전쟁이 있었다.

11세기에서 13세기동안 지속되었던 십자군 전쟁은 예수그리스도의 신성神性을 인정한 삼위일체설과 관련된 종교 교리를 달리하는 집단인 기독교도와 이슬람교도들이 각기 자기들의 전통적인 종교적 신념을 기반으로 통일된 의지로 단합한 힘 사이의 투쟁이었다.

16세기 초 일어난 종교개혁으로 기독교가 구교와 신교로 분리되자 유럽대륙에서 1세기와 17세기에 신교도와 구교도 간의 대규모 전쟁이 발생하였다. 즉 16세기 후반에는 프랑스에서 위그노 전쟁으로 알려진 신·구교의 종교적 내분이 30년간 계속되었으며 17세기에는 구교도가 다수인 오스트리아가 보헤미아의 신교도를 탄압하자 덴마크, 스웨덴 등 신교도 국가들이 개입하고 나중에 프랑스까지 신교도 편을 지원함으로써 발단된 30년 전쟁은 유럽대륙 전체로 확대된 전쟁이었다.

유럽대륙에서 국왕의 권력이 교권과 갈등을 빚은 역사와 달리 중국대륙에서는 종교가 제도적으로 정치권력화하여 왕권에 대립하는 역사가 없었다.

다섯째, 유럽대륙 역사에서는 상인계급이 발달하여 이들이 왕권에 대항하여 정치 변혁을 추구하는 주체세력이 되었으나 중국대륙 역사는 황제의 권력에 대항할 수 있는 정치의 주도세력이 존재할 수 없었다.

유럽대륙에서 서로마제국이 멸망한 이후 계속되는 혼란과 무질서 상태에서 무력을 가진 자들이 자기의 세력 범위 내에서 지배체제를 형성하기 시작하여 중세 봉건사회를 이룩하였다.

이 시기의 유럽의 농민들은 영주領主로서 대농장을 소유하고 지배계급이 된 봉건기사와 교회신부들의 이중 지배를 받는 농노의 지위로 전락하였다가 농노의 신분을 벗어나 상업 활동에 종사하는 인구가 늘어감에 따라 상인계층이 광범위하게 형성되었다. 이들 상인계급들은 십자군의 활동과 지중해 무역을 통하여 경제적 번영을 추구하면서 중앙집권적 요소가 약하였던 이탈리아를 중심으로 정치와 경제의 패권을 장악하는 신흥 부르주아 계층을 이룩하여 중세 봉건제도를 무너뜨리기 시작하고 나중에 정치혁명을 이룩하는 중심세력으로 발전하였다.

소아시아와 그리스의 도시국가에서는 기원전 7세기부터 화폐제도가 생겨나 지중해지역에서 교역을 더욱 활발하게 하였으며 화폐의 사용은 수공업생산을 증대시켜 그리스 도시국가 내에는 부유한 농민층과 아울러 부유한 수공업자가 생겨나게 되었다.

유럽대륙에서 서로마제국이 멸망한 이후 계속되는 혼란과 무질서상태에서 무력을 가진 자들이 자기의 세력 범위 내에서 지배체제를 형성하기 시작하여 중세 봉건사회를 이룩하였는데, 이 시기의 유럽의 농민들은 영주領主로서 대농장을 소유하여 장원莊園을 이룩하고 농민들은 이 장원 내에서 지배계급인 봉건기사와 교회신부들의 이중 지배를 받는 농노의 지위로 전락하였다.

그러나 10세기 이후 유럽사회에서 농업기술개발, 간척사업 등으로 농업생산량이 늘어나 잉여농산물이 생겨나자 잉여농산물을 교환하는 상업 활동이 일어나고 농노들 중 농노의 신분을 벗어나 상업 활동에 종사하는 인구가 늘어감에 따라 상인계층이 광범위하게 형성되었다. 이들 상인계급들은 십자군의 활동과 지중해 무역을 통하여 경제적 번영을 추구하면서 중앙집권적 요소가 약하였던 이탈리아를 중심으로 정치와 경제의 패권을 장악하기 시작하였다.

　중세 유럽사회에서 상인계급의 대두는 유럽문화가 중국문화와 크게 달라지는 결정적 계기가 되었다. 중세의 상인들이 자신들의 상업활동의 중심지에서 장원莊園 내의 수공업자를 흡수하여 새로운 생활터전을 둘러싸는 성벽城壁을 구축하자 이들 상공업자들이 성곽(城廓: bourg)의 주민이란 뜻으로 시민(市民: bourgeois)이라고 불리게 되었다.

　이탈리아에서는 13세기경 십자군과 지중해 무역을 통하여 경제적 번영을 이룩한 상공업자들이 재력을 바탕으로 일부 재래 귀족층과 연합하여 정치에서 중요한 역할을 하게 되었다. 또한 프랑스에서는 14세기 초부터 상인계급이 도시의 금융업자, 법률가, 의사, 문필가 등의 자유 업자들과 연대하여 시민계급을 형성하고 시민계급의 대표자들이 성직자와 귀족과 함께 중요한 국정운영을 협의하는 삼부회三部會의 중요한 일부로 참여하게 되었다.

　유럽에서 상인계급은 도시의 지배자인 영주로부터 자유를 추구하고 그들의 독점적 지위를 향유하기 위하여 상인들 조합인 길드(guild)를 형성하여 시정을 운영하는 데 주도적 역할을 하게 되었으며 상인을 중심으로 한 시민계급의 자유화운동이 중세 봉건제도를 무너뜨리고 나중에 정치혁명을 이룩하는 중심세력으로 발전하게 되었다.

　유럽대륙은 아니나 서구사회의 발전에 중요한 역할을 한 영국에서는 중세 말경 토지 소유주들로 구성된 젠트리(gentry: 鄕紳) 계급이 형성되었다. 이들은 귀족계급이 아니면서도 명예와 가문을 중요시하여 가문의 문장을 사용하면서 종교적으로는 칼뱅(Calvin) 계통의 청교도(Puritan)들이었는데, 이들이 정치세력화하여 17세기 중엽 왕권에 대항하여 청교도 혁명을 일으킨 주체세력이 되었다.

　이러한 서구사회의 발전 과정과는 달리 중국대륙의 국가들은 친秦

의 통일 이후 진시황이 상업을 장려하였으며 치엔한前漢의 초기에도 상업을 진흥하는 정책을 펴 한때는 상인의 사회적 지위가 향상되어 대상大商이 제후諸侯와 유사한 대우를 받기도 하였다. 또한 쑹宋대에는 상인들이 동업조합同業組合인 항行을 조직하여 자신들의 이익을 공동으로 추구하여 11세기 중엽 쑹의 신종神宗은 왕안쓰王安石를 등용하여 사회보장적인 각종 법령을 제정하자 대상大商들은 당시 지식인, 지주, 관료 등으로 구성된 사대부士大夫 계층과 연합하여 왕안쓰가 제정한 신법의 시행을 포기하도록 한 적도 있다.

그러나 한우디漢武帝가 유학자인 동중쉬董仲舒를 등용하여 유교를 국가통치의 기본으로 삼은 이후 유교가 농본정책에 입각하여 농업에 종사하는 것을 관리가 되는 것 다음으로 중요시하고 공업이나 상업에 종사하는 것을 천시하는 사농공상士農工商의 관념이 정착됨으로써 중국대륙에서 상인들은 20세기 이전까지 사회의 중심세력으로 부상하지 못하였다.

중국대륙에서 상인, 금융업자, 도시 직업인들로 구성된 부르주아가 출현한 것은 유럽대륙에서 제1차 세계대전이 발발하여 중국대륙이 전쟁에 필요한 원료 공급지로서 수출이 크게 증가하여 경제적인 호황을 맞이하였던 1910년대와 1920년대이며 이 시기에 중국의 부르주아 계급이 상인조합을 결성하여 자신들의 이익을 보호하려고 하였으나 국민당 정부는 이들을 압박하여 과대한 군비를 부담하게 하는 등 불이익을 주게 되어 이때도 이들은 정치적 권력을 획득하지 못하였다.[32]

여섯째, 유럽대륙 역사에서는 절대왕정의 시기에서도 개인주의와

---

32) John King Fairbank, *The Great Chinese Revolution 1800-1985*, (Harper & Row, Publishers,, New York: 1966), pp.218-219

자유주의의 가치관이 성장할 수 있는 기회가 허용되었으며 개인주의를 기초로 자본주의를 발달시켰으나 중국대륙의 역사에서는 농경사회가 지속되면서 사람들이 토지를 기초로 군집생활을 하였고 강력한 국가권력의 통제로 인하여 국가권력의 제한에서 오는 개인주의와 자유주의적 가치관이 형성되기 어려웠다.

유럽의 개인주의는 영국에서의 여성권리 신장과 중세의 기독교가 여성의 상속권 인정, 근친간의 결혼 금지 등으로 남성계통의 가족 중심주의를 쇠퇴시키는 과정에서 발달한 가치관이다[33]. 개인주의는 개인이 살아 있는 동안 자기 소유의 재산을 자기의 의지에 따라 처분할 수 있는 권리가 허용되는 것과 밀접한 관련을 가지고 발전하였는데 영국에서는 이미 11세기 초에 배우자와 사별한 여성이나 결혼하지 않은 딸이 독자적으로 재산을 소유하거나 처분할 수 있는 권리가 허용되었으며 13세기에는 재산권과 관련된 소송의 당사자가 될 수도 있었고 유효한 유언이나 계약서를 작성할 수도 있었으며 이러한 권리가 영국의 보통법상에 나타난 것은 16세기 초였다.[34]

유럽의 개인주의는 16세기의 종교개혁으로 더욱 촉진되었는데 이는 종교개혁의 중심사상이 신과 인간을 매개하는 권위의 원천으로서의 교회의 권위를 부정하고 신의 의지를 실천하는 것은 개인의 책임이라는 데 있었기 때문이다.[35] 유럽에서 발전된 개인주의는 개인의 법적 성격을 다른 사람과의 관계를 나타내는 신분으로부터 계약의 주체가 되는 변화를 초래하였다.[36]

33) Francis Fukuyama, op.,cit., pp.229-241
34) Ibid., p.233
35) Steve Bruce, Religion in the Modern World from cathedrals to cults (Oxford Uiversity Press, 1966) pp.5-23.
36) Francis Fukuyama, op., cit., p.232

개인주의와 자유주의는 17세기에서 18세기에 이르는 동안 로크(John Locke), 루소(Jean Jacques Rousseau), 볼테르(Voltaire), 흄(David Hume), 칸트(Immanuel Kant), 몽테스키외(Charles-Louis de Secondat Montesquieu) 등 소위 계몽주의 시대의 철학자, 사상가들에 의하여 주장된 개인(individual)과 인간성(humanity)을 최고의 가치로 여기는 사상에 의하여 이론적으로 완성되었다.

이들의 주장은 모든 개개인은 합리적으로 사고하고 행동할 수 있는 이성(reason)을 가지고 태어났기 때문에 이성이 사람의 기본 능력으로서 어떠한 악(evil)도 이성의 힘으로 극복할 수 있고 모든 개개인은 법 앞에 평등하며 개개인의 자유가 보장되어야 하고 어떠한 신념도 개인의 이성에 기초하여야 하며 권위에 복종하는 것을 배격하는 것이었다.

유럽사회에서 개인주의와 자유주의가 발전된 것이 이후 유럽과 중국이 근본적으로 다른 방향으로 발전하는 결정적 계기가 되었다. 유럽에서는 13세기 초에 기독교도들로 조직된 십자군의 성지 회복 노력이 실패로 돌아가자 기사계급이 몰락하고 교회 세력이 약화되었으며 봉건제가 붕괴되면서 상공업과 도시가 발달하고 해방된 농노의 숫자가 증가하여 이들이 상업에 종사하는 기회가 많아졌다.

이러한 사유들로 인하여 14, 15세기의 유럽에서는 대자본가들이 출현하고 이들이 대규모 생산과 원거리 무역에 관여하기도 하였으며 정치권력과 제휴하여 정치적 영향력도 증대하여 왔는데, 이들이 16세기에 일어난 종교개혁에 따른 신교사상의 영향을 받고 또한 18세기에 개인주의, 자유주의, 법치주의를 주창하는 계몽주의 철학가, 사상가의 영향을 받아 정치적으로 자유민주주의 제도를 이룩하였으며 경제적으로 자본주의를 발전시킨 원동력이 되었다.

중국대륙의 역사에서는 고대국가 때부터 농경생활에 필요한 집단의 질서 유지를 가장 중요한 가치관으로 삼았으며 진나라 통일 이후 청나라 멸망까지 약 2000년 동안 황제 지배제도가 유지되어 개인의 자유보다 집단 전체의 이익을 우선시하여 왔다. 중국대륙에서의 황제지배제도는 1911년 10월 발생한 신해혁명으로 1912년 2월 공화정이 수립될 때까지 지속되었다.

중국에서 황제의 절대적 권위를 인정하는 유가사상과 거의 동시대에 창시된 도가사상은 자연무위自然無爲를 중요시하여 일체의 인위적 제도를 거부하고 자연 상태의 삶을 강조하는 사상이었으나 이러한 사상도 국가권력에 대항하는 개인주의, 자유주의가 아니라 국가권력을 회피하는 사상으로 흘러갔기 때문에 유럽에서 국가권력의 통제에 대항하는 개인주의, 자유주의와 다르게 발전되었다.

중국에서 창시된 도가사상은 일종의 자유사상이었지만 일반사회는 전통적인 음양사상에 의하여 남성위주의 신분사회가 유지되고 인간관계를 개인 간의 권리와 의무가 발생하는 계약 관계로 파악하기에 앞서서 전체 사회의 구성원의 지위에서 가지는 신분관계를 우선적으로 고려하였기 때문에 도가사상은 일부 상류층의 사상에 머물고 일반인들의 생활 철학으로 발전하기는 어려운 제약이 있었다.

제4장 중국 역대 왕조의 통치 조직의 특수성과 통치 범위

중국대륙에서 이룩된 여러 나라는 국가의 운용역량에 따라 국력의 변화를 가져왔는데 국가의 운용역량은 통치제도와 밀접한 관련을 가지므로 중국의 통치역량을 역사적으로 고찰할 필요가 있다.

친秦나라가 통일을 이룩한 이후 중국대륙에는 황제지배제도가 정착되어 국정 운영이 황제 중심으로 이루어지고 황제가 절대적인 권력을 행사하였다는 점이 통치조직의 가장 중요한 특징이 되었다. 이 황제지배제도하에서 황제의 지위 승계 문제가 국가의 운명을 결정하는 요인이 되고 황제지위의 승계가 불분명할 경우 황제의 지위를 차지하기 위하여 황제지위 승계가 가능한 경합자들과 이들과 운명을 같이하는 주변인물들이 결합하여 상호 결사적인 권력투쟁이 발생하였다.

황제가 나이가 어려 통치능력이 없을 경우에 다른 권력자가 나타나 통치권을 사실상 행사하더라도 황제가 존재하는 한 형식상 황제의 권위를 빌어 황제의 이름으로 권력을 행사하는 형식(섭정:攝政)을 취하게 되었다.

중국대륙의 황제지배제도에서는 황제를 하나의 제도상의 권력기구로 보지 않고 황제개인에게 부여되는 권력의 상징으로 간주하였기 때문에 왕조가 무너지면 국가의 모든 제도가 붕괴되는 것으로 간주하였다. 따라서 다음 왕조에서 비록 전 왕조의 제도를 답습하더라도 제도를 새로이 수립하는 형식을 취하여야 하였으며 황제 자신이 무능하거나 황제 주변의 세력 특히 황제의 외척外戚이나 황제가 거느린 많은 궁녀들을 관리하는 환관宦官의 세력이 커져 이들이 부당한 권력을 행사함으로써 황제의 권위가 실추되고 국가의 존립 자체가 위협을 받는 상황이 발생하게 된다.

중국대륙에서 역대 왕조들의 황제지배제도가 유지될 수 있었던 것은 저우周시대부터 전래된 전통사상인 천명天命사상에 기인한다. 천명사상은 황제가 되는 것은 하늘의 명天命에 따르는 것으로 보고 황제선정 절차에 객관적 기준을 적용할 수 있는 제도를 미리 마련하지 않고 황제선정의 시기에 가장 실력 있는 자가 일단 황제가 되면 황제가 되는 절차상의 정당성이 있은 것으로 간주하는 것이다.

중국대륙의 천명사상은 황제가 덕德으로 통치를 하여야 하고 황제가 덕이 없으면 다른 덕德 있는 자가 황제의 지위를 인수받을 수 있다는 덕치주의德治主義와 혁명사상과 결합하였으며 이러한 사상은 멍쯔孟子가 체계적으로 이론화하였다.[37]

중국대륙에서 덕치주의와 혁명사상의 적용으로 왕조가 교체되는 방법에는 황제가 자기의 후손이 아닌 유덕자를 지정하여 황제의 지위를 물려주는 방법인 선양禪讓의 방식과 신왕조가 구왕조를 무너뜨리고 새로운 왕조를 탄생시키는 방벌放伐의 방식이 있었으며 유가사상은 선양에 의한 왕조교체를 이상적인 것으로 보았다.

그러나 중국대륙의 대부분의 왕조는 구왕조가 실정失政을 할 경우 새로운 실력자가 구왕조를 무너뜨리고 새로운 왕조를 수립하는 방벌

---

37) 孟子, 萬章章句 上

放伐 방식에 의하여 이루어졌다.

중국대륙에서는 황제의 절대적 권위가 유지되어 왔기 때문에 중국대륙에서 일어났던 각 왕조의 통치력이 미쳤던 범위는 각 왕조의 통합된 힘의 크기에 따라 변화되어 왔으며 광활한 영역을 황제 중심의 중앙집권 제도로 통치함으로써 변경 지방에는 중앙행정권력이 효과적으로 미치지 못하였으며 역대 왕조에서 황제의 실정은 바로 외침과 내란으로 연결되어 왕조가 멸망하는 과정을 되풀이하게 되었다.

중국대륙의 역대 왕조의 통치방식은 저우周시대에는 봉건제도封建制度를 택하였으나 친秦의 통일 이후에는 중앙집권체제인 군현제도郡縣制度를 택하였으며 한漢을 건국한 고조高祖는 공신들에게 특권을 부여하기 위하여 봉건제도와 군현제도를 절충하여 군국제도君國制度를 택하였으나 한의 우디武帝이후 중앙집권체제인 군현제도로 회귀하였다.

저우周시대의 봉건제도는 왕이 공신들과 제후들에게 봉토封土를 주고 봉토를 통치하는 권한을 위임하는 대신 봉토를 받은 자는 왕조에 대하여 군역軍役과 공납貢納 등의 의무를 부담하는 제도인데, 봉토를 받는 자들은 장자 상속제에 의한 종법제宗法制를 기초로 혈연관계로서 신분을 세습화하고 이들이 주왕실과 관계를 유지도록 하는 제도이었는데 저우周시대의 장자 상속제는 이후 중국대륙 가족제도의 기본이 되었다.

저우周시대의 봉건제도가 혈연관계를 기반으로 연결되었다는 점에서 중세 유럽의 봉건제도가 주군主君과 봉신封臣 사이의 자유계약관계에 의하여 유지된 것과 다른 점이며 중국대륙에서 장자상속에 따른 부계사회를 유지하고 혈연에 의한 가족관계를 중요시한 것은 저우周의 봉건제도에서 유래하였다.

저우周나라는 황허 중류지방인 웨이쑤이渭水분지를 중심으로 하는 부족국가이었으며 인殷을 멸망시킨 후 주변 이민족의 침입을 지속적으로 받아왔다.

기원전 11세기에 일어났던 저우周가 제후 간의 경쟁으로 봉건제도가 사실상 붕괴되어 춘추전국시대를 맞이하였으며 춘추전국시대는 무력에 의한 패자覇者를 중심으로 영토국가로 전환되었다.

기원전 221년 중국을 최초로 통일한 친秦은 황제 지배 제도하의 중앙집권체제를 유지하여 이러한 황제 중심의 체제는 중국대륙에서 1911년 칭淸이 망할 때까지 약 2천 년 동안 계속되었다.

친秦나라의 쓰황디始皇帝는 이 지방 일대의 6국을 병합하여 중국대륙에서 처음으로 통일국가를 이룩한 후 북방 슝누족들의 침입이 계속되자 만리장성萬里長城을 쌓아 슝누족들의 침입을 방지하였으며 남쪽으로는 위에越국(오늘날 베트남)을 제압하였다.

친秦나라는 통일제국을 36군郡으로 나누고 군 밑에 현縣을 두어 중앙에서 임명한 관료가 이를 통치하게 함으로써 중앙정부의 정책이 지방에 일률적으로 반영되도록 하였다. 친나라 때 시작된 이러한 군현제도의 기본 틀은 한漢 대의 초기에 건국에 공을 세운 무장武將들에게 특권을 보증하기 위한 군국君國제도를 실시하였으나 얼마 지나지 않아 다시 군현제도를 택하고 중앙집권체제를 확립하였는데 이러한 군현제도가 중국대륙의 통치제도로 정착되었다.

그러나 친의 쓰황디始皇帝는 국민을 만리장성, 여산릉驪山陵, 아방궁阿房宮 축조와 같은 대규모 토목사업의 강제노역에 동원하고, 잦은 해외원정에 강제 징용하며, 과도한 세금을 부과하는 등 강압정치로 인하여 민심을 잃었다. 쓰황디의 아들(후하이:胡亥) 대에 와서 황제의 무능으로 환관宦官 짜오까오趙高가 전횡을 하자 천쑹陳勝과 우광吳廣이

주도하는 농민반란이 일어나 친秦은 건국 후 15년 만에 망하였다.

한漢나라의 우디武帝는 남쪽으로 푸지엔福建, 광동廣東 지방을 정복하고 안난(安南:오늘날 베트남)까지 침입하여 친秦이 차지하였던 영토를 확보하는 이외에 서쪽으로는 쓰추안四川, 구이저우貴州를 편입시키고 티엔싼루天山路와 중앙아시아를 연결하는 교통로(실크로드)를 확보하였고 동쪽으로는 한반도의 서북까지 정복하였다.

한漢은 이후 외척外戚·환관宦官 등 근신近臣이 발호하여 황제의 권위가 실추되었으며 결국 외척外戚 왕망王莽이 기원후 8년에 황제(평제:平帝)를 독살하여 한漢을 멸망시키고 신新이라는 국가를 세웠다. 신新은 건국 후 15년 만에 한漢 왕실의 후손인 리우시우劉秀가 농민집단과 호족의 도움으로 기원후 25년에 허우한後漢을 세웠다.

허우한後漢은 약 200년 계속되다가 184년 태평도太平道라는 종교결사의 수령 장자오張角가 지도한 농민 반란군들이 난을 일으켰는데 이들은 누런 두건을 착용하여 황건적黃巾賊이라 불리었다. 이 난이 원인이 되어 중앙의 정치가 붕괴되고 호족이 각지에서 난립하여 혼란 상태에 빠지게 되자 웨이魏, 쑤蜀, 우吳의 3국이 정립되어 다투다가 280년 진晉이 통일국가를 이룩하였다. 그러나 진西晉은 316년 슝누족의 침입을 받아 망하고 북부지역에서 5호 16국으로 이어지다가 결국 베이웨이北魏에 의하여 통일되었다.

진西晉이 멸망하자 강남지역에서 진의 군사를 지휘하던 황족이 진晉을 부활시켜 동진東晉을 일으켰으며 동진이 멸망하고 이 지역에 쑹宋, 치齊, 량梁, 천陳의 순서로 왕조가 바뀌어 창장長江 유역을 지배하는 한족 중심의 국가는 이민족이 지배하는 화베이華北 중심지역의 국가와 약 150년간 남북조시대를 이루었으며 589년 한족漢族에 의하여 재통일되어 쑤이隋가 건국되었다.

쑤이隋는 29년밖에 존속하지 못하고 터키계의 이민족인 투쥐에突厥족과 싸우다가 패전하여 책임을 추궁당할 것이 두려워 쿠데타를 일으킨 리위엔李淵에게 망하였으며 리위엔李淵은 아들인 리쓰민李世民과 함께 618년 새로운 왕조인 탕唐을 건국하였다.

탕唐나라는 이민족을 중앙아시아 서쪽으로 밀어내고 북으로 시베리아 남부까지 진출하였으며 남쪽으로는 인도지나 반도에 이르는 대제국을 건설하여 약 300년 동안 지속하였다. 탕唐은 중앙행정관서를 황제의 칙령을 만드는 중서성中書省, 이를 심의하는 문하성門下省, 이를 집행하는 상서성尚書省 등의 3성을 두고 상서성 밑에 각 행정기관으로 6부를 두었다. 지방행정제도는 10도道로 나누어 도道 아래 주州와 부府, 현縣으로 하고 중간의 군郡을 폐지하였다.

탕唐나라의 말기에 조정의 부패와 지방 세력의 반항 및 8세기 중엽의 9년 동안 계속된 안쓰安史의 난, 9세기 말에 황차오黃巢와 왕시엔쯔王仙之가 일으킨 난으로 황차오의 군대가 루어양洛陽과 창안長安 등을 함락하여 황제가 쓰추안四川으로 달아나지 않을 수 없을 정도로 황제의 통치력이 약화되자 907년 일개 장군이 쿠데타를 일으켜 탕唐을 멸망시키고 화북지방에 허우량後梁을 건국하였다.

허우량後梁이 세워진 이후 허우탕後唐, 허우진後晉, 허우한後漢, 허우저우後周로 이어지는 5대 왕조의 변화를 가져왔으며 이 동안 화베이華北 이외의 지역에서는 10국이 세워지는 5대10국의 혼란기를 맞이하게 되다가 960년 허우쩌우後周의 장군인 짜오쾅인趙匡胤이 다시 재통일하여 쑹宋을 건국하였다.

쑹宋은 강력한 중앙집권적 황제 전제체제를 구축하고 종전 지방의 절도사들이 가지고 있던 행정, 군사, 재정을 중앙으로 흡수하여 중앙행정기구로서 행정을 담당하는 중서성, 군사를 담당하는 추밀원, 재정을 담당하는 3사三司를 두어 황제의 직속기관으로 하였다.

쏭의 지방행정제도는 전국을 15로路로 나누어(南宋 때는 16로) 각 로에 지방장관을 파견하여 군사, 재정, 사법, 민정을 담당하는 4사四司를 두었고 로路 아래의 행정단위로 부府, 주州, 감監, 군軍에도 각각 지방장관을 파견하였으며 이러한 지방장관을 감시하기 위하여 중앙에서 별도의 통판通判을 파견하였다.

그러나 쏭宋 대의 북방에는 이민족이 세운 거란契丹과 진金이 지배하였으며 쏭宋은 1129년 진金군에 의하여 수도인 카이펑開封을 함락당하고 항저우杭州로 수도를 옮기지 않을 수 없었고 현재 중국대륙의 동남부 일부에 국한된 통치영역을 가지고 있다가 1279년 새로 일어난 몽골족의 침입에 의하여 멸망하였다.

몽골족은 원래 헤이룽장(黑龍江: 아무르강) 상류지역의 삼림지대에 살던 민족이었는데 외몽고 지역으로 이주하면서 유목민이 되었으며, 이 지역에서 테무진鐵木眞이 나타나 부족을 통일하고 몽골족에 대항하던 세력들을 물리쳐 몽고 지역의 승리자가 되어 1206년 징기스칸成吉思汗이라 칭하였다.

몽골족은 종족을 다스리는 통치자를 칸(khan)이라 불렀는데 칸의 선출방법은 중국역대의 황제와 다르다. 중국 역대 황제는 기본적으로 장자승계의 원칙(primogeniture)이 적용되었기 때문에 장자가 아닌 자가 황제 직을 승계하려고 할 경우 황제승계와 관련한 주변 권력층 전체가 개입하는 내분이 불가피하였으나 칸의 후임자는 칸의 아들과 동생들 중 가장 강력한 힘을 가진 자가 선출되는 원칙(족장 승계권; tanistry)을 따랐기 때문에 승계 후보자 간에 다툼이 있을 경우 그들 사이의 투쟁에 의하여 해결하였다.[38]

---

38) Timothy Brook, general editor, *The troubled Empire, China in the Yuan and Ming*

그는 몽골족 전체를 군영화軍營化하여 정복 집단으로 조직하고 시샤西夏와 위구르 지역을 병합하고 진金의 수도인 옌징(燕京; 지금의 北京)을 함락하고 뒤이어 파키스탄, 아프가니스탄, 이라크, 남부 러시아 지역까지 점령하였다. 테무진太祖은 임종시 아들들을 불러 장자인 오고타이가 자신을 승계하도록 할 것을 부탁하여 그가 죽은 후 장자인 외괴데이太宗가 칸의 지위를 승계하였는데 그는 진金을 멸망시키고 유럽원정을 하여 동부유럽까지 점령하였으며 외괴데이 다음은 외괴데이의 조카인 묑케憲宗가 자신의 4촌들과 투쟁하여 칸의 지위를 획득하였으며39) 그는 동생을 시켜 페르시아 원정을 하여 시리아 이동의 지역까지 병합하였다.

테무진의 손자가 되며 헌종의 다른 동생인 쿠빌라이忽必烈가 4대의 칸이 되었는데 그는 티베트와 윈난雲南, 안난安南 지역을 병합하고 왕위世祖에 올라 국호를 다위엔大元으로 하고 수도를 다뚜(大都: 지금의 베이징)로 옮긴 후 난쑹南宋을 공격하여 중국정복을 완료하였다.

몽골은 유라시아에 걸치는 대제국을 건설하고 시베리아 서남부와 남러시아에 킵차크 칸국, 중앙아시아, 아프가니스탄, 인도 서북부에 차가타이 칸국, 외몽고 남부의 오고타이 칸국, 이란, 이라크 지역에 일 칸국 등 4개의 칸국汗國을 세웠으나 이 칸국들은 세조 이후 위엔 조정의 간섭을 배격하고 독립적인 통치체제를 갖추었으며 오고타이 칸국은 위엔 제국에 대항하기도 하였다.

위엔元나라 때의 중국대륙 통치제도는 종래의 관제를 따랐는데 중앙행정기구로서 중서성中書省을 두고 황태자가 그 책임자인 중서령中書令을 맡도록 하였으며 전 왕조와 마찬가지로 군사를 담당하는 추밀

Dynaties, (Harvard University Press, Cambridge, 2010) p.80
39) *Ibid.,*

원추密院과 감찰업무를 담당하는 어사대御史臺를 두었다.

위엔元나라는 내몽골, 허베이河北, 싼시山西, 싼둥山東은 중앙의 중서성에서 직접 관할하고 기타 지역에 11개의 행성行省을 설치하여 그 성省의 책임자가 일반 행정과 군사, 재판업무를 담당하도록 하였는데 오늘날 중국의 성省이 이 제도에서 유래하였다.

위엔元나라는 지방행정기관으로서 행중서성(行中書省: 行省이라고도 함)을 설치하여 허베이河北, 싼시山西, 싼둥山東을 중서성의 직할지로 하고 나머지 지역에는 11개의 행성을 설치하여 그곳의 행정책임자로 하여금 민정, 군사, 사법의 행정 전반을 관할하도록 하였다.

위엔元나라는 약 100년간 지속하다가 말기에 백련교白蓮敎와 미륵교彌勒敎 신자들이 몽고족의 지배에 항거하는 대규모 민중반란을 겪었는데, 이들은 붉은 천으로 머리를 싸매어 홍건적紅巾賊이라고 불리었으며 이 반란군 중 빈민출신의 한漢족인 쭈위엔짱朱元璋이 난징南京 지방에서 세력을 규합하여 화북지방을 통일하고 1368년 밍明을 건국하였다. 그는 북벌군을 조직하여 북경을 점령하여 몽고세력을 이 지역에서 몰아내고 외몽고를 제외한 원의 영토에서 한족에 의한 통일을 이룩하여 밍明이 1644년까지 존속할 수 있는 기초를 마련하였다.

밍明나라는 쭈위엔짱朱元璋이 황제가 된 후 13년째에 개국공신으로서 중서성을 맡고있던 후웨이용胡惟庸이 황제가 되려고 모반하였다는 죄목으로 처형하면서 그와 관련이 있다고 거론되는 중앙 각층의 관료 약 4만 명을 처형하는 대규모의 관료숙청을 단행하고 중서성을 폐지하여 6부部를 독립시켜 황제의 직속으로 하여 황제의 독재권을 확립하였다.[40] 군사조직은 5도독부를 두어 군사권을 분산시키고 도찰원都察院이 감찰업무를 담당하도록 하였다. 지방행정으로는 행중

---

40) *Ibid., p..89-90*

서서성을 폐지하고 각 성에 행정을 맡은 포정사布政使, 군사 담당의 도지휘사都指揮使, 감찰을 맡은 안찰사按察使 등의 직책을 두어 3권을 분립시켜 황제에 직속시켰다.

밍明나라는 몽고지방을 평정하고 헤이룽장 부군의 여진족을 정벌하였으며 안난(安南: 지금의 베트남)과 티베트에 대한 통치권도 확보하였다. 그러나 밍明의 말기에 북방에서 이민족의 침입이 이어지고 남쪽 해안에서 왜구外寇의 위협을 받게 되었으며 환관宦官 세력이 커져 왕실에 내분이 일어나서 통치권력이 약화되었다.

이러한 시기에 헤이룽장黑龍江 하류에 거주하였던 만주족인 누르하치奴兒哈赤가 세력을 키워 1619년 허우진後金을 건국하고 션양瀋陽 지역에서 명군明軍과 싸워 이를 물리치고 션양瀋陽을 수도로 하고 1636년에는 국호를 다칭大淸이라 하였다.

1644년 리쯔청李自成이 주도한 농민반란이 일어나 베이징이 함락되었을 때 밍의 장군 우싼꾸이吳三桂가 칭의 도움을 받아 리쯔청을 토벌한 후 칭에 항복하자 칭의 세조世祖는 1661년 베이징으로 도읍을 옮기고 중국 본토를 지배하게 되었다.

칭의 성조(聖祖: 康熙帝) 때에는 대만을 정벌하고(1683) 러시아 세력을 헤이룽장黑龍江에서 물리치고 그 지역에서 러시아와 국경을 확정하고 (1689) 몽골전역과 티베트를 정벌하였으며 고종(高宗: 乾隆帝)은 천산북로 지역의 중앙아시아에서 17세기 말부터 몽골계 유목민들이 이룩한 준갈 제국(Zunghar Empire)을 병합하고 천산남로 지역의 터키계 유목민이 거주하는 위구르(Uyghur)지역을 정벌하여 이들 지역을 신장성新疆省으로 편입하였으며(1756-1758) 티베트를 다시 정복하여 칭의 영토로 귀속시키고 버마와 안난安南을 속국으로 하였다.

칭淸나라의 캉시디康熙帝와 치엔룽디乾隆帝는 주변 영토를 넓혀 한

漢족뿐만 아니라 만주족, 몽골족, 티베트족, 회교족 등을 통치하게 되었는데, 칭은 이들의 통치방법으로 동북지방과 원래 한족 지배 지역에는 중국식 관료제도를 택하는 한편 기타지역은 반부潘部로 하여 리반원理潘院을 두고 각 민족의 고유한 제도를 어느 정도 인정하면서 통치하도록 하였다.

칭의 통치제도는 기본적으로 밍의 제도를 그대로 계승하여 황제 중심주의를 유지하였으나 중앙에 황제 직속하의 최고정무기관으로 내각을 두고 전각대학사殿閣大學士들로 하여금 정치를 통할하고 6부에 소속한 사무를 분담하도록 하였다. 군사, 외교 등 중요한 안건은 황족, 만주귀족, 및 고급관료로 구성된 의정대신회의議政大臣會議에서 결정하도록 하였으며 1730년 군기처軍機處가 신설된 후에는 군기대신軍機大臣들이 의정대신회의와 내각의 업무를 담당하였다.

칭의 지방제도로는 중국 본토를 18성으로 나누고 각 성에 순무巡撫를 두고 성省 위에는 총독을 두었으며 성省 이하는 부府, 주州, 현縣을 두었다.

칭나라의 말기는 백련교白蓮敎의 난(1796-1805)과 같은 대규모 민란의 발생과 함께 외국 열강들의 침입으로 시작되었다. 다오광디(道光帝: 1821-1850) 재위기간에 서구세력이 중국을 자기들의 시장으로 확대하려는 노력이 결국 아편전쟁으로 발전하게 되었고 이 전쟁에서 패한 칭은 1842년 난징南京조약으로 광동 이외에 5개 항을 서양과의 무역을 위하여 개방하고 이 개항장에서 영국인에게 주거의 자유와 이 지역에 거주하는 영국인의 재판을 영국영사가 하는 영사재판권을 인정함과 동시에 홍콩을 영국에 양도하고 배상금을 지불하는 불평등 조약을 체결하였으며 이어서 미국, 프랑스 등과도 유사한 조약을 맺어 칭淸은 서구열강에 의한 반식민지 상태가 되었다.

칭淸나라는 이러한 외부로부터의 침략과 함께 새로운 민란을 겪게 되었으며 국내의 혼란은 또 새로운 열강의 침입으로 이어져 조정은 이에 효과적으로 대처할 능력을 상실하게 되었다. 민란중 가장 피해가 컸던 것이 1851년 발생하여 15년간 계속된 태평천국太平天國의 난이었는데 이 난으로 난징南京이 반란군에 의하여 점령되는 등 극심한 소요사태를 겪게 되었으며 1880년대에는 염비捻匪의 난과 회교도의 난으로 혼란상태가 가중되었다.

칭나라의 국내 혼란은 러시아의 세력확장 정책과 맞물려 칭의 통치영역의 일부를 러시아에 넘겨주어야만 했는데 1858년에는 아이훈愛琿조약으로 헤이룽장黑龍江 이북의 땅과 1860년에는 베이징조약에 의한 우수리 강 이동의 지역, 1881년 이리伊犂조약으로 신장성新疆省의 일부 등을 러시아에 양도하였다.

또한 안난(安南: 현재의 베트남)에 대한 보호권 문제로 프랑스와 전쟁을 하여 패전함으로써 1885년 안난安南에 대한 프랑스의 보호권을 인정하지 않을 수 없었다.

또한 조선에서 1894년 일어난 동학교도東學敎徒들의 봉기로 조선정부가 청국에 원병을 요청하자 일본도 조선에 파병하여 청일전쟁이 야기되었는데 이 전쟁의 결과 일본이 승리하여 1895년 시모노세키下關에서 강화조약講和條約이 체결되었다.

이 조약은 일본의 요구대로 조선이 독립국이라는 것을 명시하고 요동반도, 대만, 펑후열도澎湖列島를 일본에 할양하고 칭나라가 7년간 배상금 2억 량을 일본에 지불하며 일본에게 충칭重慶, 쑤저우蘇州, 항저우杭州 등을 개항하고 충칭까지의 창장長江 항행권航行權과 쑤저우蘇州, 항저우杭州에 이르는 항행권, 개항장에서의 일본인에 대한 제조업 경영권 등을 인정하는 것으로, 칭나라는 자국보다 개국이 늦은 일본에게마저 서구열강에 대한 것과 같은 불평등 조약을 체결하지 않으면 안 되게 되었다.

일본이 시모노세키 조약으로 요동반도를 할양받을 경우 일본의 중국진출이 활발하여질 것에 대하여 위협을 느낀 러시아가 독일, 프랑스와 함께 일본에 간섭하였다. 그 결과 일본과 청국이 랴오동반도 환부조약遼東半島還附條約을 체결하여 일본은 요동반도를 청국에 돌려주고 그 대가로 3천만 량의 보상금을 받게 되었다.

칭나라는 3국의 간섭으로 요동반도를 보존할 수는 있게 되었으나 열강들에게 중국의 연안지역을 조차하거나 그들의 영향권을 설정하는 대가를 치러야만 했다. 독일은 싼둥성山東省의 자오저우膠州 만灣을 조차租借하고 러시아는 요동반도의 뤼쑨旅順만, 다리엔大連만을 조차하였으며 프랑스는 광저우廣州만을 조차하고 영국은 웨이하이웨이威海衛를 조차하였고 조차권을 가진 국가에게 그 지역에서의 영사재판권과 치외법권을 양도함으로써 칭정부의 주권행사를 포기하게 되었다.[41]

칭나라가 서양열강과 일본으로부터 반식민지로 전락하자 칭나라 내부에서 지식인과 일부권력층이 칭의 근본적인 개혁을 하여야 한다는 여론이 일어나 개혁을 위한 시도도 있었으나 모든 개혁 노력이 실패하고 결국 1900년 의화단義和團 사건을 계기로 민중 혁명운동으로 발전되었다. 이러한 민중 혁명운동을 주도한 자는 쑨원孫文인데 그는 1905년 일본에서 반 만주 세력과 공화共和를 강령으로 하는 혁명단체로 구성된 혁명 동맹회를 구성하여 혁명세력을 주도하였다.

1911년 5월 칭나라 정부가 철도를 부설하기 위하여 4개국 차관단으로부터 600만 파운드의 차관을 얻기로 하는 결정을 하자 국민은

41) 김용구, *op. cit.*, pp.360-384

이권회수운동利權回收運動을 하여야 한다는 국민적 감정을 역행하는 조치라고 비판하고 국민의 강력한 항의가 있자 혁명파가 무장봉기를 하여 10월10일 우창武昌을 중심으로 신군新軍이 반란을 일으키고 청조 최후의 황제를 퇴위시키는 혁명으로 발전하였다.

이것이 신해혁명辛亥革命인데 이 혁명으로 중국에는 2000년 이상 유지되어온 황제 중심주의가 무너지고 공화정이 세워지게 되었다. 우창武昌에서 혁명운동이 있을 시기 혁명을 주창하였던 쑨원孫文이 당시 미국을 여행 중이었으나 10월 25일 상하이에 도착하였으며 4일 뒤 각성省 대표들 절대다수의 지지를 받아 그를 공화국의 임시대총통으로 추대하였다.

쑨원은 리위엔훙黎元洪을 임시부총통, 황싱런黃興任을 육군부장을 비롯한 각료를 선임하여 1912년 1월 1일 이들로 구성되는 임시정부가 수립됨으로써 새로운 공화국이 탄생되었으며[42] 쑨원의 임시정부는 쑨원 자신이 1905년 이래로 주장하여 오던 민족民族, 민권民權, 민생民生의 삼민주의三民主義를 지도이념으로 하고 입법권 ·사법권 · 행정권 ·고시권考試權 ·감찰권監察權을 각각 독립기관에게 부여하는 5권 헌법을 채택하였다.

그러나 쑨원은 당시 위엔쓰카이袁世凱 세력에 비하여 조직력, 군사력, 경제력 면에서 모두 허약하였다. 위엔쓰카이는 리훙짱의 도움을 받은 자로서 리훙짱이 청일전쟁에서 패한 후 권력을 상실하자 리훙짱의 안휘군安徽軍을 인솔하였으며 1901년 리훙짱이 사망하자 그의 후임으로 수도권을 관할하는 직예총독直隷總督이 되고 중국의 가장 잘 훈련된 북양군北洋軍을 통솔하게 되었다.[43]

---

42) 徐中約, *中國近代史(上册) 1600-1923*, 中文大學出版社, 香港, 2002) p.474-475
43) William T. Rowe, *China's last Empire, The Great Qing*, Harvard University Press,

쑨원孫文은 1912년 4월 1일 임시대총통의 직위에서 사임하고 위엔쓰카이袁世凱가 그를 이어 임시대총통이 되었다. 임시정부는 1912년 8월 선거법과 국회조직 조례를 발표하여 쑨원이 조직한 동맹회를 중심으로 군소정당을 흡수하여 쑹자오런宋教仁이 국민당을 조직하였고 그 밖에 통일당統一黨, 공화당共和黨, 민주당民主黨 등이 조직되었다.[44]

1913년 2월 선거에서 국민당이 제1당이 되었으나 위엔쓰카이袁世凱의 쿠데타에 의하여 해산되고 쑨원孫文은 일본으로 망명하여 1914년 중화 혁명당을 조직하였으며 혁명세력은 1917년 8월 쑨원을 대원수로 추대하는 광저우廣州 군정부를 구성하여 북경의 군벌軍閥정부에 대항하였다. 그러나 광저우 군정부는 실질적으로 시난성西南省군벌인 루잉팅陸榮廷이 장악하고 있어서 쑨원은 임시 정부에서 나와 상하이上海에 머물고 있었다.

이 무렵 국제정세의 변화가 중국의 국내정치에 영향을 주게 되었다.

제1차 세계대전의 발발로 인하여 독일이 가지고 있던 자오저우膠州만에 대한 이권을 일본에게 이양하게 되자 일본은 1915년 독일이 가지고 있던 권리에 추가하여 싼둥성山東省에 대한 권리를 일본과 독일이 합의하는 새로운 내용을 포함하고 뤼순旅順, 다리엔大連의 조차 기한을 99년으로 연장하는 등 21개조항의 권리를 중국이 승낙할 것을 요구하고 중국 측과 협의하였으나 1915년 이 회담이 결렬되자 일본은 5월7일 중국 측에 최후통첩을 보내 5월 9일 결국 중국이 이를 수락하지 않으면 상황에 이르렀으며 중국은 일본의 모욕적인 처사에 분개하고 동일자를 국치기념일國恥記念日로 정하게 되었다.[45]

2009, p.259

44) 徐中約, *中國近代史(下册) 1911-1983*, 中文大學出版社, 香港, 2002) p.478-482

제1차 세계대전을 종결하는 1918년 파리강화회의에서 중국은 산동성의 이권을 회수하려고 하였으나 이러한 요구가 받아들여지지 않자 1919년 5월4일 북경대학생을 중심으로 대규모 시위가 일어나고 노동자들이 이에 동조하여 대규모 파업을 단행한 것이 5.4운동이다.

쑨원孫文은 1919년 5.4운동의 영향으로 국민의 지지를 얻고자 1919년 10월10일 중화혁명당을 중국국민당이라고 개칭하여 1912년의 국민당의 정통성을 이어받아 새로이 조직하였다.

서구열강사이의 제1차 세계대전의 발발로 쌴둥성山東省의 독일 이권이 일본에게 인수된 이후 침투한 일본 세력에 의하여 반 식민 상태에서 벗어나지 못한 상황에서 조직된 중국국민당은 조직 당시 1917년 러시아 혁명으로 탄생된 공산당이 국제공산당을 창설하고 제국주의의 침략으로 인한 식민 상태하의 국가들을 지원한다는 공약에 영향을 받아 소련 공산당 조직 원리를 원용하는 등 소련 공산당에 호의적 태도를 보였으며 1921년 창당된 중국공산당과 연합하여 1924년 제1차 국공합작을 하였다.

쑨원은 중국 국민당을 창당할 당시 소련의 지원을 받고 중국 국민당 조직에 공산당 조직 원리를 적용하였으며 1921년 창당된 중국공산당과 연합하여 1923년 1월 1일 '중국 국민당 개조 선언'을 발표하여 중국공산당 당원도 개인 자격으로 국민당에 가입할 수 있도록 하였으며 1924년 제1차 국공합작을 하였다.

베이징정부를 이끌던 위안스카이가 죽자 그의 부하이었던 두안치루이段祺瑞가 국무총리가 되면서 그를 중심으로 안휘파安徽派가 정권을 잡았으며 1920년에는 우페이푸吳佩孚, 차오쿤曹錕을 중심으로 하는 직예파直隸派에게 정권이 넘어갔으나 1922년과 1924년의 봉천파

---

45) 金容九, *世界外交史*, 서울大學校 出版部, 1992, p.511-512

奉天派와 직예파直隸派의 파벌 다툼에서 일본세력을 배경으로 한 봉천파奉天派의 장쭈어린張作霖이 승리하여 정권을 잡게 되는 혼란상태가 계속되었다. 장쭈어린을 지원하였던 일본은 만주를 침략하기 위하여 1927년 장쭈어린이 타고 있던 열차를 폭파시켜 그를 살해하였다.[46)]

국민당은 1925년 3월 쑨원의 사망 후 중국국민당 육군군관학교中國國民黨陸軍軍官學校 : 속칭 黃埔軍官學校의 교장을 맡았던 장지에쓰蔣介石가 실권을 잡은 후, 공산주의에 반대하는 노선을 분명히 하였다.

국민당은 1925년 7월 광동에서 정부를 수립하고 국민혁명군을 조직하여 1926년 7월 베이징을 포함한 지방 군벌세력을 타도하는 북벌전쟁을 개시하고, 1927년 2월 정부를 우한武漢으로 옮겼으나, 국민당 내의 좌우 양파가 항쟁함으로써 우한 · 난징南京의 2개 정부로 분열되었는데, 1927년 4월 국민혁명군 총사령관 장지에쓰蔣介石가 이끄는 북벌군이 상하이上海를 점령하고 국민당 내의 공산당 동조자를 처단하는 한편 우한 · 난징 정부를 난징정부로 통합시켰다.

제1차 국공 합작은 공산당의 당세 확장이 예상 밖으로 커지고 장지에쓰蔣介石의 지지 세력인 저장성浙江省 재벌들의 반대로 1927년에 깨어지고 1937년 일본의 침입에 공동 대응하기 위하여 제2차 국공합작이 이루어지기까지 10년 동안 국민당과 공산당이 내전 상태에 들어갔다.

장지에쓰蔣介石는 1928년 7월 베이징을 점령하여 군벌들을 퇴치하는 북벌北伐을 성공시키고 정부를 난징南京으로 옮겼으며 1930년부터 1935년까지 5차에 걸쳐 공산당 토벌작전을 펼쳤다. 국민당은 일본이 1931년 만주사변을 일으킨 후 1937년 중국 본토를 침략하자 일본군

---

46) 그의 아들 장쉬에량(張學良)은 국민당 군에 편입되어 1937년 제2차 국공합작에 기여한다.

과 싸우는 한편 1935년 중국공산당의 실권을 잡은 마오쩌둥毛澤東이 주도하는 세력과도 싸우게 되었다.

국민당의 공산당 토벌 작전으로 공산당은 1934년 10월 본거지인 남동지방의 장시성江西省 루이진瑞金에서 남부의 구이저우貴州省, 윈난성雲南省 등에 있는 험한 산맥을 넘어 1935년 10월 서북부 싼시성陝西省 옌안延安까지 약 1만2천 킬로미터 즉 약 2만5천 리의 대장정長征을 하였다.

대장정으로 당초의 일행 8만6천 명 중 4천 명만이 싼시성陝西省의 위옌안延安에 도착하여[47] 그곳에서 농민층을 기반으로 세력을 확장하여 나갔으며 마오쩌둥毛澤東이 1935년 공산당의 실권을 잡고 농민중심의 혁명노선과 게릴라 전법을 통하여 국민당과 항쟁하여 그의 세력을 넓혀나갔다.

국민당 정부는 1937년 7월 발발한 중일전쟁으로 정부를 충칭重慶으로 옮기고 제2차 국공합작을 이룩하였다가 1945년 일본의 패망 후 다시 난징南京으로 돌아왔으나 국공합작은 다시 결렬되었다.

국민당은 1947년 1월 독자적인 신정부를 수립하였으나 공산당은 옌안延安에서 나와 만주를 기반으로 국민당 군을 밀어내고 대륙 북부와 중부지역으로 진격하기 시작하였으며 결국 국민당 군은 압도적인 수적 우세에도 불구하고 부패와 경제적 어려움으로 공산군에 패하게 되었으며 국민당정부는 대만으로 축출당하고 1949년 중국대륙에 공산주의 정권인 중화인민공화국이 수립되었다.

중화인민공화국 정부는 1971년 국제연합결의에 의하여 국제연합에서 타이완을 대신하여 중국인민을 대표하는 정부로 인정받고 국제

---

47) Harrison E. Salisbury, *The Long March, the untold story,* Harper & Row, Publishers, New York,: 1985 p.6 and p.296

사회에 새로운 세력으로 부상하였다. 중화인민공화국은 오늘날까지 통치체제로서 국회에 해당하는 전국인민대표대회, 행정부에 해당하는 국무원國務院, 정치자문기구인 전국 정치협상회의政治協商會議 등을 두고 있다. 그러나 이러한 국가기관은 중국공산당의 지휘와 통제를 받는데, 중국공산당 조직은 실질적인 최고 권력기구로서 중국공산당 총서기를 두고 총서기 관할하에 공산당 상무위원회常務委員會, 정치국政治局, 비서국秘書局이 있다.

중화인민공화국은 공산당을 중심으로 공산당 간부가 실질적인 권력을 행사하는 공산당 지배체제이다. 중국이 실질적으로 공산당 지배체제가 됨으로써 중국공산당 최고책임자인 공산당 총서기의 권한은 정치 환경과 자신의 정치역량에 따라서 행사하는 권력의 범위가 매우 다르다.

과거 마오쩌둥毛澤東이 공산당 총서기일 때는 절대 권력을 행사하여 자신의 정책에 반대하는 자들을 숙청하였다. 1953년과 1954년 사이 동북아지도자인 까오강高崗과 화동군정위원회華東軍政委員會 주석主席인 라오쑤쓰饒漱石가 중국경제정책을 비판하고 소련식 경제발전제도를 채택할 것을 주장하자 그들을 독립왕국獨立王國 건설을 획책하는 반당분자反黨分子라고 하여 자살하거나 형을 받게 하였다.

그는 1956년에는 동구東歐의 항가리에서 민주화운동이 일어난 것과 유사한 사태가 발생하지 않도록 하기 위하여 비판적인 지식인들의 의견발표를 "백화제방, 백가쟁명百花齊放, 百家爭鳴"이라고 규정하고 이들을 강제노역에 종사하게 하거나 자아비판을 하도록 하는 반우정책反右政策을 시행하였다.[48] 1958년부터는 농촌지역에 공장을 건설하여 공업 생산량을 획기적으로 증가시킨다는 대약진大躍進운동과 이

---

48) 徐中約, 中國近代史下册) 1911-1983, p.670-671

를 실시하기위한 인민공사人民公司를 설립하여 농촌지역 인구를 공업 생산에 동원하여 1958년에서 1962년까지 약 3천만 명의 아사자餓死者가 발생하는 결과를 야기하였다.[49)

1959년 당내에서 국방장관이었던 펑더화이彭德懷가 마오쩌둥의 실정을 비판하자 마오쩌둥은 펑더화이를 해임하고 민중을 동원하여 당내의 반발을 무마하고자 자신의 후계자로 부각된 리우싸오치劉少奇와 린뱌오林彪를 숙청하고 1966년부터 1976년까지 전국적으로 문화대혁명文化大革命운동을 전개하고 자신의 정적을 자본주의 추종자(주자파走資派)로 낙인을 찍어 숙청하는 등 과거의 황제와 유사한 권력을 행사하였다.

1976년 9월 마오쩌둥毛澤東이 사망한 후 중국 내의 권력 변동 과정은 중국의 정치체제가 객관적인 제도에 의하여 결정되는 것이 아니라 특정인물이 중심세력으로 부상하면 그를 중심으로 새로운 정치체제가 구성된다는 것을 보여 주고 있다.

마오쩌둥이 사망한 다음 달인 1976년 10월 문화혁명의 주동세력이었던 마오쩌둥의 처 장칭江青을 포함한 소위 4인방四人邦이 체포되고 마오쩌둥이 말년에 "화구어펑華國鋒이 책임을 맡으면 내가 안심할 수 있다"라는 문서를 근거로 화구어펑이 임시 총리를 맡았으나 마오쩌둥에 의하여 숙청을 당하였던 덩샤오핑鄧小平이 1977년 7월 제10기 중국공산당 중앙위 3차 회의에서. 중국공산당 중앙위 부주석, 국무원 부총리, 군사위 부주석, 인민해방군 참모총장 등의 직위를 회복하고 중국공산당의 실질적인 최고지도자가 되었다.

덩샤오핑鄧小平은 중국공산당 군사위원회 주석직을 유지하면서 마오쩌둥의 사후 중국공산당 주석 직에 있던 화구어펑을 물러나게 한

---

49) Tony Saich, *Governance and Politics of China* Palgrave, London, 2004., p.41

후 1981년 6월 후야오방胡耀邦으로 하여금 공산당 총서기를 담임하도록 영향력을 행사하였다.

그러나 1986년 12월 학생 데모 사태가 일어나자 동 데모 사태 진압에 미온적이었던 후야오방胡耀邦을 짜오쯔양趙紫陽으로 교체시켰고 1989년 4월 후야오방의 사망 후 6월, 그에 대한 추모회를 계기로 정치 자유를 요구하는 민중집회인 천안문사태가 발발하자 짜오쯔양趙紫陽이 동 사태 처리에 대한 책임을 지고 물러나게 하고 장쩌민江澤民으로 하여금 그의 뒤를 잇게 하였다.

2002년 장쩌민이 총서기의 임기를 마치게 되자 1992년 제14기 중국공산당 전당대회에서 덩샤오핑에 의하여 정치국 상임위원으로 발탁되었던50) 후진타오胡錦濤가 장쩌민에 이어 중국공산당 총서기가 되었다.

후진타오의 후임으로 2012년 개최된 제18차 중국공산당 대회에서 시진핑習近平이 공산당 총서기로 선정되었는데 그는 1997년 2월 덩샤오핑의 사후 처음으로 덩샤오핑의 영향력에 의하지 않고 자력으로 공산당 총서기가 된 사람이다. 그는 자신의 정치적 경쟁자이었던 보시라이薄熙來가 2011년 11월 부인의 형사사건에 연루되어 정치 생명을 박탈당하자 중국공산당 내의 권력을 자기에게 집중시키고 부정과 부패의 추방운동을 강도 높게 전개하여 보시라이 계파의 인사들을 정치무대에서 은퇴시키고 오늘날 중국공산당 조직을 배경으로 강력한 영향력을 행사하고 있다.

그는 중화인민공화국 수립 100주년이 되는 2049년 전에 중국을 부유하고 강한 국가로 만들어 중국의 위상을 아편전쟁 전의 상황으로

---

50) Ezra Vogel, *Deng Xiaoping and the Transformation of China* Harvard University Press, 2011) p.686

회복시켜 중국이 새로운 국제질서를 수립하는 데 중심적 역할을 한다는 '중국의 꿈中國的夢'의 실현을 중국이 지향하여야 할 목표로 제시하였다.[51]

중국대륙의 역사에서 친秦의 통일 이후 황제지배제도가 정착됨에 따라 통치 주체인 황제의 뜻을 받들어 국가 운영을 맡은 관리들이 황제의 통치 행위를 보좌하면서 세력층을 형성하였는데 이러한 관리의 선정 방식은 전국의 인재를 발굴하여 황제에게 충성하도록 하고 이들을 보수적 관료 집단화함으로써 지배체제를 안정시키는 목적이 있었으나 그 구체적 방법은 시대에 따라 변화하여 왔다.

친秦나라 때는 쓰황디始皇帝가 건국에 공로가 있는 자들을 중심으로 중앙에서 직접 관료를 임명하여 각 지방을 통치하도록 하였으며 15년 만에 친나라가 망함으로써 조직적인 관료선임방식이 정착되지 못하였다.

한漢나라 때에는 관리를 향거리선鄕擧里選이라 하여 지방의 호족들이 관리 임용 후보자를 천거하는 방식을 택하여 지방의 호족들의 세력 집단이 되었다.

그 후 웨이진 남북조魏晉南北朝 시대(220~589)에는 구품중정제九品中正制라 하여 지방의 군郡마다 그 군 출신 관리들 가운데서 중정中正이란 관리를 선정하여 군내 관리에 대한 재능·덕행을 조사시켜 이를 1품에서 9품으로 나누어(이를 향품鄕品이라 함) 정부는 이 향품鄕品에 대응하여 1품에서 9품까지 구분하여(이를 관품官品이라 칭함) 관리를 선발함으로써 이 시대에는 지방의 문벌귀족들이 세력층으로 부상하였다.

쑤이隋나라에서는 과거시험제도를 도입하여 관리를 선출하여 능

---

51) Willy Wo-Lap Lam, *Chinese Politics in the era of Xi Jinping, Renaissance, Reform or Retrogression?* Routledge, New York, 2015) p.105-110

력 위주의 인재를 발굴하여 귀족 정치가 무너지게 되었으며 수나라 때 시작된 중국의 과거제도는 1906년 청의 광쉬디光緖帝에 의하여 공식적으로 폐지될 때까지 존속하였는데 중국의 교육제도와 결부되어 과거 출신자들이 황제의 신복이 되어 보수 지배층을 형성하는 데 크게 기여하였다.

탕唐나라 때는 과거제도가 정착되어 수험자격이 학교 출신자인 생도와 지방의 예비시험 합격자들에 주어졌고 황제가 임시로 보는 제거制擧가 있었으며 시험내용으로 쑤이隋나라 때와 같이 수재秀才, 명경明經, 진사과進士科 등이 있었다. 탕나라 때는 이러한 과거제도의 정착으로 과거에 합격한 관료들이 사회의 중심세력이 되었으나 탕말에 지방에서 일어난 민란에 대응하기 위하여 설치한 절도사節度使와 번진藩鎭 세력 등 무사계층이 새로운 권력의 중심세력으로 부상하였다.

쑹宋나라 때는 과거를 볼 수 있는 계층을 확대하여 서민들에게도 과거의 문호를 개방하고 황제가 과거에 직접 참여함으로써 과거시험 합격자들로 하여금 황제에 대한 충성심을 더욱 고무시켰다. 과거는 지방에서 1차 시험을 치르고 여기에서 합격한 자는 예부禮部에서 시행하는 회시會試를 치른 후, 최종시험으로 황제가 직접 시험관이 되어 시험을 치르는 전시殿試에 합격하여야 관리로 등용되었다. 과거의 종류에는 진사과進士科, 명경과明經科와 기술과技術科가 있었다.

쑹宋 대의 과거시험의 변화 영향으로 가문의 영향에 기인한 귀족들이 세력을 잃고 개인의 능력으로 세력을 형성한 지식인들인 사대부士大夫 계층이 새로 생겨나게 되었다.

위엔元나라 때에는 몽고지상주의 정책을 채택하여 관료채용제도도 과거제도의 명맥을 유지하였으나 과거에 의한 인재등용이 제한되고 국가에 공적이 있는 사람을 채용하는 은인恩蔭, 고위관리직을 자식이 승계하는 세습世襲, 고위직의 추천에 의한 천거薦擧 등이 자주 활용되었다.

밍나라 때에는 과거에 합격한 사람 이외에 학교에 입학한 사람에게도 국가로부터 특별한 대우를 받아 국가에 대한 의무노동을 면제받고 소작인을 두고 농사를 지을 수 있게 되어 평민과 다른 신사紳士층이 형성되었다.

칭나라 때에는 칭나라를 건립한 만주족들이 다수족인 한족들의 문화를 적극적으로 수용하면서도 자신들의 종족적 정체성을 유지하려는 노력을 병행하여 만주족인 황족이나, 귀족, 만주군대의 요직을 맡은 자들에게 특별한 토지를 분배하고 별도의 사법司法 적용을 받게 하였다. 칭나라는 밍나라의 제도를 적극적으로 수용하여 관리채용에 과거제도를 채용하고 중앙과 지방의 고위관리에 만주족과 한족을 공동으로 임명하여 공동 행정을 하도록 하였다.

중화인민공화국은 공산당조직을 통하여 중요한 국정운영을 한다. 공산당 조직에 가입하려면 18세 이상으로서 기존의 공산당원의 추천을 받아 공산당 조직에 참가하여 공산당의 계획에 찬동하고 공산당 기관에 일하겠다는 의사를 표명하여 지원하여야하는데 1982년 이래 신분상의 제한은 없어졌다. 공산당원 지원이 있으면 지방 공산당 기관의 엄격한 심사를 거치고 상급 기관의 승인이 있을 경우 우선 1년 간 예비 당원이 된 후 공산당 학교에서 훈련을 받은 후 정식 당원이 될 수 있다.52) 정식 공산당원이 된 후 공공기관에서 근무하려면 전국적으로 상호 연계되어 있는 2800개의 공산당원 학교에서 훈련을 받은 후 승진을 하여야 한다.53)

---

52) Tony Saich, *op. cit.*, p.106

중국대륙에서 친秦의 통일 이후 역대 왕조가 황제지배체제의 철저한 중앙집권제도를 택하고 관리의 등용을 주로 과거제도에 의하였으며 사농공상士農工商의 순서대로 직업의 귀천을 가렸기 때문에 중국대륙에서 지식인들은 사士계급에 해당하는 관리가 되어 국가정책을 담당하는 기회를 가지지 못할 경우 홀로 학문을 연마하거나 문학, 서예 등 예술 활동을 하거나 지방에서 후진들의 교육에 종사하면서 일생을 보내는 경우가 대부분이었으므로 자신의 사상을 국가정책에 반영할 기회도 없었으며 국가정책을 공식적으로 비판할 기회도 갖지 못하였다.

오늘날 중국은 황제지배체제 대신에 공산당 지배체제로서 공산당원이 전통적인 사士계급의 역할을 하면서 전국적인 공산당 조직을 통하여 중앙집권의 전통을 유지하고 있다. 중국이 개혁개방을 단행한 이래 중국식 사회주의를 표방하면서 21세기 초 이래 실질적으로 국가주도형 자본주의를 실천하면서 전통적인 사농공상의 계급은 현실적으로 사상공농士商工農의 형태로 변질되었으며 오늘날 주요 국영기업체의 관리를 공산당 고위관리가 담당함으로써 사士계급이 상商계급을 겸하는 상황도 나타나고 있다.

중국대륙의 전통적 중앙 집권적 통치조직은 결과적으로 통치방식의 경직을 가져와 변화된 현실을 국가 정책에 신속하게 반영할 수 있는 정치 개혁을 이룩하지 못하게 하였으며 국민의 요구를 제때에 수용하여 이를 국민의 불만을 조기에 해결하는 정책을 수립하는 것을 매우 어렵게 하였다.

또한 광대한 통치영역을 중앙집권제도로 통치함으로써 중앙의 권

---

53) Richard McGregor, *The Party, The Secret World of China's Communist Rulers* Harper Collins, New York, 2010) p.15

력이 지방에 제대로 전달되지 못하고 지방에서 형성된 권력이 사병
私兵을 조직하여 중앙에 대립하거나 지방에서 대규모 민란이 발생할
경우 중앙정부가 조기에 적절히 대응하는 것이 매우 어려웠다.

중국대륙에서의 통치 방식은 일본의 통치방식과 비교하면 그 특수
성이 두드러지게 나타난다. 중국대륙의 역사에서는 일관되게 황제지
배하의 중앙집권적 통치방식을 유지함으로서 민심에 의한 통치체제
의 변화가 불가능하여 외부환경의 변화에 상응하는 정치개혁을 하지
못하였던 것에 비하여 일본은 역사상 오랜 기간 덴노天皇가 직접 통
치 권력을 행사하지 못하고 사실상 지방의 실력자들이 상호 투쟁을
통하여 승리한 자가 통치하여 왔기 때문에 19세기 말엽 외부환경의
변화에 따라 민심을 반영한 중앙집권적 통치방식으로의 개혁이 가능
하였다.

중국과 일본의 통치방식의 차이로 인하여 19세기 중엽 중국이 정
치개혁을 이룩하지 못한 상황에서 서구의 반 식민 상태로 전락한 데
비하여 아시아에서 중국문화의 영향하에 있던 일본이 정치개혁을 이
룩한 후 서구문물 적극적으로 수용하고 20세기 중엽에는 서구의 열
강과 같은 국력을 배양하여 중국대륙과 동남아 일대를 침략하게 되
는 변화를 가져오게 되었다.

일본의 통치제도는 표면적으로는 덴노天皇에 의한 지배이나 실질
적으로는 지방의 세력가들 간의 투쟁에 의하여 승리한 자가 중앙이
나 지방에서 통치에 관여하게 됨으로서 덴노天皇가 절대적 군력을 행
사하지 못하고 덴노와 지방세력 간에 통치의 주체가 되기 위한 투쟁
이 일어나게 되었다. 또한 중국의 통치제도가 문관들에 의한 덕치德
治를 표방하는 이상주의적 경향을 나타낸 데 비하여 일본의 통치원
리는 무사武士계급들의 힘에 의한 지배라는 현실주의적 경향을 나타

내었다.

중국대륙에는 황제지배하의 중앙집권제도를 유지하면서 과거제도와 환관宦官제도를 통하여 황제의 절대적 권위를 유지하는 것이 통치체제의 근간이었으나 일본은 기본적으로 지방의 실력자들에 의한 직접통치가 이루어졌기 때문에 환관제도나 전국적 규모의 과거제도가 존재하지 않았다.

일본의 통치방식을 역사적으로 좀 더 상세히 살펴본다면 일본은 4,5세기에 야마토(大和: 지금의 奈良縣)의 호족들이 덴노天皇를 중심으로 야마토정권을 출현시킴으로써 고대국가를 형성한 때로 거슬러 올라갈 수 있다.

야마토정권의 기본적 구조는 덴노天皇의 통치하에 지방에 우지氏라는 신분이 높은 일족의 우두머리인 우지노카미氏上가 세습적인 지위를 가지고 정치와 제사의 기능을 담당하는 제도이었다. 이러한 제도하에서 지방세력 간의 투쟁이 일어나 그 투쟁에서 승리한 자가 그 지방의 실질적인 권력을 행사하였다.

6세기 때부터 각 지방의 호족들 간에 세력 다툼이 벌어져 소가씨蘇我氏의 세력이 황실을 능가할 정도로 강력해졌다. 7세기 초 섭정攝政이 된 쇼토쿠태자聖德太子는 12계급의 관위官位제와 17조의 헌법을 제정하여 덴노의 지위를 높이고 국력을 강화하고자 하였으나 소가씨蘇我氏의 세력을 완전히 견제하는 데 성공하지 못하였다.

쇼토쿠태자聖德太子의 사후 646년 궁중세력이 정변을 일으켜 다이카 개신大化改新을 단행하고 덴노의 권위를 확립하고자 지금의 나라奈良에 새로운 도시인 헤이죠쿄平城京를 만들어 이를 수도로 함으로써 나라奈良시대(710-794)를 열었다. 그러나 8세기에 다시 후지와라씨藤原氏와 같은 강력한 세력이 덴노의 위협으로 부상하자 수도를 지금의 교토京都인 헤이안平安으로 옮겨 헤이안의 시대(794-1185)가 시작되었다.

헤이안平安시대에 후지와라씨藤原氏가 섭관攝關정치를 통하여 천황을 조종하게 되자 중앙에서 세력을 빼앗긴 호족들이 지방으로 내려가 무사단을 조직하여 중앙의 적대세력에 도전하기도 하였는데 이러한 세력 가운데 미나모토씨源氏나 다이라씨平氏 등이 유력하였다.

헤이안 시대 말기에 세력가이었던 후지와라씨가 내분을 맞이하고 소헤이僧兵의 난 등으로 중앙정부의 권력이 약화되자, 지방의 무사단이 중앙정계에 진출하게 되는 계기를 맞이하게 되었는데 결국 간토關東지방의 무사인 미나모토노 요리토모源賴朝가 다이라씨平氏를 타도하고 가마쿠라鎌倉에 바쿠후幕府를 열어 무인정권을 수립하였다.

이러한 무인정치는 무사의 실력자인 미나모토노 요리토모源賴朝가 천황으로부터 쇼군將軍직을 수여받아 통치의 정당성을 인정받고 쇼군과 가신인 고케닌御家人 간의 사적 주종관계를 맺은 후 은급恩給을 매개로 공권화 과정을 거쳐 일종의 봉건제도 형태를 취하는 것이다.

바쿠후는 교토京都 정부의 실권을 빼앗아 싸움에서 활약한 무사 계급 출신에게 슈고守護를 임명하여 지방에서 치안, 경비를 맡도록 하여 조정에서 파견된 고쿠시國司를 대신하도록 하고 슈고 아래에 직접 세금을 거두는 책임자로 지토地頭를 파견하여 조정 측의 군사郡司를 대신하게 함으로써 바쿠후는 전국적인 군사권과 치안권을 장악하게 되었다.

미나모토노 요리토모源賴朝의 사후 외척인 호죠씨北條氏가 권력을 잡고 바쿠후 권력을 더욱 강화하였는데 13세기 말 2차에 걸쳐 위엔元의 침입을 받게 되어 재정이 궁핍하게 되자 지방의 무사들이 봉기를 일으켜 1333년 바쿠후 정치가 일단 종료되고 고다이고後醍醐 천황의 친정이 이루어졌다.

그러나 고다이고後醍醐 천황이 자신의 권력을 무리하게 확장하려 하자 무사들이 조정에 반항하게 되어 실력자인 아시카가타카씨足利高氏가 권력을 잡고 무로마치 바쿠후(室町幕府: 1336-1573)시대를 열었다. 아시카가타카씨는 슈고守護의 권한을 강화하여 슈고가 가신과 영지를 소유하는 봉건 영주의 성격을 가지도록 허용함으로써 이들이 슈고다이묘守護大名의 지위를 가지고 그 지위가 세습화하였다.

슈고다이묘守護大名의 지위 향상과 함께 이들이 바쿠후나 다른 다이묘들과 대립관계를 형성하게 되어 일본은 1467년부터 1477년까지 계속된 오닌應仁의 난을 필두로 1615년 도쿠가와 바쿠후가 성립될 때까지 전국戰國시대가 계속되었으며 전국시대의 중심세력인 센고쿠다이묘戰國大名들이 독립적인 권력을 확장하면서 농민을 직접 지배하는 등 사회의 실력자 행세를 하였다.

센고쿠 다이묘의 대표적인 사람이 오다 노부나가織田信長이었는데, 그는 아시카가타카씨를 쇼군將軍직에서 축출하고 덴노에 접근하여 세력을 키우면서 일본의 통일을 추구하다가 암살되었는데, 그를 이어 통일 사업을 계속한 자가 도요토미 히데요시豊臣秀吉이었다.

도요토미 히데요시는 1592년 조선을 정벌하다가 죽은 후 도쿠가와 이에야스德川家康가 도요토미 히데요시의 세력을 누르고 도쿠가와 에도바쿠후(德川江戶幕府: 1516-1868)를 열었다. 도쿠가와 이에야스는 스스로 전국의 약 4분의 1에 해당하는 영지를 차지하고 교토, 오사카, 나가사키 등 전국의 경제·정치적 주요 도시와 광산·무역항 등을 직할령으로 삼았으며, 상인으로부터의 헌금과 어용금의 징수 등으로 막대한 부를 소유하였다.

에도 바쿠후의 군사력의 중심은 지키산直參으로 불리는 쇼군 직속의 가신이며, 그 가운데 쇼군을 알현할 수 있는 자를 하타모토旗本라 하고, 그 아래의 무사를 고케닌이라 불렀다. 막부의 하타모토의 병력은 6~7만에 가까운 것이었는데 10만 석의 영지를 가진 다이묘의 병력이 약 2,000명이라는 점에서 볼 때, 40여 명의 다이묘가 연합하지 않으면 쇼군에게 대항할 수 없는 구조로 되어 있었다.

바쿠후의 조직은 쇼군 아래 중요한 정무를 보좌하는 4명의 로주老中를 두고 그 아래 실무를 담당하는 부교奉行를 두었다. 그리고 그 아래에는 다이묘와 하타모토 등에 대한 감찰기관이 있었다. 또한 비상시에는 막부의 최고직책으로서 로주 위에 다이로大老를 두는 경우도 있었다.

한편 번藩의 행정구조는 1만 석 이상의 영지를 가지는 다이묘가 번주藩主로서 토지와 인민에 대한 관할권을 가지며 가로家老는 번의 최고위 가신으로서 번주에 대한 자문을 하였다. 그 아래의 가신家臣은 상비군을 지휘하고 치안과 문관의 행정을 담당하였다. 아시가루足輕는 하급무사로서 잡역에 동원되기도 하였다.

다이묘들은 쇼군의 권위 하에 종속되어 쇼군은 다이묘에게 경제적 의무, 군역軍役, 전봉轉封, 봉지몰수封地沒收, 참근교대(參勤交代: 다이묘의 처와 자식을 에도에 두고 자신이 영지와 에도에서 매년 교대로 근무하는 제도) 등으로 다이묘를 엄격히 통제하였으나 다이묘는 자신이 지배하는 지역에서는 쇼군이 가지는 권한과 똑같은 절대적인 군주로 군림할 수 있었다.

일본이 무사계급에 의한 지방분권주의의 실시로 정치권력은 지방주민들을 직접 통치하게 되어 주변 환경의 변화에 따른 주민들의 개혁의 욕구를 직접적으로 의식하지 않을 수 없어서 정치개혁이 중국보다 용이하게 진행될 수 있었다.

이와 같이 일본은 이미 7세기 중엽 다이카개신大化改新이라는 정치개혁을 통하여 왕권의 강화가 이루어졌으며 특히 도쿠가와 바쿠후시대에는 새로운 쇼군이 권력을 잡게 되면 자신의 직속으로 정무를 총괄하고 다이묘를 감독하는 직책인 로쮸老中로 하여금 개혁을 통하여 국정의 쇄신을 단행하도록 하는 위임을 부여하는 시도가 자주 있었다.

요시무네吉宗는 8대 쇼군이 되자 재정난을 해소하기 위하여 검약령을 내리고 상공인들의 동업조합을 인정, 세법개정 등을 단행한 교호개혁(亨保改革:1716-1736)을 하였다. 마쓰다이라 사다노부松平定信가 로쮸老中가 되었을 때에는 재정난과 도덕적 위기상황을 타개하기 위해 간세이 개혁(寬政改革:1787-1793)을 실시하였다.

미즈노 다다쿠니水野忠邦가 로쮸老中가 되었을 때는 긴축정책을 단행하고 주자학을 국학으로 하고 서양문물의 수용을 제한하며 출판물을 검열하는 덴보개혁(天保改革; 1841-1844)을 단행하였다. 또한 1866년 쇼군 이에모치家茂가 사망하고 1867년 덴노 고메이孝明가 사망하여 국내 정세가 동요되어 사쓰마薩摩와 죠슈長州 번藩에서 반란이 일어나자 이러한 국내 소요를 진정시키기 위하여 새로이 쇼군이 된 요시노부慶喜가 서양문물의 수용과 외국과의 통상확대 등을 추진하여 게이오개혁(慶應改革: 1866-1867)을 하였다.54)

19세기 중엽 중국대륙에서 일어난 아편 전쟁의 결과는 일본사람에게도 충격으로 받아 들여졌으며 일본에 대하여도 서구세력이 밀려들어오자 이에 대처하는 방안을 모색하는 과정에서 내부 갈등을 겪은 후 근본적인 정치개혁을 하고 전면적인 근대화를 추진하였다.

1853년 태평양세력으로 부상한 미국이 태평양함대 사령관 페리

---

54) Mikoso Hane, *Modern Japan, A Historical Survey,* Westview Press, Boulder, Sanfrancisco, Oxford, second edition, 1992) pp.42-48

(M.C Perry) 제독을 일본에 보내어 문호를 개방할 것을 요구하여 일본은 1854년 미국과 화친조약을 체결하여 시모다下田 · 하코다테函館의 두 항구를 개항하고 미국에게 개항지에서의 치외법권과 최혜국대우를 부여하였으며 1858년에는 미국과 수호통상조약을 체결하였다.

이러한 상황을 맞이하자 일본의 봉건세력들이 도쿠가와 바쿠후가 개혁을 통하여 일본의 근대화를 시도하려는 노력으로 일본의 근본적인 개혁이 불가능하다고 판단하고 일본정치의 근본 개혁을 주창하게 되었다. 이리하여 사쓰마薩摩, 죠슈長州와 같은 번藩의 봉건세력들이 앞장서서 바쿠후에 반대하는 운동을 전개하고 덴노의 직접적인 지배와 서양세력을 추방할 것을 요구함으로써 1868년 명치유신明治維新이 단행되어 바쿠후가 타도되고 덴노에게 절대권을 부여하는 중앙집권제도로 바뀌었다. 그러나 일본의 덴노의 절대권은 중국황제의 절대권력과 달리 봉건세력에 의하여 부여받은 것이었으므로 이들 봉건세력들의 요구를 수용할 수밖에 없는 제약을 받고 있었다.

일본은 명치유신明治維新을 통하여 서구의 제도를 수용하는 적극적인 근대화를 추진하여 1889년에는 입헌군주제의 헌법이 제정되고 1890년에는 총선거가 실시되어 3백 명의 의원을 선출하는 정치개혁과 함께 급속한 산업근대화를 이룩하여 19세기 말에는 이미 아시아에서는 유일하게 서구열강과 함께 제국주의 대열에 참여하게 되었다.

위와 같이 일본의 역사에서는 지방의 실력자 간의 상호 무력투쟁을 통하여 전국적인 통치행위가 이루어진 것과 달리 중국은 친나라 쓰황디始皇帝에 의한 통일 이후 황제에 의한 실질적인 지배가 이루어졌다. 그러나 중국의 황제지배제도하에서 황제의 통치력이 미치는 지리적 범위는 황제의 통치 의사와 능력이 미치는 범위에 따라서 항상 변하여 왔으며 친나라의 쓰황디 이후 황제의 권력이 변경지방까지 전달되지 않고 지방행정기관이 중앙정부의 지원 없이 자체능력에 따라 행정력을 행사하다가 스스로의 능력이 소진되면 그 행정기관이 소멸되는 경우가 있었다.

친秦나라는 6국을 통일한 후, 저우周시대의 봉건제도를 타파하고 북방의 숭누족을 물리치는 한편 남쪽으로는 위에구어越國을 제압하여 이후 중국대륙 왕조의 기본영역을 확보하였다. 친秦은 법가사상에 의하여 통치하면서 전국의 도량형제도와 화폐를 통일하여 전국의 경제체제를 단일화하고 문자를 통일하고 도로망을 정비하였으며 수레의 규격마저 통일하여 중국 역대 어느 왕조보다 중앙의 통치 권력이 지방에까지 미치도록 하는 데 성공하였다.

한漢, 탕唐, 몽골은 한 때 변방을 정복한 이후 대제국을 이룩하였으나 변방까지 제국의 통치력이 지속적으로 미친 것은 아니었다. 그 예로서 중국대륙 역대 왕조의 한반도에 대한 통치력에서도 나타난다. 한漢나라의 우디武帝는 조선을 침략하여(BC 109) 위만조선衛滿朝鮮을 멸망(BC 108)시킨 후, 그 옛 땅을 중심으로 낙랑군樂浪郡 · 진번군眞番郡 · 임둔군臨屯郡을 설치하고, 이듬해에 현도군玄菟郡을 설치하였는데, 이 중의 낙랑군樂浪郡은 허우한後漢이 멸망(AD 220)한 이후에도 고구려에 의하여 완전히 한반도에서 쫓겨나기까지(313) 한漢왕조와는 별도로 독립적으로 존속하였다.[55]

탕唐나라는 신라의 3국 통일을 지원하기 위하여 한반도에 군대를 파견하여 신라와 함께 통일을 이룩하자 신라新羅에 계림대도독부鷄林大都督部, 옛 백제 땅에 웅진도독부熊津都督部를, 옛 고구려 땅에 9개의 도독부都督部와 평양에 안동도호부安東都護部를 설치하고 신라가 통일

---

55) 邊太燮, 韓國史通論 三訂版), 三英社, 1994), pp.66-69

한 지역을 탕의 지배영역으로 하려고 하였으나(AD 663-667) 신라의 세력에 밀려 한반도 안의 당군唐軍 세력이 격퇴되고 안동도호부를 요동성으로 후퇴시켰다(AD 676).[56]

몽골은 1231년 이후 수차례에 걸쳐 고려를 침입하고 1258년에는 화주(和州; 지금의 永興)에 쌍성총관부雙城總管府, 1270년에는 서경에 동녕부東寧府, 제주도에 탐라총관부耽羅總管府를, 1280년에는 일본정벌을 구실로 고려에 정동행성征東行省을 설치하고 고려를 지배하려고 하였으나 고려는 1356년까지 위엔元의 관서를 탈환하였다.[57]

역사적으로 중국대륙의 각 왕조가 광활한 대륙을 황제지배제도로 통치한 결과 황제의 통치력이 지방에까지 미치지 못함으로써 지방에서 중앙정부에 맞서 독립을 하려는 움직임이 나타나고 중앙정부는 이러한 움직임을 무력으로 제압하기 어려울 경우에는 이를 용인하였으나 무력 제압이 가능하다고 판단할 경우 강력하게 탄압하여 독립을 저지하였다.

몽골제국이 건설한 4개의 칸국汗國은 위엔元의 세조世祖 이후 중앙정부의 간섭을 배제하고 독립국가로 발전하였다.

칭淸나라의 치엔룽디乾隆帝가 정복한 티베트는 달라이 라마의 영도하에 독립적인 통치를 하고 있었으며 칭淸의 멸망 후 공식적으로 독립을 선포하였다가 1950년 10월 중화인민공화국의 인민해방군이 재점령하여 오늘날까지 중화인민공화국의 통치를 받고 있다.

칭淸의 치엔룽디乾隆帝가 정복하여 1884년 칭의 신장성新疆省으로 편입되었던 서북지방의 신장新疆에서는 1933년 반란을 일으키고 동투르크스탄 공화국(the East Turkestan Republic)을 선포하였으나 당시 중

---

56) *Ibid.*, pp.127-129
57) *Ibid.*, pp.247-249

국 군벌이었던 썽쓰차이盛世才에 의하여 곧 진압되었으며 1944년에 반란세력들이 소련의 지원을 받아 다시 동 투르크스탄을 재 선포하고 독립하였으나 1949년 중화인민공화국의 군대에 의하여 붕괴되었고 1955년에는 신장성 자치지구가 되었다.

중국대륙 역사상 한족漢族이 통치한 왕조 중 통치영역이 가장 확대된 것은 오늘날 중화인민공화국이며 가장 축소되었던 것은 쏭宋나라 때이다.

중화인민공화국의 통치 영역의 대부분은 칭나라 때 획득한 영역을 물려받은 것이나 1949년 신장지역을 재병합하고 1950년 칭나라 멸망 후 독립을 선포하였던 티베트 지역을 무력으로 병합하였으며 칭나라 말기 서구열강에게 통치권을 상실하였던 지역인 홍콩, 마카오를 1997년과 1999년에 각각 반환받아 오늘날의 통치영역으로 확대하였다.

오늘날 중화인민공화국은 전국을 23개 성省58), 4개의 직할시(北京, 天津, 上海, 重慶), 5개의 자치구(內蒙古 蒙古族, 廣西壯族, 寧夏 回族, 新疆省위구르족, 西藏티베트족)와 하부조직으로 시市, 현縣, 향鄕, 진鎭을 두고 있으며 각 성마다 중국공산당 지방위원회를 두고 지방위원회 서기가 성장보다 더 큰 영향력을 가지게 하여 전체 통치지역을 공산당 조직을 통하여 관장하여 중앙정부의 권력이 효율적으로 지방에 전달되도록 하는 체제를 유지하고 이민족이 다수 거주하는 지역에서의 독립 움직임을 초기에 강력히 차단하는 정책을 최우선 과제로 삼고 있다.

---

58) 23개의 성省에는 타이완(台灣)성도 포함하나 현실적으로 타이완에는 중국의 통치력이 미치지 않고 있다.

제5장 중국 사람들의 종교와 사상

앞에서 언급한 바와 같이 국가의 힘은 국민의 의지를 동일한 방향으로 결집할 수 있는 역량(consolidating power)를 포함하고 있다고 볼 때 오늘날 중국이 앞으로 어떻게 발전할 것인가는 중국 사람들 의지의 결집역량을 살펴보는 것이 중요하다.

중국 사람들의 의지를 동일한 방향으로 결집하려면 중국 사람들의 의식구조를 형성하는 사상과 신념을 파악하여 그러한 사상과 신념을 기반으로 하는 것이 효율적일 것이므로 중국대륙에서 역사적으로 어떠한 사상과 신념이 형성되어 왔는가를 알 필요가 있다. 또한 오늘날 중국이 앞으로 서구사회에서 발전한 사상과 신념을 극복하고 중국의 독자적 가치관을 내세우며 서구국가와 경쟁하려면 중국대륙에서 발전된 사상과 신념이 유럽대륙에서 형성 발전되어온 사상, 신념과 어떠한 차이가 있는가를 파악하여야 한다.

중국대륙 사람들의 사상은 중국대륙에서 발생하여 중국대륙 사람들의 의식구조를 형성한 전통사상과 중국대륙 외부에서 전래되어 중국대륙 사람들의 의식구조에 변화를 준 외부사상으로 구별할 수 있다.

중국대륙에서 문화를 주도적으로 창조 발전시켜온 한족漢族들은 오늘날까지 문화의 동질성을 유지하여 왔기 때문에 그들이 가진 전통사상은 시대의 조류에 따라 변화되어 왔으나 사라지지 않고 후손들에게 승계되어 옴으로써 중국대륙의 사람들은 외부로부터 새로운 사상을 받아들일 때에도 그들의 전통적 사상과 연계한 사상으로 변형하여 수용하는 경향을 나타내었다.

이민족異民族이 중국대륙을 지배하던 때에 한漢족 출신의 지식인들이 지배계층으로부터 소외를 당하기도 하였으나 이민족은 한漢족에 비하여 수적으로 매우 열세이며 그들 고유의 문화가 중국전통문화에 비하여 수준이 낮아 결국 중국문화를 수용하고 중국문화에 동조되는 경향을 나타내었다.

몽골족이 중국을 지배한 위엔元제국 때 원의 지배계급은 엄격한 민족차별정책을 써서 몽골족을 특권층으로 하고 중앙 아시아인들을 제2계급으로 하고 진金의 지배를 받던 한인漢人들을 제3계급으로 하며 몽골에 대항하였던 남송인南宋人을 제4계급으로 하여 남송인들을 천대하였으며 과거제도, 행정제도에서 중국식을 답습하면서 유학자들을 탄압하기도 하였으나 위엔의 세조世祖가 된 쿠빌라이忽必烈는 유교를 통치철학으로 삼았다.

만주족이 중국대륙을 지배한 칭나라 때에는 지배계층이 만주문화의 우수성을 부각시키고 칭나라 성립의 정당성을 주장하기도 하였으나 칭淸은 기본적으로 밍明의 정치제도와 사회구조를 받아들이고 유교를 통치철학으로 삼고 과거제도를 실시하였으며 고위 관리채용에 있어서 한漢족과 만주족 출신간의 형평을 유지하였다.

역사적으로 동질성을 가지는 집단생활을 하는 사람들의 사상과 신념의 형성에 가장 큰 영향을 미쳐 온 것은 종교이다. 종교는 특정의 선각자가 나타나 자기의 이론을 널리 전파하여 추종자를 만들고 그 추종자들이 선각자의 뜻을 정리하여 문서화하고 이 문서를 중심으로 그 사상을 신봉하는 무리들이 형성되고 이 무리들이 동일한 사상과 주장을 수용하면서 결속할 때 발생한다.

국민의 사상과 신념은 종교 이외에도 새로운 주장이나 학설에 의하여 종래의 사상과 신념에 변화를 가져오고 국민의 의식구조에 변화를 야기함으로써 국민의 통일된 행동으로 발전할 수 있다. 18세기 말 프랑스 혁명에서 시작된 유럽의 시민혁명은 시민들이 유럽의 계몽주의 철학자들이 주장한 "왕의 통치 권력은 신이 부여한 것이 아니라 국민의 일반의지로 위임한 것"이라고 주장한 사상이 절대적 영향을 미쳤다는 것은 이를 말한다.

중국대륙의 사람들의 의식구조를 형성한 사상과 신념의 뿌리를 역사적으로 개관할 때 고대사상古代思想, 근대사상近代思想, 현대사상現代思想으로 나누어 볼 수 있다.59) 이와 같은 시대적 구분을 하는 기준은 중국 사람들의 사상과 그들의 세계적 위상과의 관계에 있다.

중국의 고대사상은 중국이 세계에서 가장 강하고 부유한 국가로 존립할 수 있었을 시기의 전통사상이고 근대사상은 19세기 말 중국이 서구열강의 침입을 받아 그들의 전통적인 사상에 대한 비판의식이 생겨 그들의 사상체계를 수정하여야 한다고 주장하는 자들과 중국의 전통사상을 고수하여야 한다고 주장하는 자들과의 갈등을 야기한 때이며 현대사상은 20세기 초 중국의 지식인들이 그들의 전통사상에 대한 회의를 표시하고 전통사상에 대체할 새로운 사상을 찾으려고 하였던 시기와 오늘날 중국의 세계적 위상이 높아지자 다시 중국의 전통사상에서 중국 사람들의 정신적인 정체성을 찾아야 한다고 주장하는 자들이 존재하는 시기이다.

---

59) 李澤厚, *李澤厚 論著集 中國古代思想史論, 中國近代思想史論, 中國現古代思想史論,*三民書局, 臺北, 臺灣, 1996)

중국의 고대사상은 한족漢族들이 황허黃河 유역에서 문화를 시작할 때 생긴 주역周易사상으로부터 저우周나라 때부터 형성된 중화사상中華思想, 천명天命사상, 춘추 전국시대의 공쯔孔子, 라오쯔老子, 무쯔墨子, 멍쯔孟子, 헤이쯔惠子, 주앙쯔莊子, 쉰쯔荀子, 한페이쯔韓非子 등 여러 사상가에 의하여 발생된 유가儒家사상, 명가名家사상60), 도가道家사상, 묵가墨家사상, 법가法家사상 등이 있다.

또한 외부로부터 유입된 종교로서 서력기원 전후 서역(西域: 지금의 티베트)으로부터 전래되어 허우한後漢 말에 불경이 한문으로 번역되면서 중국에서 토대를 잡기 시작한 불교佛敎사상 등이 있다.

또한 중국대륙의 역사상 지식계층에 의하여 이론적으로 정리된 종교와 사상 외에도 학문의 수준이 높지 못한 일반 서민들은 각종의 기복祈福적 토속신앙과 사교邪敎를 추종하여 이들이 중국대륙 사람들의 의식구조의 일부를 형성하고 중국대륙의 정치질서를 변화시키는 데 중요한 역할을 하였다.

중국대륙에서 생활하여 온 사람들은 오랫동안 농경생활을 하면서 하늘과 땅과 인간에 대한 상호 관계를 중요시하였는데 이러한 자연의 변화에 대한 원리를 기술한 주역周易에서 그들의 전통적인 사고의 틀을 형성하는 데 가장 큰 영향을 받았다.

주역周易은 중국에서 기원전 약 3천 년 경부터 우주변화의 원리를 이용하여 점을 치던 관행을 기초로 저우周나라 때 이러한 변화의 원리를 이론화한 것이다. 주역周易의 주된 내용은 우주 내의 모든 사물은 상호 영향을 미치는 관계를 형성하고 이러한 관계에 의하여 새로

---

60) 명가사상名家思想은 춘추전국시대의 논리를 중요시하는 학파로서 사물의 명칭과 실체의 불일치를 지적하고 이를 교정함으로써 사회윤리를 확립하여야 한다는 것이 중심사상임.

운 상황이 발생하는 변화가 일어나며 이러한 변화는 변하지 않는 기본원리에 의하여 이루어진다는 것이다.

주역은 이러한 변화를 일으키는 상호관계를 이루는 기초가 되는 요소를 음陰과 양陽의 법칙에 따른 효爻로 나타내고 효爻의 결합 형태를 괘卦로 설명하면서 효爻의 상호관계가 조합되는 정도에 따라 8괘, 64괘와 같은 변화의 원리를 해석하는 것이다.

주역의 내용은 매우 함축적이고 복잡하여 이를 연구한 자들의 해석이 필요하여 주역에 대한 해석이 다양하게 이루어져 왔으며 후에 공쯔孔子에 의하여 창시된 중국 유학儒學에 주역의 이론이 크게 반영되었다.

주역의 내용은 역경易經이라고도 하여 가장 중요한 경전經典으로 취급되어 한漢 대에는 오경박사五經博士를 두어 관리의 채용에 역경의 지식을 요구하였으며 쑤이隋나라 이후 중국 정권이 과거제도를 도입하여 관리가 되기 위한 자격으로 주역에 대한 소양이 필요하도록 하였으므로 주역에 대한 이해는 중국의 지식인들의 필수과정이 되어 왔다.

주역의 내용은 공쯔 이후 상경上經, 하경下經 이외에 십익十翼을 포함하게 되었으며 십익十翼은 공자 자신이 정리한 이론이라고 전해 내려오나 중심 내용은 상경上經, 하경下經으로 나누어 진 경經에 있으며 십익十翼은 그 해설서인 전傳이다.

주역의 기본원리는 음陰과 양陽이라는 두 가지 요인으로 세상의 변화를 설명하는 것이다. 주역은 연결된 선으로 표시하는 양효陽爻와 끊어진 선으로 표시하는 음효陰爻의 부호로서 우주의 변화의 원리를 설명하려고 하는 것이다.[61]

---

61) 주역이 음효와 양효라는 두 가지 요인의 결합에 의하여 세상의 이치를 밝히고자 시도

음陰과 양陽으로 나누어진 효爻 3개를 순열(順列: permutation)방식으로 결합하여 구성된 8개의 괘는 각각 건괘(乾卦: 세 개의 효가 모두 양효이며 하늘, 아버지를 의미함), 곤괘(坤卦: 세 개의 음효로 구성되며 땅, 어머니를 의미함), 진괘(震卦: 제일 밑이 양효이고 위의 두 개는 음효인데 천둥을 의미함), 손괘(巽卦: 제일 밑이 음효이고 위의 두 개는 양효인데 나무, 바람을 의미함), 감괘(坎卦: 중간이 양효이고 아래 위는 음효인데 물, 달을 나타냄), 리괘(離卦: 중간이 음효이고 아래, 위는 양효로 구성되는데 불, 태양을 의미함) 간괘(艮卦: 제일 위가 양효이고 아래 두 개는 음효인데 산을 의미함), 태괘(兌卦: 제일 위가 음효이고 아래 두 개는 양효인데 못, 늪지를 나타냄)이다.

주역은 6개의 효爻를 사용하여 순열방식으로 결합되는 64괘卦로 세상만사의 변화를 파악하려고 하였기 때문에 하나의 괘卦가 상징하는 의미가 매우 다양하다. 예를 들면 양효陽爻 3개로 구성된 8괘의 하나인 건乾 괘는 위에서 언급한 하늘, 아버지를 의미하는 이외에도 낮, 창조, 에너지, 강함, 빛, 겨울, 개방, 견고함, 머리, 심장 등을 상징한다[62].

주역 각 괘의 의미에 관하여 과학적 근거를 제시하지 않고 주관적으로 해석하여 다양한 의미를 부여하여 설명하기 때문에 그 해석 결과가 합리성을 갖는다는 보장이 없음에도 불구하고 중국대륙에서 오랫동안 많은 사람들이 주역의 내용을 직관과 사변의 작용에 의하여 우주의 원리를 풀이한 것으로 이해하여 왔다.

중국대륙에서 생활하여 온 사람들의 사상의 기초가 된 주역의 기본원리는 자연의 변화가 그 자체의 질서를 가지고 있다고 보고 인간

한 것은 결국 2진법의 원리로서 오늘날 컴퓨터가 반도체를 사용하여 전류가 통하거나 끊어지는 원리를 이용하여 2진법으로서 복잡한 정보를 해석한다는 점에서 기본 원리가 유사하다.

62) R. L. Wing, The I Ching Workbook, Doubleday, (New York, 1979) p.24

이 이러한 자연의 질서와 어떻게 조화를 이룰 수 있는가를 생각하는 데 있다. 따라서 주역에 기초하는 중국대륙 사람들의 사고방식은 자연의 이치를 인식하는 것을 추구하는 데 비하여 그리스나 로마의 신화나 성경을 믿은 유럽대륙 사람들의 사고방식은 우주와 인간을 창조하고 인간과 유사한 감정을 가지는 신을 믿으면서 신의 의지를 파악하고 이에 따르는 것을 추구하는 데 근본적인 차이가 있다.

중국대륙의 사람들은 그들의 사상이 형성될 단계에서부터 자연의 원리를 파악하려고 하고 그들이 파악한 자연의 원리를 믿었기 때문에 그들의 사상은 종교와 철학과 과학이 혼합된 것이었으나 서구사회에서는 우주를 지배하는 신을 믿었기 때문에 신앙으로서의 종교가 발달하여 종교를 관장하는 자가 세속적인 권력의 주체가 되는 중세기 일천 년의 역사를 이룩하였으며 중세 이후 종교 교리를 설명하는 신학과 철학과 과학이 분리되는 결과를 가져왔다.

중국대륙의 전통사상이 유럽대륙의 종교와 근본적으로 다른 점은 유럽 종교가 신의 절대적 권위를 당연한 것으로 인정하고 인간의 운명이 신에 의하여 결정된다는 단순논리의 "믿음"에서 출발하여 복잡한 이론이 필요 없는데 비하여 중국대륙의 사상은 높은 지식수준을 가진 자가 이론을 구성한 것이기 때문에 지식인이 아니라면 그러한 이론을 충분히 이해하기 어려울 만큼 복잡하고 심오하다.

이와 같은 차이점에 기인하여 유럽대륙에서는 신의 이름으로 대중들의 의지를 한 방향으로 결집하는 것이 용이한 데 비하여 중국대륙에서는 사상으로 민중들의 의지를 동일한 방향으로 결집하기 어렵고 오로지 높은 지식수준을 가진 자들만이 사상을 이해하고 발전시킬 수 있는 한계를 가지고 있어서 사상이 민중의 의지를 같은 방향으로 통일시켜 국가의 통합된 힘으로 유도하기 어려웠다. 이러한 차이로 인하여 중국대륙의 역사는 유럽 역사에 비하여 종교가 왕조를 변경시키는 직접적인 원인이 된 적이 없었으며 또한 사상의 변화가 일반 민중에게까지 파급되어 민중 전체의 의사를 결집시키는 것이 매우 어려웠다.

이러한 이유로 중국대륙의 역사에서는 서구에서의 시민혁명과 같이 민중들의 사상의 변화로 인한 아래로부터의 변화가 나라 전체의 변화로 발전되는 경우는 거의 없고(1911년의 신해혁명이 있었으나 신해혁명 후 바로 반동세력에 의하여 혁명세력이 무력화되는 미완성의 혁명이었다) 통치권력 내부의 투쟁이나 통치행위에 대한 민중의 불만이 누적되어 통치자에 대한 민중들의 반란으로 역사의 변화가 이루어지는 경우가 대부분이었다.

한漢족 지식인들은 일찍이 한漢족이 사는 곳과 그들 주변을 세계 전체로 보고 이를 천하天下로 생각하였다. 한漢족들은 천하에서 자기들만이 문화인이고 주변의 한漢족 이외의 다른 민족들은 야만인으로 간주하였으며 중국문화가 가장 우수한 문화라고 생각하여 저우周나라 때부터 이민족에 대한 중국문화의 우월성을 믿는 중화사상中華思想을 가졌다.

이들은 우주 자연에 근본 이치가 있으며 우주 내의 모든 변화는 우주 내의 중요한 요소들이 근본 이치에 따라 상호 작용에 의하여 일어난다고 믿었다. 이러한 원리는 인간관계에서도 그대로 적용된다고 믿고 사람은 이러한 근본 이치에 따라야 참다운 삶을 살 수 있으며 근본 이치에 따르지 않으면 멸망한다고 믿었다.

중국대륙의 역사 발전에 가장 큰 영향력을 준 고대사상은 유가사상, 도가사상, 불가사상이다.

유가사상은 기원전 6세기 중엽 태어난 공쯔孔子와 그의 제자들에 의하여 창시되었는데, 집단생활의 위계질서를 중시한 중국인들의 가치관에 가장 적합한 사상으로 받아들여졌다. 유가사상의 창시자인 공쯔의 가르침을 그와 동시대의 그리스의 사상가이었던 소크라테스의 가르침과 비교한다면 두 사상가들이 모두 제자들에게 자신의 사상을 전했다는 점은 같으나 공쯔의 가르침은 자신의 견해를 제자들에게 설파하는 방식을 취하였으며 가르침의 주된 내용은 인仁과 효孝 등 가정윤리를 기초로 사회규범을 도출하려고 한 데 비하여, 소크라테스는 자신이 제자들에게 질문을 하여 제자들 스스로 깨닫게 하는 방법을 택하고 가르침의 주요내용은 정의, 경건, 우정 등 개인의 도덕률을 기초로 사회규범을 도출하려고 하였다는 점에 차이가 있다.

소크라테스는 아테네의 정치가들에 의하여 신성모독과 청년들을 현혹한다는 죄목으로 사형판결을 받은 후 법의 존엄성을 인정하고 독배를 마시고 죽음을 맞이하는 법치주의의 신봉자이었으나 공자는 덕치德治주의를 강조하고 자신의 뜻을 실제정치에 적용하려고 노력하였으나 실현하지 못하였다. 공쯔의 제자들은 그의 언행을 모아 논어論語라는 책을 저술하여 공쯔孔子의 사상을 후대에 전하였으나 소크라테스의 제자이었던 플라톤은 소크라테스의 일대기와 소크라테스가 재판을 받는 과정에 대한 저술을 하였을 뿐이어서 소크라테스의 사상 전반에 대한 기록이 없다.

공쯔의 사상은 후대의 유가사상가들에 의하여 발전하여 멍쯔孟子 (BC.372-289), 쉰쯔(荀子, BC 298-238)의 인간 심성心性에 대한 성선설性善說과 성악설性惡說의 대립을 가져오기도 하였고 불교이론과 도교이론이 가미되어 인간의 원리와 우주의 원리를 결합한 성리학性理學을 탄생시키기도 하였으나 성리학이 매우 권위적으로 발전하여 이 이론이 유학의 정통이론으로 인정되고 다른 이론은 이단으로 취급되어 배척

당하는 경향을 가져와 학문이 이론의 대립과 극복을 통한 보다 고차
원적인 경지로 승화하지 못하는 경향을 나타내었다.

이에 비하여 소크라테스의 제자들인 플라톤과 아리스토텔레스는
각각 이상론과 현실론으로 나누어져 각자 독자적인 이론 체계를 가
지고 후대철학, 특히 중세 스콜라철학에 큰 영향을 미쳤다.

유가사상은 한漢나라에서 국교로 채택된 이래 역대 왕조는 대부분
관리를 등용하는 기준으로서 유가사상에 대한 이해를 요구하여 왔기
때문에 이 유가사상은 중국 역대 통치철학의 중심이 되어왔으며 중
국인들 생활규범의 중심이 되어왔다.

유가사상의 내용은 중국대륙의 역사발전과 더불어 변화되어 왔다.

이 사상의 창시자인 공쯔孔子는 기원전 552년 저우周의 여러 속국
중 한 나라이며 고대문화가 비교적 잘 보존되어 있는 싼둥山東 지방
의 루魯나라에서 태어나 문인門人들과 함께 고전을 연구하였으며 자
신의 통치철학을 실행에 옮길 수 있는 방도를 구하려 14년간 여러 나
라를 주유周遊하다가 뜻을 펴지 못하고 만년에 다시 루魯나라로 돌아
와 제자들과 함께 학문을 연구하였다.

유가사상이 담겨있는 중요한 원전元典의 하나인 논어論語는 이러한
경력을 지닌 콩쯔의 사상, 언행과 콩쯔와 제자들과의 대화를 기록한
것이다.

친秦의 황제는 유학자들을 억압하고 유교 관련 서적을 불태워버렸
기 때문에 한漢나라의 유교 내용은 고전을 찾는 훈고학訓詁學이 발달
되었으며 그 내용은 고전인 주역에 관한 역경易經, 역사에 관한 서경
書經, 시문에 관한 시경詩經, 저우周의 제도에 관한 예기禮記, 루魯의 역
사에 관한 춘추春秋 등으로 구성된 5경五經이 중심이 되었다.

한漢나라 때의 유가사상은 한漢의 우디(武帝: 기원전 141-187)가 동중

쉬董仲舒라는 유학자를 중용하여 유가사상을 가족윤리를 초월하여 국가 정통성의 이론으로 발전시키고 유가사상을 국교로 삼았다.

동중쉬董仲舒는 춘추 공양학春秋 公羊學을 연구하고 춘추번로春秋繁露라는 책을 저술하여 자신의 유가사상을 피력하였다. 춘추공양학은 공양전公羊傳을 연구하는 학문인데 공양전은 공자가 자신이 살던 저우周의 관할지역인 산동지방의 루魯나라의 역사를 자신의 역사의식과 가치관에 따라 새롭게 편수編修한 춘추春秋에 대하여 전국시대戰國時代 치齊나라의 공양까오公羊高가 다시 해석한 해설서의 하나이다.

동중쉬는 이 책을 통하여 자기 시대의 정치적, 사회적 질서의 정당성을 설명하려고 하였다. 그는 우주가 하늘, 땅, 사람. 음陰과 양陽과 더불어 목木, 화火, 토土, 금金, 수水의 오행五行의 10가지 요소로 구성되어 있다고 하고, 하늘과 땅과 사람이 같은 원리의 적용을 받도록 관련되어 있으며 음陰, 양陽, 오행五行의 조합이 우주의 질서를 순환시킨다고 하였다. 그는 또한 임금은 하늘의 위임을 받아 정하여지는 것이며 지배자와 피지배자, 남자와 여자, 아버지와 아들의 관계는 양陽과 음陰의 관계로 이루어진 것이므로 이들 관계는 지배, 복종의 관계라고 하였다.

허우한後漢의 허시우(何休: AD129-182)는 공양전을 더욱 발전시켜 공자가 춘추春秋에서 역사를 소란騷亂의 시대, 승평升平의 시대, 태평太平의 시대로 구분하였다고 보고 소란의 시대에는 국가질서가 수립되지 않은 시대이며 승평의 시대는 국민이 생활의 안정을 찾는 시대이고 태평의 시대에는 적과 나의 구별이 필요 없을 정도의 평화질서가 구축되는 시대라고 하였다.

쑹宋시대에는 과거의 유학체계를 일신하여 새로운 학문체계를 이룩하여 신유학(新儒學: neo-confucianism)이 창시되었는데, 이러한 신유학은 사람의 성품人性의 본질이 무엇인가에 관한 연구가 중심이 되었다. 이들 신유학에서 인성의 본질이 이치에 있다고 하는 성리학性理學과 인성의 본질이 마음에 있다고 하는 양명학, 인성의 본질이 기질에 있다고 하는 기철학氣哲學 등으로 나눌 수 있다. 그 중 유학에 가장 큰 영향을 미친 학설은 성리학이었기 때문에 신유학이 성리학을 지칭하기도 한다.

성리학性理學은 쑹宋나라 시대에 새로이 발전된 유교이론으로서, 불교와 도교의 영향을 받아 인간의 본성과 우주의 원리에 관한 근본적인 사색을 통하여 이루어진 철학체계이다.

성리학의 이론은 쑹의 저우둔이(周敦頤, 1017-1073)로부터 시작되었다. 그는 불교의 우주론을 형이상학形而上學적으로 해석하여 우주의 근본원리가 인간에게 발현되었다는 태극도설太極圖說이라는 책을 지었는데, 후에 청하오(程顥, 1032-1085), 청이(程頤, 1033-1107) 형제가 저우둔이의 사상을 받아들여 하늘의 원리天理에서 의지적 요소를 제외하고 이치적 요소를 강조하고 사람의 본성이 원래 하늘의 원리와 같이 이치에 따른 중립적이나 현실적으로 사람을 이루는 육신과 마음의 조화가 깨어짐으로써 본성을 찾지 못한다고 보고 이러한 본성을 찾기 위하여 인仁과 예禮의 덕목을 수련하여야 한다고 하였다.

쑹의 쭈시朱熹(1130-1200)는 이러한 이론을 더욱 발전시켜 인간이 가지고 있는 본성을 이치理와 기운氣으로 나누어 설명하는 주자학朱子學를 성립하였다.

이에 따라 쑹宋대에는 쭈시朱熹가 주동이 되어 유교경전의 하나인 예기에서 대학大學, 중용中庸 편을 별도의 독립적인 책자로 편집하고 이와 함께 공쯔孔子의 언행을 기록한 논어와 쑹 대에 와서 더욱 존경을 받게 된 멍쯔孟子의 행적을 기록한 맹자孟子를 사서四書라 하여 대표적 경전으로 간주하였다.

쭈시朱熹는 이러한 사서를 해설하는 사서집주四書集注와 주자어류朱子語類와 같은 서적을 편찬하였으며 이 해설서들이 유교문화권에서 가장 권위적인 것으로 인정을 받게 되어 그의 해설이 유교 문화권의 학계, 정계에 커다란 영향을 미치게 되어 쑹대 이후의 유교의 내용은 사서四書 중심이 되었으며 그의 성리학 이론은 중국대륙은 물론 한반도의 조선과 일본의 도쿠가와 막부에서 공식적으로 유가사상의 가장 권위 있는 해석으로 인정되었다.

밍明나라 태조太祖는 몽고족이 지배하던 위엔元 대의 풍속을 제거하고 중국전통을 찾으려는 노력이 강하여 과거제도를 부활시키고 주자학을 관학의 정통으로 인정하였다.

왕양밍(王陽明, 본명은 守仁, 1472-1529)은 난쑹南宋의 유학자이었던 루상싼(陸象山, 본명은 九淵, 1139-1192)의 "마음이 곧 이치心卽理"라는 주장에 영향을 받아 "마음의 본체가 천리天理이고 양지良知"이며 "진정한 앎은 곧 행하는 것"이라는 지행합일설知行合一說을 주장하고 경전의 내용에 얽매일 필요가 없다는 요지의 양명학陽明學을 발전시켰다.

성리학과 양명학의 기본적 차이점은 성리학이 자연의 이치를 반영하는 인간의 본성은 인간에 내재하는 중립적이며 순수한 이성이며 인간의 욕망이 이러한 이성의 올바른 판단을 하지 못하게 하므로 인간의 욕망을 억제하여야 한다고 보는 이상론적인 반면에, 양명학은 추상적인 자연의 이치를 부정하고 인간이 현실적으로 가지고 있는 욕망과 감정이 바로 자연의 이치라고 생각하는 데 있다.

기철학氣哲學은 쑹宋대의 장짜이張載에 의하여 시작되어 청대淸代 초기 왕추안싼(王船山; 왕푸쯔(王夫之라고도 불림)을 거쳐 청대 중기의 다이쩐戴震에 의하여 완성된 사상인데 인간의 성품을 자연계의 만물과 마찬가지로 자연계의 음양, 오행을 나누어 가진 기질 자체에 있으며 인간의 본성이 따로 있는 것은 아니라고 주장하는 것이다. 다이쩐은 인간의 성품은 혈기血氣와 심지心知, 즉 욕망慾, 감정情, 지능知으로 구성되어 있고 욕망 자체가 인간의 성품이라고 하고 인간은 마음의 지도하에 욕망으로 하여금 자연법칙에 따라 발전할 수 있으므로 이러한 법칙 발전에 합치되는 욕망은 선한 것이라고 주장하였다.

그러나 쑹宋대 이후 발전된 신유학도 밍나라 중기 이후에는 기독교와 함께 서양문화가 소개되어 중국대륙의 전통적 세계관에 변화를 일으키기 시작하여 유학이 쇠퇴되었으며 생활에 실질적으로 도움이 되고 활용가치가 있는 경세치용經世致用 학문으로서 실학實學을 주창하였다.

칭淸나라 시대의 유학은 만주족의 중국대륙 지배에 동조하지 않는 구옌우顧炎武, 황쫑시黃宗羲와 같은 밍明의 유신遺臣들이 주자학이나 양명학이 공리공론空理空論에 치우침을 비판하고 실증주의적 방법으로 고전을 연구하여 유교의 본질을 찾아내어야 한다는 고증학考證學을 주창하였다.

유교가 중국대륙에 가장 큰 영향을 미칠 수 있었던 이유는 한漢의 우디武帝 때 이미 관리의 채용에 유교적 지식을 갖출 것을 요구한데 이어 쑤이隋의 원디文帝가 남북조시대의 문벌귀족계급을 타파하고 중앙집권적 정치체제를 확립하기 위하여 관리등용제도로 채택한 과거제도科擧制度를 역대 왕조가 시행한 것이 결정적 원인이 되었다.

과거의 시험 내용은 정책에 대한 논술인 책론策論을 시험하는 수재秀才, 경서내용에 대한 이해를 요구하는 명경明經, 시문詩文의 문장력을 시험하는 진사進士 등으로 나누어졌으나 이들 모두가 유학적 소양이 있는 자가 선발되도록 하였기 때문에 과거를 통하여 관리가 되어

지배계층으로 진출하려면 유가사상을 학습하는 것이 필수적이었기 때문에 과거제도는 학교제도와 병행하여 지도층을 배출하는 가장 중요한 제도이었다.

과거제도를 통하여 인재를 확보하는 방안은 역대 왕조가 기존질서를 안정시키고 왕권에 대한 충성심을 배양하는 데 도움이 되었기 때문에 중국대륙에서 몽고지상주의가 지배하던 위엔元시대에 잠시 쇠퇴하였으나 1906년 청조淸朝에 의하여 폐지되기까지 존속되었다.

중국대륙에 유가사상이 발달한 시대와 거의 동시대에 도가사상道家思想도 발전하였다. 도가사상은 라오쯔老子와 주앙쯔莊子에 의하여 주장된 사상인데 그들 사상의 중심은 인간세상의 혼란은 지식과 욕망이 지나친 때문이라고 보고 우주 최고의 원리인 도道는 결국 무無라고 보고 사람들이 무위자연無爲自然으로 돌아갈 것을 주장하였다. 도가사상은 남북조시대에 들어와 교리를 발전시켜 베이웨이北魏의 커우치엔쯔寇謙之에 의하여 교단敎團이 성립되어 종교가 되었다.

불교는 서력기원 전후 치엔한前漢 말 시대에 개척된 동서 교통로에 의한 왕래로 서역(지금의 티베트)으로부터 중국에 전해진 것으로 알려지고 있다.

불교는 인도의 석가모니釋迦牟尼의 가르침을 실천하는 종교인데 석가모니는 기원전 566년 인도 동북지방의 한 왕국의 왕자로 태어나 인생의 괴로움으로부터 벗어날 수 있는 방법에 관한 깊은 명상을 통하여 기원전 531년 깨달음을 얻고 "깨달은 자(覺者)"란 의미의 붓다(Buddha: 佛陀)가 되었다.

기원전 486년 석가모니의 입적 후 그의 제자들은 수차례에 걸쳐 석가모니가 남긴 가르침을 모아 불전佛典을 결집하였는데 석가모니의 입적 후 약 250년 후 불교경전의 해석상의 차이로 소승小乘과 대승大乘으로 나누어지게 되었다. 소승불교小乘佛教는 각자가 홀로 깨달음을 추구하는 것을 이상理想으로 하는 불교이고 대승불교大乘佛教는 다수인이 함께 깨달음을 추구하는 불교인데 중국에 전래된 불교는 대승불교다.

중국대륙에 전래된 불교는 3국 시대에 와서 당시 유행한 노장사상老莊思想과 연계하여 이해하는 격의불교格義佛教63)의 형태를 가졌으나 5세기경 서역西域과 인도에서 온 역경승譯經僧들이 불교경전을 한역漢譯하여 불교의 이론이 중국대륙에 올바르게 전파되기 시작하여 남북조 시대에 널리 보급되었다. 쑤이隋나라 때에는 천태종天台宗, 삼론종三論宗 등이 생기고 당대唐代에는 화엄종華嚴宗·선종禪宗·정토종淨土宗·법상종法相宗·율종律宗·밀교密教의 각 파가 성립하였다.

대승불교 경전의 중심교의敎義는 기원후 2세기 경 인도의 나가르주나(중국명:龍樹)와 그의 제자가 체계화한 중관학中觀學과 4세기경 아상가(중국명: 無着)와 바수반두(중국명: 世觀) 형제가 체계화한 유식학唯識學이다. 중관학은 서양철학의 존재론(ontology)에 해당하는 것으로 이 세상에 존재하는 모든 것이 영원불변의 실체가 없으며 인연(조건)에 의하여 생겼다가 사라지는 가변적인 것으로 보고 이를 공空이라고 하였다.

이러한 학설의 근거가 되는 불교경전은 반야경般若經, 금강경金剛經 등인데 이 학설을 중심교리로 삼는 종파가 반야종이며 중국의 삼론종三論宗도 이에 속한다.

유식학은 서양철학의 인식론(epistemology)에 해당하는 철학으로서

---

63) 격의불교(格義佛教)는 불교를 전해 받은 곳에서 불교 교리를 불교 자체를 공부하여 이해하지 않고 기존의 다른 종교 교리를 원용하여 이해하는 불교이다. 중국에서 처음 불교를 받아들였을 때 불교를 노장사상과 결부하여 이해하려고 하였다.

이에 의하면 사람들이 실체가 없는 사물을 인식하는 것은 사람들의 마음의 작용일 뿐이라고 보고 사람들의 인식의 작용에는 감각기관에 의한 5가지 인식五識 이외에 5가지 인식의 통합작용인 제6식, 6가지 인식을 배후에서 조정하여 정신활동의 통일성을 부여하는 제7식, 제7식의 배후의 자아의 본체가 되는 제8식이 있다고 해석한다. 유식철학은 현장玄奘에 의하여 중국대륙에 소개되었으며 법상종法相宗의 주요 교리가 되었다.

선종禪宗은 경전을 통하여 깨달음을 얻는 방법 이외에 오로지 명상을 통하여 깨달음을 얻고자 하는 인도 불교 종파의 하나인데, 중국대륙에는 남북조시대의 달마達磨에 의하여 전해져 크게 유행하였다.

중국대륙의 불교는 이후 탕唐시대까지 융성하였다가 탕唐 말에 도교道教의 세력에 눌려 쇠퇴되었다.

탕唐시대에 가장 번창한 종교는 도교道教인데 왕실에서 도교를 특별 지원하여 도교에 능통한 자를 관리로 채용하고 지방에 도교사원을 설립하였다.

탕唐시대에는 주변국과의 교류가 왕성하여 서남아시아로부터 많은 종교가 유입되었으며 라마교, 회교回教도 이 시기에 전래되었다.

중국의 근대사상은 칭나라 말엽 서구열강의 중국대륙 침략과 내란을 겪으면서 기독교사상과 유럽사상이 중국대륙에 널리 소개되고 기독교 선교사들을 통한 중국의 현대화 과정을 통하여 중국대륙의 다수인들에 의하여 전통사상인 유교의 가치관에 대한 비판이 일어난 때로부터 시작한다.

유교적 가치관에 대한 동요는 1851년에 발생한 태평천국太平天國의 난을 일으킨 홍시우취엔洪秀全의 사상에서 강하게 나타나는데 그는 청조를 멸망시키고 기독교 정신에 입각한 새로운 국가를 건설하여 남녀평등, 토지사용의 평등, 조세감면 등을 실시할 것을 주장하여 농민들과 일부 지식층의 호응을 받고 난을 일으켜 난징南京을 점령하고 16개의 성省을 장악하는 등 위세를 떨치다가 15년 만에 진압되었다.

태평천국난太平天國亂은 혁명적 농민전쟁의 성격을 가지나 홍시우취엔洪秀全이 주장한 유교사상의 철저한 타파와 천조전무제도天朝田畝制度에 의한 농지의 사용자 무상배분 주장은 중국전통사상을 전면적으로 부정하고 평등사회를 이룩하여야 한다는 획기적 주장이었다.[64]

아편전쟁으로 중국이 서구열강의 반식민지상태가 되자 중국의 전통사상을 개량하여 점진적 변화를 이룩하여야 한다는 개량변법유신사상改良變法維新思想과 전통적인 사상에서 탈피하여 근본적인 정치혁명을 이룩하여야 한다는 사상이 대립되었는데, 전자에 속하는 학자들이 캉여우웨이康有爲, 탄쓰통譚嗣同, 옌푸嚴復, 짱타이옌章太炎, 량치차오梁啓超, 왕구어웨이王國維 등이고 후자에 속하는 사상가가 쑨원孫文이다.[65] 전자에 속하는 사상가 중에서도 중국 전통의 가치관을 기본으로 유지하여야 한다고 주장하는 개량파改良派들과 중국 전통의 가치관의 재해석을 통하여 근본적인 변화가 필요하다고 주장하는 유신파維新派 학자들로 나눌 수 있는데, 캉여우웨이와 량치차오가 후자에 속한다.

캉여우웨이康有爲는 1884년 대동서大同書라는 책을 썼는데, 그 책의 요지는 유가사상의 재해석을 통하여 이상주의적인 입헌군주제를 수립하여야 한다는 것이었다. 그는 공쯔孔子가 야오쑨堯舜이라는 전설적인 임금을 상정하여 그러한 임금의 정치를 가장 이상적인 통치행

---

64) 李澤厚, 李澤厚 論著集 中國近代思想史論, (三民書局, 臺北, 臺灣, 1996) pp. 3-27
65) Ibid. p. 13-17

위로 간주하고 그러한 시기의 정치를 하여야 한다는 주장을 한 점을 들어 공쯔를 제도 개혁자라고 보았으며, 역사 발전이 혼돈(chaos)의 시대, 소평(小平: small peace)의 시대를 거쳐 대동大同의 시대(age of unity)로 변화하는 과정이라고 설명하고 대동大同의 시대에는 야오쑨 堯舜시대와 같은 사람들 사이에 인(仁: humanity)이 실천되는 이상적인 사회가 된다고 설명하면서 중국은 우선 소평小平의 시대를 이룩하여 야 한다고 주장하였다.66)

그는 그의 제자인 량치차오梁啓超와 함께 변법자강운동變法自强運動 을 전개하였는데, 그의 이러한 사상은 중국 내의 보수주의자로부터 는 혁명적 사상이라는 비판을 받고 진보사상가로부터는 보수적인 사 상이라고 하여 양측의 비판을 받았다.67)

탄쓰통譚嗣同은 '인학仁學'이라는 책을 저술하여 서양의 성경과 과학에 대한 지식을 습득한 후에 유가사상을 새롭게 인식할 필요가 있음을 강조하였다.68) 옌푸嚴復는 국비로 영국에 유학한 후 귀국하여 서양의 토마스 헉슬리(Thomas Huxley), 아담 스미스(Adam Smith), 허버 트 스펜서(Herbert Spencer), 존 스튜어트 밀(John Stuart Mill), 젱크스(E. Jenks), 몽테스키외(Montesquieu)의 저서를 중국어로 번역하고 이러한 번역서를 통하여 자신의 논평을 가하면서 중국의 전통사상과 서양사 상을 비교하였다.69)

왕구어웨이王國維는 역사가, 고고학자, 문학자인데 쇼펜하우어 (Schopenhauer), 칸트(Kant), 분트(Wilhelm Wundt)와 같은 독일의 철학자

---

66) Wang-Tsit Chan, *A Source Book in Chinese Philosophy*,Princeton University Press, New Jersey, 1963,) p.723-725
67) Fung Yu-Lan馮友蘭), *A Short History of Chinese Philosophy 中國哲學小史)* The Free Press, New York, 1976) p.324-325
68) *Ibid., pp.325-326*
69) *Ibid., pp.326-327*

들과 영국의 스펜서(Spencer)에 관한 연구를 하고 이들의 철학을 소개하고 중국의 사상과 비교하여 비판하였다.[70] 이러한 개량파와 유신파들은 중국의 전통가치관을 새로이 해석하여 중국사회를 근대화하자는 주장이었으나 결국 쑨원孫文이 이끄는 동맹회同盟會가 중심이 된 혁명파들이 주동이 되어 1911년 신해혁명辛亥革命을 일으킴으로써 청조가 멸망하고 중화민국中華民國이 건설되었다.

중국의 현대사상은 20세기 초 신해혁명이 위엔쓰카이袁世凱를 중심으로 한 보수 반동세력에 의하여 민주적 요소가 퇴색하고 다시 황제제도를 복구하려는 움직임이 일어나자 1915년 천두시우陳獨秀가 상하이上海에서 '신청년新靑年'이란 잡지를 발간하여 중국 사람의 의식의 개혁을 주장하는 신문화운동을 일으키자 차이위엔페이蔡元培, 리다자오李大釗, 후쓰胡適, 구어모루어郭末若등 일부 지식인들이 이에 동조하여 전통적인 유교가치를 전면부정하고 새로운 사상체계를 수립할 것을 주장하는 데서 시작하였다. 이들 지식인들은 중국 사람들을 봉건적 지배제도에서 벗어나도록 계몽啓蒙하여야 한다는 목표와 중국을 외세의 침략으로부터 구하여야 한다救亡는 이중二重의 목표를 가지고 국민운동을 전개하였다.

그러나 이들 지식인은 중국 사람들이 봉건적 지배제도를 벗어나는 방법에 관하여 심각한 의견대립을 보여 리다자오李大釗와 그를 이은 천두시우陳獨秀는 급진적 개혁을 주장한 데 반하여, 후쓰胡適는 중국 전통가치를 고려한 점진적 개혁을 하여야 한다고 하여 대립하였다.[71]

천두시우陳獨秀는 보수주의와 전통주의가 중국 죄악의 근원이며

---

70) *Ibid., pp.327-328*
71) 徐中約, *中國近代史下册*, 中文大學出版社2000) pp.507-510

유가사상이 죄악의 온상이며 유가사상은 농업과 봉건사회질서의 산물이며 공업자본주의사회의 현대생활에는 적합하지 않다고 단정하였다. 그는 그 이유로서 유가사상에서 예절이 너무 번거롭고 유순한 것을 미덕으로 삼아 중국인으로 하여금 현대 세계의 투쟁과 경쟁에 적응하기 어렵게 하며 사회 기본단위를 개인이 아닌 가정으로 하고 있어 개인의 지위가 불평등하게 하고 사람들을 남에게 의존하는 순종과 충효를 강조하고 전통가치를 고집하여 개인의 사상과 표현의 자유를 완전 무시하기 때문이라고 하면서 중국 사람들이 이러한 보수주의를 타파하고 새로운 문화를 이루어 나가야 한다고 주장하였다.

후쓰胡適는 미국에서 헉슬리(Huxley)와 듀이(Dewey)를 연구하고 귀국하여 실용주의實用主義적 입장에서 진리는 실용적 정도에 따라 변화하는 것이라고 하며 유가사상을 비판하고 점진적 변화를 주장하였다.[72]

중국의 저명한 학자들이 중국전통사상을 비판하고 서구의 사상을 다룬 서적이 번역되어 학생들에게 소개되었으며 1919년 듀이(Dewey) 부처가 중국을 방문하여 여러 학교에서 실용주의에 관한 강연을 하는 등 중국 내부에서 변화를 추구하는 움직임이 강하였다.

이 시기에 일본은 독일이 1898년 칭나라와의 협약으로 자오저우驕州 만에 대한 조차권을 가지고 동 지역을 해군기지로 사용하고 있던 것을 제1차 대전의 발발로 독일로부터 그 권리를 양도받고 1915년 그 지위를 강화하고자 하는 21개조를 요구한 것과 관련하여 1918년 파리 강화회의를 통하여 중국이 싼둥성에 대한 이권을 회수하려고 하였으나 실패한 것 등에 분노하여 1919년 5월 4일 약 5천 명의 베이

---

72) 上揭書, pp. 497-502

징 대학생들이 이를 반대하면서 베이징의 군벌정권의 타도를 외치는 가두시위를 전개하자 약 7만 명의 노동자들이 이에 동조하여 파업을 단행하는 중국현대사에서 최초의 민중운동인 5.4 운동이 발생하였다.[73]

이러한 지식층을 중심으로 한 신문화 운동과 일반대중의 민족주의 운동은 이 당시 러시아가 국제공산주의 운동을 전개하고 피압박 민족의 해방을 지원한다고 약속하자 중국 지식층들이 공산주의를 수용할 것을 주장하는 자들과 이에 반대하는 자들로 나누어지게 되고 중국 민족주의 운동의 방향도 공산주의를 지지하는 측과 반대하는 측으로 갈라지게 되었으며 결국 1921년 중국공산당이 창당되어 국민당과의 내전 상태에 들어간 후 1949년 내전에서 승리한 공산당이 중화인민공화국을 수립하게 되었고 중국의 현대사상은 공산주의 탄생과 더불어 전래된 마르크스, 레닌주의 사상의 수용과 마오쩌둥毛澤東사상으로 발전되었다.

마르크스·레닌주의는 리다자오李大釗, 천두시우陳獨秀, 마오쩌둥毛澤東[74]등 당시 베이징北京 대학교에서 공산주의를 연구하던 자들이 일본학자들의 저술인 마르크스·레닌주의에 관한 서적들을 보고 이해한 내용을 중국에 소개한 이론으로서 중국적인 요소가 가미되었다. 리다자오李大釗는 마르크스·레닌주의가 도시 노동자계급이 주동이 된 혁명을 주장한 데 비하여 농민들이 중심이 된 혁명이론인 민

---

73) 上揭書, p.503

74) 마오쩌둥은 1918년 후난성(湖南省의 창사사범학교(長沙師範學院)를 졸업하고 베이징 대학 도서관의 직원으로 일하면서 리따자오(李大釗)의 논문을 읽고 공산주의를 연구하였다. 그가 창사사범학교(長沙師範學院)를 다닐 때에는 일본과 영국을 유학하고 온 양창지(楊昌濟)라는 윤리학 선생의 영향을 받고 그의 딸, 양카이훼이(楊開慧)와 결혼하게 되는데 이때에는 미국의 조지 워싱턴 대통령을 가장 존경하는 학생이었다고 한다. Harrison E. Salisbury *The Long March, the untold Story* (Harper & Row, New York, 1985) p.76-77

수주의民粹主義를 주장하고 계급투쟁 과정에서 중국전통의 유가사상에 입각한 상호 협조, 우의 등을 강조하는 도덕주의道德主義와 실용주의實用主義적 요소를 보충하였는데, 그의 사상이 후에 마오쩌둥 사상을 형성하는 데 많은 영향을 주었다.[75]

천두시우陳獨秀는 마르크스주의와 독일의 사회주의를 비교하여 전자가 계급투쟁을 직접행동으로 전개하여 무산계급의 독재정권을 수립하려는 국제운동을 지향하는 데 비하여, 후자는 노동자, 자본가가 협조하고 의회정치를 유지하며 민주정치를 추구하는 국가주의라고 하였다. 그는 유산자본가 계급의 정치가 부패하고 무능한 점에 비추어 중국이 나아가야 할 길은 유물사관에 입각한 계급투쟁을 하여야 한다고 주장하였다.[76]

마오쩌둥毛澤東은 청년시절에 철학적 사색을 하면서 일체의 사물에 근원이 있다는 것이 우주의 진리라고 하고 이러한 근원은 움직임(動)과 투쟁(鬪)을 통하여 나타난다고 보고 자아自我를 실현하는 것이 도덕률道德律이라고 하였으며 경험을 통하여 얻는 지식만이 참다운 지식이며 과거와 현재와 미래는 상호 연결되어 있기 때문에 시간개념은 중요하지 않으며 공간개념만이 중요하다고 하였다.[77]

그의 사상은 그가 대장정大長征을 하여 옌안延安에 체재하면서 공산주의에 관한 많은 독서를 하고 글을 발표함으로써 형성되는데, 그의 사상은 그가 1937년 옌안延安에서 쓰고 1950년과 1952년 사이에 보완된 것으로 알려진 실천론實踐論, 모순론矛盾論[78]과 그가 국민당

75) 李澤厚, 李澤厚 論著集 中國現代思想史論, (三民書局, 臺北, 臺灣, 1996) pp. 156-157
76) 上揭書 p. 164-170
77) 上揭書 p. 129-150
78) Herold Hinton, *Communist China in World Politics* (Houghton Mifflin Company, Boston, 1966) p. 55

정부와 항쟁하면서 주장한 신민주주의 사상新民主主義思想에 나타나 있다.

그는 실천론實踐論에서 직접 경험을 통한 지식만이 참다운 지식이며 지식을 얻으면 현실의 변혁을 위하여 실천하는 것이 중요하다고 하였다. 그가 모순론에서 언급하는 모순이라는 것은 사회발전 과정에서 나타나는 여러 행위주체 간의 이익의 충돌을 말하는 것인데, 그는 여러 가지 모순 중에 다른 모순에 영향을 주는 '중요한 모순(principal contradiction)'과 그렇지 않은 모순을 구별하고 적대적인(antagonistic) 모순과 비적대적 모순을 구별하여 계급투쟁에 활용하여야 한다고 주장하였다. 그의 실천론과 모순론은 변증법적 유물론(dialectical materialism)을 설명하는 데 기여하였다.[79]

마오쩌둥의 신민주주의론은 제국주의에 반대하고 '민주적'사회주의 혁명을 일으켜야 한다는 주장인데, 레닌(Lenin)이 주장하였던 혁명론과 다른 점은 레닌이 도시 노동자 중심으로 혁명을 하여 '프롤레타리아 독재(proletarian dictatorship)'를 실시하여야 한다고 주장한 데 비하여 마오쩌둥은 농민이 주도하는 혁명을 이룩하여 '인민민주독재(people's democratic dictatorship)'의 사회주의를 실시하여야 한다고 주장한 점이다.

또한 레닌의 이론에 대한 스탈린의(Stalin)의 해석에 의하면 사회주의 혁명 과정에서 부르주아 계급의 지도(leadership)를 허용하는 것이라고 하였으나, 마오쩌둥은 혁명 과정에서는 공산주의자들의 지도만을 허용하되 부르주아계급의 참여는 허용할 수 있다는 것이며 그가 말하는 '인민(people)'에는 프롤레타리아 계급 이외에도 혁명적 계급(revolutionary classes)을 포함하며 이들이 반동분자들에 대하여 '민

---

79) *Ibid.,* p. 55

주적 방법으로' 인민민주독재(people's democratic dictatorship)를 실시한다는 것이다.[80]

1970년대 말 중국의 개혁, 개방과 더불어 중국식 사회주의 사상이 제창되고 1980년대 말 국제 공산주의의 붕괴와 2000년대 초에 중국이 국가주도형 자본주의 방향으로 나아가면서도 서구 민주주의제도의 수용을 거부한다는 것을 공식화함에 따라 중국 정부는 중국인민의 의지를 결집할 수 있는 중국의 새로운 가치관을 제시하여야 할 필요성이 생겼다.

정부의 이러한 노력과 관련하여 중국의 소위 '현대 유학자'들은 1970년 중반부터 소위 '현대 신유학當代新儒學'을 주창하고 유학을 인간의 심성心性을 연구하는 학문으로부터 정치원리를 찾는 정치유학으로 발전시켜야 한다고 주장해 온 이론을 수용할 수 있을 것인가가 중요한 과제로 부각되고 있다. 이러한 현대 신유학을 주창한 학자들은 량쑤밍梁漱溟, 장쥔리張君勱, 슝쓰리熊十力, 펑여우란憑友蘭, 허린賀麟, 탕쥔이唐君毅, 마오쭝싼牟宗三 등이었으며 오늘날 활동하는 학자들로서 캉샤오광康曉光, 장칭蔣慶 등이 있다.

캉샤오광康曉光은 "중국의 연성의 힘(soft power)은 중국의 가장 영향력 있는 정치전통인 유교문화에 기초하여야 한다"고 주장하였으며 장칭蔣慶은 그의 저서 "정치유학-현대 유학의 변화경향, 특질과 발전政治儒學-當代儒學的轉向,特質與發展"에서 중국 유학이 심성유학心性儒學에서 정치 유학으로 변화하여야 한다고 주장하면서[81] 서구의 민주주의 원리가 인류 보편적인 가치가 아닌 서구 중심의 세계관에서 파생된 것이라고 하면서 인류 보편적 가치는 유가사상에서 찾을 수

---

80) *Ibid.*, p.55
81) 蔣慶, *政治儒學- 當代儒學的 轉向, 特質與 發展*(三聯書店, 臺北, 2003) p.11-93.

있다고 주장하고 있다.[82] 그는 유가사상에 입각한 정치원리를 수용할 경우 다원사회인 국제질서가 상호 갈등을 일으키지 않을 것이라고 주장하면서 그 이유를 다음과 같이 설명하고 있다.

"유가 사상에서 하늘이 만물의 존재가치에 대하여 정당성을 부여하며 사물은 사물에 부여된 성질이 당연한 것으로 스스로 만족한다고 생각하기 때문에 유가사상에 따르면 다원사회에 충돌이 있을 수 없다. 유가사상에 따르면 사회는 이러한 큰 통일 원리(大一統)에 의하여 존재하는 것이며 다원사회도 이 큰 통일 원리의 지배를 받으며 큰 통일 원리는 형태가 나타나지 않은 것(무형)과 형태가 나타난 것(유형)에 모두 타당하며 모든 인류사회나 산천초목 등 자연계 모든 것이 무형의 상태에서 이미 근본 원리를 가지는데 이것이 즉 천원天元이다."[83]

"정당한 공권력은 하늘의 명을 받아 국민을 다스리는 것이며 다원사회多元社會에서도 형태로 나타나지 않는 근본 원리가 민심에게 부여한 공권력으로 사회를 통솔하기 때문에 다원사회가 무정부로 되지 않고 다원사회의 각 구성원이 존재에 대한 정당성을 부여받아 사회의 이익이 되는 다원多元이 보장되는 것이다."[84]

장칭蔣慶이 모든 사물의 근본 원리가 천원天元이라고 주장하는 것은 성리학의 시조始祖인 저우둔이周敦頤가 우주의 모든 사물은 궁극적으로 하나에서 파생된 것이며 우주의 근본원리가 태극(太極. The Great Ultimate)이라고 하는 사상[85]과 유사한데 유가사상이 인간과 모든 자

---

82) 上揭書 pp.250-358
83) 上揭書 pp.250-358
84) 上揭書 p.313
85) *A Source Book in Chinese Philosophy*, translated and compiled by Wing-Tsit Chan, (Princeton University Press. 1963) p.460

연계 사물에게 적용되는 근본원리가 있다고 주장하는 것은 인간과 같은 감정을 가지는 유일신唯一神이 자연과 인간을 창조하였으며 이러한 신을 '믿음'으로써 신의 구호를 받을 수 있다고 생각하는 기독교나 이슬람교와 근본적으로 다르다.

장칭蔣慶은 현재의 국제질서를 규율하는 많은 제도가 인류 보편적 가치관이 아닌 서구문화 중심사상에서 유래하였다고 주장하고 중국은 이러한 서구중심의 사상에 근거한 제도를 추종할 것이 아니라 유교주의에 입각한 새로운 중국문화를 건설하고 기독교를 바탕으로 한 서구문화와 공존할 수 있는 방안을 강구하여야 한다고 주장한다[86].

그는 또한 오늘날의 서구 민주주의가 기독교를 기반으로 하는 서구의 환경과 전통에 따라 수립된 제도이므로 환경과 전통이 다른 중국에서 서구민주주의의 제도가 최선의 제도라고 할 수 없다고 주장한다. 그 예로 서구민주주의에서 발달한 의회제도 중 단원제 또는 양원제를 채택하고 있으나 이러한 제도는 현세대의 권익만을 생각하여 장래 후세대에게 물려주어야 할 자원까지 남용하는 경향이 있으므로 중국은 이러한 제도를 답습할 것이 아니라 중국의 미래를 통찰할 수 있는 훌륭한 유학자들로 구성된 통유원(通儒院: House of Exemplary Persons)을 별도로 구성하여야 한다고 주장한다.

그의 주장에 의하면 중국은 장래를 통찰할 수 있는 대학자들로 구성된 통유원通儒院과 중국의 역사적 문화적 정통성에 기초하는 국가원(國家院: House of Nation)과 국민을 대표하는 인민원人民院: House of People) 등 3개원(tri-cameral system)으로 구성하여 이들 3개원이 상호 견제하도록 하여 3개원 사이에 상호 대립되었을 때에는 통유원이 결정권을 행사할 수 있으나 통유원의 결정에 대하여 다른 2개원이 합

---

86) 蔣 慶, 上揭書 p.434-436

동으로 거부권을 행사하여 통유권의 결정을 집행하지 못하도록 하는 권리를 부여한다는 것이다.[87]

중국의 공산당은 창당 당시 유교의 전통적 가치를 전면 부정하였음에 비추어 중국의 현 정부가 이러한 유학자들의 이론을 수용하여 정치 이념으로 발전시킬 가능성이 있을지는 의문이나 중국이 국제사회에서 위상을 제고하여 감에 따라 중국이 서구의 자유민주주의 제도가 인류 보편적 가치관이 아니라고 주장하는 데에 대한 근거로 이러한 중국의 현대 유학자의 이론을 원용할 가능성은 있을 것이다.

중국대륙에서 발전한 사상을 유럽대륙의 그것과 비교하면 중국과 유럽 국가들이 다른 방향으로 발전하게 된 근원을 파악하는 데 도움을 준다.

유럽에서 기독교 교리가 우주의 근원을 인격신에서 찾은 것은 쭈시朱熹에 의하여 완성되고 중국에서 전통사상으로 인정된 성리학에서 우주의 근본원인을 하나의 이치인 태극太極으로 상정한 것과 비교가 된다.

유럽대륙에는 중세 기독교사회를 이루어 그리스도의 진리를 학문적으로 정립하고자 하는 교부教父철학이 발달하였으며 그 뒤를 이어 그리스의 아리스토텔레스의 철학이 소개되어 스콜라철학(scholasticism)이 일어났다. 이 스콜라철학을 대성시킨 토마스 아퀴나스(1225-1274)는 중국대륙에서 쭈시朱熹가 사망한 때로부터 25년 후에 태어났는데 그는 신학대전(Summa Theologiae), 이교도대전(Summa contra Gentiles) 등 다수의 책을 집필하여 가톨릭 교리를 종합적으로 체계화하였다.

---

87) Jiang Qing, Daniel A. Bell, "*A Confucian constitution for China*" International Herald Tribune 2012. 7. 12. p.6

토마스 아퀴나스가 종합적으로 체계화한 가톨릭 교리와 쭈시朱熹가 집대성한 성리학이 각각 유럽과 중국에 미친 영향에 비추어 이들 이론의 핵심내용을 비교 검토함으로써 유럽 역사와 중국 역사의 흐름의 차이를 파악하는 데 매우 중요한 단서를 찾을 수 있다.

로마 가톨릭 교회는 위기를 느끼고 성직자가 대중에게 더욱 가까이 접촉할 수 있도록 하기 위하여 탁발수도회(mendicant orders)를 개최하고 성직자가 순례를 통하여 민중들의 기독교에 대한 이해를 높이도록 하여 도미니크 성자(Saint Dominic)와 프란시스 성자(Saint Francis)가 이러한 임무를 수행하였으며 그 결과 도미니크를 추종하는 사람과 프란시스를 추종하는 사람들로 나누어지게 되었다.

13세기의 스콜라철학자 토마스 아퀴나스는 도미니크 스쿨에 속하는 그는 신플라톤주의에 입각하여 신학대전(Summa Theologiae)을 저술하였는데 그의 이론이 기독교 교리의 공식이론으로 채택될 만큼 절대적 영향을 미친 것은 쭈시의 성리학 이론이 유가사상의 공식이론으로 채택된 것과 비교할 수 있다.

그는 이 책에서 다섯 가지 사유를 들어 신의 존재를 증명하였는데 첫째, 세상 만물 중에 스스로는 움직이지 않으면서 모든 움직임의 근원(unmoved mover), 둘째, 세상 만물의 원인 중의 궁극적인 원인(the first cause), 셋째, 세상만물의 모든 필요성의 근원(ultimate source of all necessity), 넷째, 세상만물 중에 전혀 결함이 없는 것을 창조할 수 있는 원천(the source of something completely perfect), 다섯째, 세상만물 중에 다른 목적을 위하여 기여하는 것이 아닌 내재적 목적(internal purpose)을 가지고 있는 것의 존재를 인정하지 않을 수 없는데, 이러한 존재가 바로 신(God)이라는 주장이다.[88]

토마스 아퀴나스의 이론은 아리스토텔레스 철학과 스콜라철학자로서 신플라톤주의(neoplatonism)을 제창한 플로티누스(Plotinus: AD 204-270)의 철학으로부터 영향을 크게 받았다. 그리스 철학자 플라톤은 감각적으로 느끼는 사물을 초월하는 보편적 관념으로서 이데아(idea)가 실재(real)하고 감각에 나타나는 개별적 사물들은 이데아의 불완전한 예시에 불과하다고 하는 실념론(實念論:realism)을 주장한 데 비하여 아리스토텔레스는 보편적 관념은 상상의 개념에 불과하다고 하는 유명론(唯名論: nominalism)을 주장하였다.

플로티누스는 플라톤의 실재론의 이론을 발전시켜 궁극적인 존재로서의 유일자(唯一者: The One)를 상정하고 이 유일자에 의하여 성령(또는 예지: nous, intellect, spirit)과 생물의 영혼(soul)이 생겨난다고 주장하였다. 토마스 아퀴나스는 아리스토텔레스의 이론을 수용하여 그리스도교의 계시(revelation)와 이성(reason)을 별개의 것으로 보았으며 사물의 인식방법에 있어서도 신과 같은 보편(universals)에서 일상의 현상으로서의 개체(particulars)를 유추하는 방식을 부정하고 보편과 개체를 독립적으로 파악하는 이원론(dualism)의 입장을 견지하였다. 89)

토마스 아퀴나스는 이와 같은 철학적 기본 입장을 그의 종교관에 적용시켜 우주의 근본원인을 인격신으로 상정하고 신이 인간을 지배하기 때문에 인간은 신을 숭배하여야 하며 그렇지 않으면 신으로부터 재앙을 받는다고 주장하였다. 토마스 아퀴나스가 정립한 이러한 가톨릭 교리는 1879년 로마교황 레오 3세에 의하여 가톨릭 교회의 공식 이론으로 인정될 만큼 90) 로마 가톨릭교의 전통적 사상을 반영

---

88) Bertland Russel, A History of Western Philosophy, (A touchsone Book, New York: 1972) p.455

89) Bertland Russel, Wisdom of The West, (Crescent Books,Inc., New York, printed in Yugoslavia) p.157

90) William.L.Reese, *Dictionary of Philosophy and Religion, Eastern and Western*

한 것이었다.

스콜라철학에서 신앙과 이성을 구별하는 것은 유럽문화에 획기적 발전을 가져오는 중요한 원인이 되었다. 스콜라철학은 원래 교회와 수도원에 부속된 학교(schola)에서 발전한 것인데, 스콜라철학에서 신앙과 이성을 준별함으로써 이들 학교가 신앙에 구속되지 않은 순수한 학문을 발전시킬 계기를 맞이하게 되었다.

유럽에서 11세기부터 설립되기 시작한 이태리의 볼로냐대학(1088년 설립), 프랑스의 파리(Paris)대학(1215년 설립), 영국의 옥스퍼드(Oxford)대학(1246년 설립), 신성로마제국의 프라하(Praha)대학(1348년 설립), 빈(Wien)대학(1365년 설립), 하이델베르크(Heidelberg)대학(1386년 설립) 등을 필두로 15세기까지 많은 대학들이 설립되었으며 이들 대학들은 교회와 영주들의 지배로부터 벗어나 자치권을 획득하고 독자적인 학문연구기관이 되어 신학 이외의 순수과학을 발전시킴으로써 유럽사회를 근대화하는 데 크게 기여하였다.

유럽에서 종교와 과학이 엄격히 분화된 이후 대학을 중심으로 17세기 유럽에서 자연과학이 발달하고 근대철학이 성립하였으며 자연과학과 철학에서 영국의 경험론이나 대륙의 합리론과 같은 학문의 방법론이 중시되었다.

기독교가 신앙을 강조하는 데서 출발하여 스콜라철학자들에 의하여 신앙과 이성 간의 관계에 대한 의견 대립을 거친 후 결국 신앙과 이성을 구별하는 과정을 거친 데 비하여 중국의 성리학의 이론은 처음부터 신앙이 아닌 이성을 강조하여 종교와 철학과 과학을 모두 내포함으로써 이들 상호 간이 영역이 분화되지 못한 채 종합이론으로 발전되었다.

Thought, (Humanities Press. Inc., Sussex, New Jersey: 1980) p.22

그 결과 중국에서는 종교와 철학과 과학의 경계가 모호하였고 학문연구의 방법론에 있어서 명제에 대한 증명과정을 가져야 한다는 인식이 부족하였던 것이 유럽에 비하여 순수과학의 발전이 뒤처지지 않을 수 없게 된 근본원인이 되었다.

제6장 중국대륙의 국가들이 세계에서 가장 부강한 나라를 이룩하였다가 19세기 중엽 이후 열강의 반식민지가 된 원인

　역사적으로 중국대륙에 존재하였던 국가들의 경제력을 유럽대륙의 국가들과 비교하면16세기 이후 21세기 기간 중 중국대륙의 국가들의 국내총생산(GDP)이 세계 전체의 GDP에서 차지하는 비율이 16세기부터 1830년경까지 25% 내지 30%를 차지하여 이 기간 중 유럽대륙 국가들의 GDP가 세계 전체의 GDP에서 차지한 비율 15% 내지 20%에 비하여 높았으나 1830년 이후에는 중국대륙의 GDP 비율이 더 낮았다가 21세기 이후 다시 중국대륙의 GDP 비율이 유럽대륙 국가들이 차지하였던 GDP 비율을 능가하는 것으로 나타나고 있다.[91]

　또한 5세기부터 21세기까지 1인당 GDP를 중국대륙의 국가들과 유럽 국가들을 비교하면 5세기부터 15세기까지 중국대륙의 1인당 GDP가 더 많았으나 15세기 이후부터 유럽 국가들의 1인당 GDP가 중국대륙의 그것을 능가하는 것으로 나타나는데[92], 그 주된 이유 중 하나는 17세기 이후 중국대륙의 인구증가율이 유럽대륙의 인구증가율을 능가하였기 때문이다. 12세기의 중국대륙의 인구는 약 1억 명

---

91) Niall Ferguson, Civilization, *The West and the Rest,* (The Penguin Press (New York: 2011), p.322
92) Francis Fukuyama, *op. cit.*, p.461

에 달하였고[93] 그 후 몽골의 침입으로 13세기에 인구의 3분의 1에 해당하는 약 3천5백만 명이 사망하여 14세기에는 약 8천만 명이었으며 1650년에는 약 1억5천만 명으로 늘어나고[94] 1850년에는 약 4억3천만 명이 되었다.[95][96]

중국대륙의 국가들이 16세기경까지 세계전체 총생산량의 약 3분의 1을 차지하는 세계 최대 경제규모를 가졌으나 그 이후 유럽대륙 국가들에 비하여 경제발전에 뒤처지게 되었고 결국 19세기 중엽 아편전쟁 이래 서구열강의 무력에 의하여 홍콩, 마카오 등 일부 영토를 영국과 포르투갈에 각각 99년간 조차권을 인정하게 되고 불평등한 통상조약을 체결하여 여러 무역항을 개방하고 개방된 무역항에서 외국인의 재판 관할권을 그 나라의 영사에게 위임하는 등 서구열강에 의하여 정치적으로 반식민지 상태로 전락하게 되었다.

중국대륙에서 칭나라의 말엽에 열강들에 의하여 반식민지 상태로 전락한 근본적 원인은 유럽대륙의 국가와 중국대륙 국가의 통합된 힘이 변화되었기 때문이다.

앞에서 언급한 바와 같이 국가의 통합된 힘은 구성하는 요소는 국가의 규모, 경제력, 군사력을 합한 것에 국가의 통치의 효율성계수와 국민의 의지를 국가가 추구하는 방향으로 집결할 수 있는 국민의지 통일성계수를 곱한 것이라고 할 때 중국대륙의 역대 왕조가 5세기부터 15세기까지 유럽대륙 국가들보다 1인당 GDP가 더 많았으나 그 이후 유럽대륙에 비하여 국력이 저하되고 결국 칭나라 말엽 유럽국

93) Eric H. Mielants, The Origin of capitalism and the Rise of the West (Temple University Press Philadelphia, USA, 2007) p.47
94) J. M. Roberts & Odd Arne Westad, *The History of the World(sixth edition),* Oxford University Press,(Oxford: 2013) p.455
95) 羅鐘一, 閔錫泓, 尹世哲, *文化史* (서울대학교출판부: 1982) p.296
96) 徐中約, 上揭書, p.447

가의 반식민지가 된 근본적인 원인은 중국대륙 국가의 통합된 힘을 구성하는 요소들 중 국가의 운용역량계수와 국민 일반의지의 결집역량계수가 유럽대륙 국가에 비하여 상대적으로 낮았기 때문이다.

5세기부터 15세기까지 유럽대륙은 정신적으로는 도그마(dogma)적 요소가 강한 기독교의 절대적 지배를 받고 정치적으로는 봉건제도하의 승려, 귀족, 평민으로 나누어진 고착된 신분제도를 유지하여 국가 구성원 개개인의 능력이 제대로 발휘하기 어려운 통치조직을 가지고 있었다. 이에 비하여 중국대륙에서는 유교, 불교, 도교와 같은 기독교에 비하여 도그마적 요소가 적은 사상이 지배하고 고착된 신분제도가 아닌 과거제도를 통하여 능력에 따른 인재를 발굴하여 국가의 통치를 담당하도록 하였기 때문에 중국대륙의 국가가 유럽대륙의 국가보다 국력이 더 클 수 있었다.

중국대륙의 국력이 유럽대륙의 국력에 비하여 저하된 근본적인 원인 중의 하나는 중국대륙 국가들의 통치 효율성의 저하로 유럽대륙보다 자본주의 발전을 위한 토양이 만들어지지 않았다는 것과 중국의 황제지배 제도하에서 필요한 개혁이 적시에 이루어지지 못하였다는 점을 들 수 있다.

유럽대륙에서는 중세 도시국가 시기와 그 후의 민족국가 출현 시기에 국가권력이 대외 통상업무에 종사하는 상인들이 부를 축적할 수 있도록 적극 지원함으로써 유럽대륙에서 자본주의가 발달할 수 있는 토양을 만들 수 있었던 데 비하여 이 시기에 해당하는 중국대륙의 쑹宋, 밍明, 칭淸나라 시대에는 상업발달을 위한 국가정책에 커다란 변화를 가져왔으며 근본적으로는 유교사상에 입각한 관료주의의 지배에서 벗어나지 못하였다.

이 시기중 쑹宋의 시대에는 중국 역사상 가장 상인이 우대받는 시기이었으며 특히 북방의 유목민들의 침략으로 1129년 수도를 항저우杭州로 옮긴 난쑹南宋의 시대에는 북쪽으로부터 온 대규모 이민자들이 생겨 농업 이외에 상업에 종사하는 자들이 늘어났고 조정에서도 상업의 발전을 위한 조치들을 취하고 이들로부터 징수한 세금이 국가의 가장 중요한 재원이 되었다. 몽골인들에 의하여 수립된 위엔元제국에서도 상업을 중시하여 서역과 통상을 증진시키고 동남아지역과의 무역도 장려하였다.

그러나 밍明과 칭淸 대에 와서는 개인이 선박을 건조하는 것을 허용하지 않았으며 해상무역을 해안지대의 극히 제한된 범위에서만 인정하고 대외무역을 위법으로 규정하였다. 밍明나라 초기에는 몽골족의 축출과 함께 다른 외국인도 추방하였다.

밍나라 초기 밍조정은 쩡허鄭和로 하여금 대규모 선단을 이끌고 동남아와 아프리카 연안까지 항해하도록 하였으나 그 항해의 목적은 해외에 밍나라의 정통성과 위대함을 과시하고자 하는 외교적 문화적인 목적을 달성하기 위한 것이었으며 상업적 또는 군사적 목적은 없었다. 이러한 중국의 태도는 15세기 말 영국의 헨리 7세가 선박을 해외에 파견하면서 "해외에서 발견하는 육지 어느 곳에서나 개발하고 정복하고 점령하라"고 지시한 것과 대조가 된다.[97]

밍나라, 칭나라의 조정에서 개인의 대외무역과 해외거주를 금지시킴으로써 국가가 무역에서 얻을 수 있는 재정수입의 감소를 초래하였을 뿐 아니라 해안지방에서 생활하는 사람들의 생계가 어려워졌으며 해외에 거주하던 중국인들이 처벌이 두려워 귀국하는 사례가 늘어나게 되었으며 대규모의 밀무역이 성행하는 결과를 초래하였다.[98]

---

97) *Ibid.*, pp.47-85

이러한 중국대륙에서의 국가통치 방식은 자본주의 발달에 필요조건인 부유한 상인계급의 출현을 방해하여 유럽대륙에 비하여 자본주의를 통한 부의 축적을 이룩하지 못하였다는 관점에서 볼 때 결국 통치 효율성의 저하 문제로 귀착된다.

유럽대륙에서는 절대왕정시대에 각국이 중상주의重商主義 정책을 채택하여 수입을 억제하고 국내의 상공업을 보호 육성하는 정책을 추진하여 국가의 부를 축적하는 노력을 하였다. 또한 피통치자들도 시민계급(부르주아)이나 중산계급이 하나의 세력권을 형성하고 이들이 정치, 경제, 사회, 문화면에서 크게 활약할 수 있는 여지를 허용하여 이들이 나중에 절대왕정을 무너뜨리는 원동력이 될 수 있었으며 다양한 민족 간의 대립과 투쟁을 통하여 꾸준히 새로운 질서를 창조해 나왔다.

그러나 중국대륙에서는 이러한 중산계급 중심의 세력권이 형성되지 못하고 한족 중심으로 전통적 가치관에 집착하고 황제 중심주의로 황제 권력의 강화를 추구하여 새로운 환경의 변화에 적응하는 변혁을 이룩하지 못하였다.

유럽대륙에서 강력한 통치권을 가졌던 서로마제국이나 동로마제국이 5세기와 15세기에 각각 망하고 영국과 프랑스가 15세기 중엽 100년 전쟁을 거친 후 민족국가로 발전하기 시작하고 스페인이 비슷한 시기에 강력한 왕국을 성립시켰다.

유럽대륙에서 포르투갈, 스페인, 영국, 프랑스 등의 국가들이 앞다투어 지리상의 발견을 추구하고 향료무역과 기독교 포교 목적으로 적극적으로 아시아 진출을 시작하던 시기의 중국대륙은 명나라 중기이었는데, 이때 유럽대륙의 예수회에서 마테오리치 등 선교사들이

---

98) *Ibid.*, p.66

중국에 들어와 조총鳥銃을 전하고 천문, 역법, 포술 등 서양과학을 소개하여 쉬광치徐光啓를 비롯한 중국의 일부 지식층이 이에 자극을 받고 많은 과학서를 저술하기도 하였다. 그러나 중국의 통치는 황제 중심으로 이루어지고 있었으며 국가 지도자들이 과거科舉를 통하여 폐쇄적인 관료사회를 형성하고 외래문화에 대한 배타적인 경시로 인하여 서양의 과학 기술을 수용할 의지가 없었던 것이 결국 유럽대륙 국가에 비하여 중국의 국력이 현저한 저하를 초래하게 된 원인이 되었다.

중국의 통치제도는 절대 권력자를 중심으로 하는 통치제도를 유지하여 온 것인데, 이러한 제도하에서는 국가 또는 왕조의 운명이 절대 권력자 개인의 통치역량에 절대적으로 의존하게 되어 통치의 경직성을 유발하여 상황의 변화에 따른 개혁을 어렵게 하였다.

유럽대륙에서도 16세기부터 18세기에 걸쳐 절대왕정시대가 있었으나 유럽에서의 절대왕정과 중국의 황제제도의 통치 방식에는 근본적인 차이가 있었다.

1648년 30년 전쟁이 끝나자 프러시아와 러시아가 유럽대륙의 중요한 국가로 등장하고 네덜란드가 스페인으로부터 독립하여 이들 국가는 13세기 이래 합스부르크(Hapsburg)家의 통치 아래에 있다가 1815년 독일연방의 구성국가가 된 오스트리아와 기존의 강국인 영국, 프랑스 스페인과 함께 유럽대륙에서 다양한 민족국가를 이룩하면서 이들 국가들 사이에 경쟁과 대립을 통한 발전을 이룩하였다.

유럽대륙에서는 14세기 이래 문예부흥, 15세기 중엽부터 16세기 말까지의 유럽인들에 의한 지리상의 발견으로 인한 상공업의 비약적 발전에 따른 상업혁명, 16세기 종교개혁, 16세기에서 17세기에 걸친 과학혁명, 18세기 산업혁명, 19세기 시민혁명 등 6개 분야의 개혁과 혁명을 통하여 인간이 이성을 통한 자유로운 사고활동을 제약하는 구질서를 타파하고 혁신적인 사고를 통한 생활의 변혁을 이룩할 수 있었다. 이러한 변혁은 모두 사람들이 가지고 있던 사고에서 도그마 (dogma)의 요소를 탈피하고 합리성을 추구하는 과정이었다고 볼 수 있다.

유럽사회의 문예부흥은 신神에서 벗어난 인간의 자아를 발견하고 신 중심의 생활에서 인간 중심의 생활이 가능하도록 하였으며 종교 개혁은 교황과 가톨릭 교회라는 도그마에서 벗어나 순수한 종교 교리를 추구하는 것이었고 과학혁명은 성서와 고전의 도그마에서 벗어나 인간의 실험과 관찰을 통하여 자연 법칙을 인식하고자 한 것이었다.

산업혁명은 유럽인들이 발견한 신대륙에서 금은이 대량 유입됨으로써 화폐량이 늘어나고 거대한 식민제국의 건설로 인하여 새로운 시장이 개척되어 상공업의 비약적인 발전이 일어나고 세계무역의 중심지가 지중해에서 대서양과 인도양으로 이동되며 유럽경제의 중심도 이탈리아의 도시국가에서 대서양 연안의 민족국가로 이동하는 결과를 낳게 되었다

종교개혁은 마르틴 루터가 기독교의 교리를 교황의 말씀으로부터 성경의 내용어로 돌아가자고 주장함으로써 발단이 되었는데 마르틴 루터가 라틴어 성경을 독일어로 번역할 때 처음으로 신의 소명(召命: 독일어 Beruf) 라는 말을 사용하였으며 그의 뒤를 이은 제네바 출신 종교개혁가 칼벵(Calvin)이 예정설(predestination)을 주장하여 신의 소명을 구체적으로 설명한 것이 개인주의와 자본주의의 발달에 커다란 영향을 미치게 되었다.

칼벵의 예정설은 인간의 구제가 신의 자의에 의하여 예정되어 있

으며 이러한 신의 선택을 받은 자는 세속적인 직업에 근면하게 종사하여야 하며 생활을 합리적으로 하고 금욕적인 생활을 함으로써 지상에서 신을 더욱 영광스럽게 하여야 하는 것이 신으로부터 받은 소명(Beruf, calling)이라고 하였으며 이러한 뜻을 가진 소명이란 말이 동시에 직업의 의미로 쓰이게 되었다.

칼벵이 자본주의 발달에 결정적 영향을 준 것은 서구에서 16세기까지 각국 법과 교회법에서 금전을 빌려주고 이자를 받는 것을 죄악시하는 규정을 영국하원에서 재검토하는 과정에서 칼벵파들이 금전대여로 인한 이자를 수취하는 것의 타당성 여부는 금전대여의 조건과 금전을 빌리는 사람과 빌려주는 사람의 상황을 고려하여 검토하여야한다는 주장에 동조하고 이에 관한 교회법의 폐지를 주장한 것과 관련이 있다.

칼벵은 16세기 중엽 20년간 제네바에서 신정정치神政政治를 구현한 정치가이기도 하였는데 그의 사상이 기독교에 커다란 영향을 미쳐 프랑스의 위그노(Huguenots), 스코틀랜드의 장로파(Presbyterians), 잉글랜드의 청교도(Puritans), 네덜란드의 고이젠(Geusen) 등이 모두 칼벵파 계통의 개신교도들이 되었으며 이들의 금욕주의 생활철학이 자본주의를 탐욕의 제도로 바뀌는 것을 방지하는 역할을 하였다.

이 중에서 잉글랜드의 청교도들은 영국의 제임스 1세(James I)의 종교적 박해를 피하여 다수가 미 대륙으로 건너가 미국 건설의 주역을 담당하였으며 차알스 왕(Charles) 때는 의회파와 왕당파가 분리되어 내란이 일어나 의회파의 크롬웰의 주도하에 1649년 청교도 혁명을 일으키고 영국을 공화국으로 개조하였다. 청교도 혁명 후 왕정이 복고되었으나 제임스 2세가 다시 전제정치를 하고 청교도들을 박해하자 의회의 지도자들이 제임스의 장녀 메리(Mary II)와 네덜란드 총독

윌리암(William Ⅲ)을 공동왕으로 추대하고 윌리암으로 하여금 의회
가 제출한 권리장전을 승인하게 함으로써 1689년 명예혁명을 이룩
하였다.

　과학혁명은 16세기에 코페르니쿠스(Copernicus)가 천동설을 주장하
여 인간의 자연과학에 대한 인식에 획기적인 변화를 이룩하였으며
이후 17세기에 케플러(Kepler)와 갈릴레이(Galilei)가 천체의 궤도를 설
명하였으며 뉴턴이 만유인력의 법칙을 발견하여 우주의 전 질서를
역학적으로 설명함으로써 우주전체를 하나의 통일적 법칙관계로 파
악하게 되어 인간이 자연에 대하여 새로운 인식을 하도록 하였다.

　이러한 자연과학의 발달은 실험과 관찰을 통한 증명을 중요시하는
자연과학을 연구하는 새로운 방법론을 발달하게 하였으며 인문과학
분야에서도 근대 철학을 탄생하게 하는 계기가 되었다. 영국의 베이
컨(Bacon)은 관찰한 사실에서 일반적인 명제를 추출하는 귀납법을 주
장하였으며 로크(Locke)는 모든 지식은 감각과 경험으로부터 얻어진
다고 주장하여 경험론을 발전시켰으며 프랑스의 데카르트(Descartes)
는 사물인식의 근원에서 출발하여 이성에 따라 연역적으로 설명하는
합리론을 발전시켰다.

　과학혁명과 근대철학의 발전은 18세기의 개인의 존엄과 개인의
자유의지의 중요성을 강조한 계몽주의 철학의 영향과 합쳐져 산업혁
명과 시민혁명으로 이어지게 되고 이러한 혁명의 결과 탄생된 것이
자유민주주의 이념이 되었다. 산업혁명은 산업생산에 필요한 에너지
를 인간과 동물의 노동력과 도구와 자연환경을 이용할 수밖에 없다
는 도그마를 벗어나 기계를 발명함으로써 생산성에 혁명적인 변화를
가능하게 하였으며 시민혁명은 절대군주에 대한 도그마에서 벗어나
통치 권력의 기반이 개개인의 자유의지에 있다는 원리를 깨닫게 하

였다.

19세기의 시민혁명을 가능하게 하였던 이론적 근거는 17세기말 로크(Locke)가 인간은 원래 생명과 재산 자유를 향유할 수 있는 자연권을 가지고 있다고 주장하고 국가를 형성하는 것은 인간이 이러한 자연권을 확실하게 향유하기 위한 방편에서 나온 것이기 때문에 국가에게 권리를 이양한 것이 아니라 권리를 위탁한데 지나지 않는다는 주장에서 유래한다. 이러한 로크의 이론은 18세기 중엽의 루소(Rousseau)가 다시 체계화하여 사회집단에 개개인의 이해관계를 초월하는 일반의지(volonté générale: general will)가 있다는 것과 국가통치의 기본 원리는 이러한 일반의지에 의하여 통치자에게 통치권을 위임하였기 때문이라고 주장하여 프랑스 혁명에 직접적인 이론의 근거가 되었다.

중국대륙에서의 전통적인 황제 지배제도 하에서 황제를 보위하는 것이 모든 가치관에 우선하며 집단의 질서 유지를 위한 위계질서가 엄격히 유지됨으로써 개인의 창의성이 충분히 발휘할 수 있는 기회를 상실하게 하였으며 그 결과 생산성의 저하와 각 분야의 비능률을 초래하여 서구사회의 발전에 크게 뒤처지는 중요한 요인이 되었다.

서구가 시민혁명을 겪은 후 일반민중이 주권의식을 가지고 국가발전에 기여함으로써 국력의 급속한 신장을 가져온 데 비하여 중국대륙에서는 역사상 아래와 같이 수차의 개혁 노력이 있었음에도 불구하고 황제의 절대적인 지배제도가 지속적으로 유지되어 서구에서 일어난 것과 같은 시민주도의 개혁이 이루어지지 못하게 된 것이 결국 19세기 중엽 열강의 반식민지가 된 중요한 원인이다.

칭나라는 18세기 후반부터 서구국가와 무역을 하였으나 서구 세력의 침입을 두려워하여 광둥廣東 지역에서만 특허상인조합만이 무역활동에 종사하도록 하였는데 18세기 말 영국이 중국의 차茶를 대량 수입함으로서 영국의 은銀이 중국에 대량 유출되자 영국은 아편을 중국으로 수출하기 시작하였고 중국 정부가 아편수입을 금지함으로써 1839년 영국과의 아편전쟁이 시작되었다.

중국은 이 전쟁에서 무력의 열세로 인하여 속수무책으로 패배하고 1942년 난징南京조약을 체결하여 막대한 배상금을 영국에 지불하고 홍콩을 영국에 할양하며 5개항을 개방하고 그 지역에서의 영국인의 거주의 자유와 영국인이 영국영사에게 재판을 받는 치외법권을 인정하는 등 굴욕적인 조약을 체결하였다.

또한 1856년에는 홍콩거주 중국인 소유이나 영국선적인 아로(Arrow)호가 해상 절도혐의가 있다고 의심하여 중국관헌이 강제수색을 하고 그 배에 있던 12명의 선원을 체포하였으며 과정에서 영국기가 찢어져 떨어지는 사건이 발생하자 영국 측은 영국 선적 배를 강제수색하고 영국 기를 모독하였다는 이유로 중국 측에 강력 항의하였다.

영국과 칭나라 관헌사이에 이 사건의 해결을 위한 교섭이 난항을 보이자 영국의 해군이 광저우廣州를 포격하였고 이에 대하여 광둥廣東 주민들의 반영운동이 전개되어 영국해병을 비롯한 외국인이 살해되는 사건이 발생하였다. 이러한 사건이 일어나자 영국은 프랑스에 공동 출병할 것을 제의하였고 프랑스가 이를 수락하고 영국과 프랑스는 미국과 러시아에게 공동 출병할 것을 제의하여 미국과 러시아는 출병은 하지 않으나 조약 교섭에 참가하기로 하였다.

이리하여 칭나라는 1858년에 영국, 프랑스, 미국, 러시아와 티엔진天津조약을 체결하게 되었는데 이 조약은 10개항을 추가로 개방하고 외국 사절이 베이징에 상주할 수 있도록 하였으며 관세율을 조정하고 관계국가의 동의 없이는 관세율을 개정하지 못하도록 하였으며 아편무역을 공인하는 등 불평등 조약이었다. 칭과 러시아는 1858년 아이훈愛琿조약을 체결하여 헤이룽장黑龍江의 이북을 러시아령으로 하였으며 우수리 강 우안右岸을 칭나라와 러시아의 공동 관할로 하기로 하였으며 1859년 티엔진 추가조약을 체결하여 이를 확인하였다.

티엔진 조약은 서명한 날로부터 1년 이내에 베이징에서 비준서를 교환한다고 되어있었는데 칭의 조정이 외국사절의 베이징방문을 거부하고 상하이에서 비준할 것을 주장하여 다시 영국과 프랑스가 군사력을 동원하여 영국과 프랑스 연합군이 베이징을 점령하여 1860년에 베이징 조약이 체결되었는데 이 조약에서 티엔진을 개항하기로 하고 지우룽九龍반도를 영국에 할양하고 우수리강 우안右岸의 연해주沿海州를 러시아 령으로 하였으며 티엔진 조약의 즉시 이행으로 외국사절들이 베이징에 상주하게 되었다.

칭나라가 외국과의 이러한 굴욕적 외교를 하는 과정에서 칭나라의 지식인들도 중국의 통치제도와 중국인들의 전통사상에 대한 회의를 품기 시작하였는데 이러한 시기에 대규모 혁명운동으로 나타난 것이 1851년부터 1864년까지 계속된 태평천국의 난이다. 이난을 일으킨 주동인물은 홍시우취엔洪秀全인데 그는 난쑹南宋이시기에 중원에서 남방으로 대규모 이주를 한 객가客家 집안 출신으로 과거에 네 차례에 걸쳐 낙방하자 상심하여 중국의 제도에 대한 불만을 품고 있던 중 기독교 서적을 보고 자기가 예수의 동생이라는 환각을 하고 난을 일으키자 기독교를 신봉하던 많은 객가 출신들이 그를 지원하여 한 때 난징을 비롯하여 18개성중 16개성을 점령하는 등 위세를 크게 떨치다가 1864년 그가 자살함으로써 난이 진압되었다.[99]

---

99) 徐中約, 上揭書, p.227

칭나라 조정에서는 외국의 침략과 태평천국의 난 이후 일본이 명치유신明治維新을 단행하고 서양의 기술을 적극 수용하여 서양과 같은 발전을 이룩하였다는 사실을 인정하지 않을 수 없었으며 중국이 당면하고 있는 현실에 대한 비판과 반성을 하게 되었다. 이러한 분위기하에서 청조의 관료들은 서양의 기술을 도입하고 근대화를 이룩하여야 한다고 주장하는 파(양무파:洋務派)이에 반대하는 수구파守舊派로 나누어 졌다.

양무파의 중심인물은 공친왕恭親王 이신奕訢, 태평천국 난을 진압하는 데 공이 큰 쩡구어판曾國藩, 쩡구어취엔曾國筌, 리훙쨩李鴻章, 쭈어쫑탕左宗棠 등이었다.

1860년 9월 시엔펑디咸豊帝가 영국과 프랑스 군대의 베이징 진입에 따라 러허熱河로 피신한 기간 베이징에서 지도적 역할을 하여 명망을 얻은 다오꽝디道光帝의 제6남이며 시엔펑디咸豊帝의 동생인 공친왕恭親王이 중심역할을 하여 서양의 기술을 배워 국력을 배양하여 서구세력에 대항하여야 한다는 사이제이師夷制夷 전략과 중국의 전통사상을 기본으로 하되 서구의 기술을 활용한다는 중체서용中體西用 전략을 수용하여야 한다는 주장이 설득력을 가지게 되어 양무운동洋務運動 또는 자강운동自强運動으로 알려진 개혁운동이 일어나 1861년부터 1895년까지 35년간 계속되었다.

1861년 8월 시엔펑디咸豊帝가 죽자 새로이 황제가 된 퉁쯔황디同治皇帝의 섭정을 하면서 권력을 행사하던 시타이허우西太后는 이들의 주장에 근거하여 1861년 대외문제를 다루는 총리아문總理衙門이라는 기구를 두었으며 이와 별도로 티엔진天津과 상하이上海에 각각 통상대신을 두었는데 이들은 나중에 각각 북양대신과 남양대신으로 불리어졌으며 1870년 리훙쨩李鴻章이 북양대신의 직위를 맡았을 때 그는 총

리아문의 직권까지 빼앗았다.[100)]

시타이허우는 또한 1862년에 외국의 과학기술과 어학을 가르치는 동문관同文館을 설치하며 유학생을 서구제국에 파견하고 각 지방에 군수공장을 만들고 외국기술 습득을 위한 부설학교도 설립하였다.

자강운동의 과정에서 두 가지 중요한 사건이 일어났는데 그 하나는 1858년 티엔진 조약의 개정과 관련된 문제이었다. 동 조약은 10년 후 개정하도록 되어 있는 규정에 따라 청조淸朝의 신설된 총리아문에서 베이징 주재 영국공사 알코크(Rutherford Alcock)와 교섭하여 칭나라가 수입하는 상품의 관세를 인상하는 대신 외국 상인의 통항료를 면제하는 등 칭나라와 영국 양측에 공동 이익을 가져올 수 있는 내용으로 개정하고 동 개정 조약을 1969년 10월 베이징에서 양측이 서명하였다. 그러나 이 개정조약은 영국 내에서 칭나라에 대하여 더 많은 특혜를 얻고자하는 요구가 반영되지 않았다는 이유로 1870년 7월 영국 의회에서 비준이 거부되자 양무우동의 핵심인물인 공친왕과 리홍짱의 입장이 매우 난처하게 되었다.

다른 하나는 외국인 선교사와 주민들과의 갈등이었는데 이러한 갈등은 1858년 이래 영국과 프랑스군이 진주하고 있던 티엔진天津에서 특히 심하였다. 1858년 프랑스가 티엔진에 있는 칭나라 황실의 건물을 무너뜨리고 그들의 영사관을 건립한데 대하여 현지 주민들이 불만을 가지게 되었을 뿐만 아니라 외국인 선교사들의 선교로 칭나라 불교신자가 기독교로 개종하는 숫자가 늘어나고 그들이 우상숭배라는 이유로 부처님에 대한 공경을 표시하지 않고 사찰에 대한 기부도 하지 않음에 따라 불교 측과 기독교측이 대립도 생기게 되었다.

이러한 분위기에서 1870년 6월 프랑스 가톨릭 측에서 불교사원을

---

100) 徐中約, 上揭書, p.269

헐고 고아원을 건립하게 되자 청의 관원이 이 고아원을 강제수색하자 이에 항의한 프랑스 영사와 청의 조사원과의 무력충돌이 생기고 주변의 주민들이 가세하여 10명의 프랑스 수녀들을 포함하여 17명의 외국인이 살해되는 사건이 발생하였다.

이 사건의 발생으로 프랑스 측이 강력히 항의하자 청조는 쩡구어판曾國藩으로 하여금 교섭하도록 하다가 후에 리홍짱이 담당하여 프랑스에 배상금을 지불하고 사죄사절단을 파견하는 조건으로 타결되었으나 청의 외국에 대한 반감이 증폭되는 결과를 가져오게 되었다.101)

칭과 외국과의 갈등이 계속되는 가운데 전개되는 가운데서도 청의 자강운동(양무운동)은 청의 제도와 전통사상의 근본적 개혁을 하고자 하는 것이 아니라 청의 전통을 지키고 청의 문물을 유지하면서 필요한 서양의 과학기술을 받아들인다는 제한적인 목적을 가지고 있었기 때문에 칭나라의 근대화를 이룩하는 데 실패하고 계속되는 외국 세력의 침입에 무기력 하여 1895년 일본과의 전쟁에서 패하게 되었다.

청일전쟁의 결과 역사적으로 일본에 문화를 전하여 주었던 일본에 패한 것은 칭淸나라의 지식인들로 하여금 중국이 서구열강에게 침탈을 당한 것보다 더 큰 치욕을 느끼게 하였으며 이러한 자성自省은 보다 근본적인 개혁을 하여야 한다는 주장이 강하게 대두되었다.

그러나 개혁의 방안과 범위에 관하여 서로 다른 분파가 생겨났는데 자강운동을 주도하였던 리홍짱李鴻章은 청일전쟁에서의 실패로 세력을 거의 상실하고 그 대신에 새로이 권력의 핵심이 된 인물인 호광

---

101) William T. Rowe, China's last Empire, The Great Qing : History of Emperial China (Harvard University Press, 2009) pp.220-222

총독湖廣總督을 16년간 역임한 장쯔통張之洞과 호부상서戶部尙書 웡퉁허翁同龢 등의 고위관료들은 제한적인 행정조직을 개편하는 이론으로서 이른바 기본은 중국전통을 다르되 필요한 부분만 서양제도를 받아들인다는 중체서용中體西用의 방식을 주장하였다. 이에 비하여 캉여우웨이康有爲를 중심으로 하는 이상주의자들은 러시아의 피터 (Peter)대제가 이룩한 개혁이나 일본의 명치유신明治維新과 같은 근본적인 개혁을 주장하였다.[102]

황제 광쉬디光緖帝는 캉여우웨이康有爲와 그의 제자 량치차오梁啓超 등 혁신적 개혁주의자들이들의 도움을 받아 1898년 정치제도를 입헌군주제도로 변경하고 과거제도를 폐지하며, 신식학교설립 등을 내용으로 하는 일종의 유신혁명인 무술변법戊戌變法를 주도하였으나 이번에는 시타이허우西太后를 중심으로하는 보수파들의 반대로 광쉬디光緖帝 자신이 시타이허후에 의하여 자금성 내의 잉타이瀛台에 유폐되었다가 죽음을 맞이하게 됨으로써 무술변법은 결국 100일 만에 실패로 끝났으며 1900년에 일어난 의화단義和團 사건을 겪은 후 1911년 민중혁명운동인 신해혁명으로 청조淸朝가 멸망하였다.

의화단 사건은 열강들의 중국 침략과 중국에 전파된 기독교의 세력에 반대하는 민중 봉기 운동의 목적으로 조직된 단체인 의화단의 과격한 외세배격운동에 대하여 당시 실질적 통치자이었던 시타이허우西太后와 그녀의 총애를 받고 궁정의 요직을 차지한 관료들의 국제정세에 대한 몰지각으로 인하여 이를 비호하여 외세를 축출하려고 하여 발생한 사건이다.

이 사건의 배경은 1899년 10월 이탈리아가 쩌장折江 싼먼三門 만의 할양을 요구하자 청조가 이를 거절하여 이탈리아가 청조에 굴복하고

---

102) 徐中約, 上揭書, p.361

포기한 데서 자신감을 얻은 시타이허우가 대외강경노선을 취하기로
결심한 데에 있다.

1900년 6월 민중들이 외세를 배격하려는 비밀단체인 의화단義和團
의 이름으로 부청멸양扶淸滅洋의 구호를 외치면서 교회와 베이징 주
재 영국 공관을 불태우고 일본공관의 서기관과 독일공사를 살해하고
전국적인 배외 운동을 전개하는 사건이 발생하였는데, 청의 조정에
서는 이러한 사태를 진압하는 대신 6월 13일 열강들과의 외교관계를
단절하고 전쟁을 선포하였다.

조정의 전쟁선포에 대하여 동남부성을 관할하는 관리들인 광동의
리홍쨩李鴻章, 난징南京의 리우쿤이劉坤一, 우한武漢의 장쯔통張之洞, 싼
둥山東의 위엔스카이 등은 전쟁선포의 유효성을 인정하지 않고 민중
들의 폭동을 진압하는 한편, 상하이의 외국 영사들과 외국인을 보호
한다는 비공식 협정을 체결하였다.

이러한 상황에서 열강들은 베이징에서 민중폭도들을 진압한다는
명목으로 티엔진天津에 주둔하던 각국 군대 1만8천 명을 베이징으로
투입하여 청조에 대하여 사죄와 피해 보상을 요구하였다. 청조와 열
강대표들은 이 문제를 해결하기 위한 교섭을 한 결과 1901년 신축조
약辛丑條約을 체결하였는데 청조는 사죄와 막대한 양의 배상금과 외
국군대의 주둔비용까지를 부담하는 막대한 손실을 입었으며 이 사건
을 계기로 러시아가 자국군대를 만주에 주둔시키게 되었고 청조의
위신이 추락하여 멸망의 길로 나아가게 되었다.[103]

중국대륙의 국가들이 유럽대륙의 국가들에 비하여 국력의 저하를
가져온 다른 하나의 중요한 요인은 중국 사람들의 종교나 사상이 국
민의 의지를 동일한 방향으로 결집시키는 데 있어서 유럽 사람들의

---

103) 徐中約, 上揭書, pp 389-405

종교나 사상보다 효율성 낮았기 때문이라고 할 수 있다.

유럽대륙 사람들의 의지를 동일한 방향으로 결집시키는 가장 효율적인 방안은 유럽사회에 보편화된 기독교 정신이고 중국 사람들의 의지를 결집할 수 있는 보편적 사상은 유가사상 이었음으로 기독교 사상과 유가사상중에 어느 것이 사람의 의지를 결집시키는 데 더 효율적이었는가를 비교할 필요가 있다.

유럽대륙의 기독교는 원래 유대인들이 이민족의 지배로부터 벗어나고자하는 유대민족이 자기들을 구하여 줄 구세주(messiah)를 찾는 간절한 소망과 믿음에서 출발하여 예수가 나타나 희생과 이웃을 사랑하라는 가르침으로 발전되어 사람의 감정과 정서에 호소하는 힘이 강력하여 대중에게 전파력이 강한 종교이다.

유목민인 유대인들이 원래 그들이 살고 있던 팔레스타인 지방을 떠나 유목 생활을 하면서 이집트까지 흘러들어가서 이집트인들의 지배하에 살다가 기원전 14세기 경 모세가 이들을 이끌고 다시 팔레스타인으로 돌아 왔으나 그 지역에는 이미 다른 민족이 와서 살고 있어서 이민족과 투쟁을 하면서 두 왕국을 건설하였다. 그러나 이 두 왕국이 기원전 8세기와 6세기에 각각 이민족異民族이 세운 신흥국가에게 망하고 결국 기원후 70년에 로마제국의 지배를 받게 되었으며 유대인들은 이때부터 세계 각지에 흩어지게 되었다. 유대인들이 이러한 이민족의 지배를 받는 과정에서 그들의 믿음이 구약성경으로 나타나고 예수 그리스도의 탄생으로 그의 제자들이 예수그리스도에 대한 믿음을 표현한 것이 신약성경인데 기독교는 이러한 성경을 바탕으로 발전된 종교이다.

중국대륙의 전통적사상인 유교사상, 불교사상, 도교사상은 이러한 사상의 창시자들이 생활에 별 어려움을 느끼지 않는 지식수준이 높은 사회의 지배계층인사들로서 인생과 세상의 원리를 탐구하고자 하는 욕구에서 구도하여 깨달은 바를 정리, 체계화된 이론이므로 그 내용이 매우 이성적이나 지식인이 아닌 일반 대중이 이해하기 어렵다는 점에 근본적 차이가 있다. 즉 중국의 전통사상은 하향식(top-down) 가르침(teaching)의 형식을 가지기 때문에 일반인들이 깨닫고 실천하는 데 별도의 교육과정이 필요하게 된다.

이에 비하여 유럽대륙의 기독교사상은 일반 서민들이 인간과 같은 감정을 가지는 신神이 우주만물을 창조하였으며 신神을 믿지 않으면 신으로부터 심판을 받는다는 믿음(faith)을 기초로 교리가 발전하여 지식인들도 이를 수용하게 되는 상향식(bottom-up) 믿음으로 전파되어 온 것이기 때문에 고도의 지적 훈련을 요하지 않고 일반대중에게 쉽게 전파될 수 있는 특징을 가진다..

성경은 구약(old testament)과 신약(new testament)으로 나누어지는데 구약은 우주창조, 생활규범, 유대인의 역사, 16인의 예언을 기록한 것이며 신약은 4명의 복음福音, 예수 제자들의 포교기록, 5인의 편지들을 기록한 것이다.

로마시대인 325년 성경에서 예수가 하나님의 아들이라고 한 부분(요한복음 제1장, 제5장, 제14장, 마가복음 제14장, 로마서 제1장, 요한1서 제5장 등)의 해석과 관련하여 니케아에서 종교회의를 개최하여 "성령聖靈, 성부聖父, 성자聖子가 모두 같은 것이다"라는 삼위일체설三位一體說을 로마교회의 공식적인 견해로 채택하였다. 이 삼위일체설은 예수가 예언자일 뿐이며 예수 이후 무함마드가 마지막 예언자라고 믿는 이슬람교와 갈등을 일으키는 근본적인 원인이 되었다.

성경에 나타난 교리(특히 구약의 시편 제23장, 요한복음 11장 25절)에 따라 기독교 신자들은 예수그리스도를 믿음으로서 하나님의 은총을 받아

지상에서의 사후에도 영생을 얻게 된다는 강력한 신념을 얻고 기독교를 믿는 자는 신의 선택을 받는다는 것을 의미한다는 선민사상(elitism)이 생기게 되었다.

중국대륙의 전통사상인 유가사상은 불가 사상과 도가사상의 영향을 받으면서 그 내용이 보완되어 왔는데 그 기본사상은 인간을 자연의 일부로 보고 인간도 자연계의 법칙의 적용을 받을 뿐이므로 자연계의 법칙을 인식하는 것이 필요하다는 이론에 기초한다. 중국대륙의 전통사상은 그 자체가 비교적 논리적이고 이성적이었기 때문에 중국대륙의 사람들은 전통사상을 철학과 과학(특히 의학)에 직접 적용하였다.

유럽대륙의 기독교사상은 신앙과 이성사이의 갈등 요소를 내포하고 있었는데 기독교가 지배하던 중세시대에는 기독교 교리의 신앙을 이성보다 더 강조하고 종교 지도자들이 자의적인 성경해석을 통하여 자신들의 권익을 위한 권한남용으로 국가발전이 지체되었으나 중세를 지나면서 유럽대륙의 사람들은 기독교 교리를 연구하는 신학으로부터 철학과 과학을 분리시키고 철학과 과학을 순수이성적인 학문으로 발전시킴으로써 기독교 교리가 국가발전에 직접적으로 장애가 되는 과정을 극복하였다.

중세의 유럽사회에서는 교리를 달리하는 다른 유일신 사상을 가진 이슬람교도와 11세기말부터 13세기 말까지 약 200년 동안 전쟁을 하였으며 종교개혁이후 구교와 신교의 격렬한 대립을 가져와 프랑스에서 16세기에 위그노 전쟁이 30년간 계속되었으며 17세기에는 거의 전 유럽대륙국가가 참여하는 30년 전쟁이 지속된 후 베스트팔렌 체제라는 새로운 질서를 수립하게 되었다.

유럽대륙에서는 다양한 민족과 상이한 종교 간에 대립과 갈등을 겪으면서 여러 가지 변혁을 통하여 새로운 질서를 창조하여 온 반면에 중국대륙에서는 유가사상이나 도가사상 또는 불교사상을 상호 수용하여 발전시킴으로써 종교적 대립을 가져오지 않았으며 이민족들이 중국대륙을 지배하였을 때에도 지배계층이 한족중심문화를 수용하여 인종간의 갈등을 야기하지 않고 전통문화를 계승하여 왔다.

중국대륙에서는 전통문화를 유지발전 시키면서 이민족과의 문화적 대립을 일으키지 않은 장점이 있은 반면에 중국대륙의 절대적 다수를 차지하는 한족漢族들은 이민족에 의한 지배를 두려워하여 이민족의 침입을 방지하고 그들의 전통가치관을 수호하는 데 국력을 소모하여 유럽대륙에서와 같은 다양한 민족 간의 대립과 투쟁을 통하여 한 단계 더 높은 문화를 창조하는 변증법적 발전을 하지 못하였다는 것이 19세기 중엽 중국이 유럽의 반식민지가 되지 않을 수 없었던 또 하나의 중요한 이유이다.

유럽대륙에서의 기독교는 원래 유태인들이 그들의 염원을 성취하여 줄 유일신을 믿는 데서 출발한 종교이기 때문에 그 종교의 교리에 강력한 민중의 의지가 내포되어 있어서 그 종교의 교리를 수용하지 못하는 다른 종교집단과의 마찰과 투쟁을 유발하여 온 반면에 중국에서의 종교 교리는 선각자들의 사상을 기초로 발전된 것이기 때문에 그 교리 자체는 매우 합리적이나 그 교리를 대중들이 이해하기가 어려워 지배계층인 일부 지식층만의 전유물화하였다.

중국의 통치제도가 황제 주변을 비롯한 황제의 통치에 가담한 관료들과 일반 백성들과는 정치적 연결고리를 가지지 않는 황제지배제도가 지속되었으며 종교 교리 자체도 지식인들의 전유물이어서 일반 백성들이 생활에 극심한 어려움을 느끼고 지배층의 정치에 대한 불만이 누적될 경우 지배층과 피지배층 간의 의사가 소통되지 않음으로써 국내의 반란으로 이어지는 경우가 많았다.

한나라 말기에는 황건적黃巾賊의 난으로 혼란기를 맞이하여 3국으로 분열되는 계기가 되었고 당나라 말기에는 안쓰安思의 난(755-763)과 황차오黃巢의 난(875-884)으로 탕이 멸망하게 되었으며 쑹나라는 주변 유목민족의 세력팽창을 막지 못하여 멸망하였다.

안쓰安史의 난은 탕의 변방절도사인 안루싼安祿山과 그의 부장副將 쓰쓰밍史思明이 일으킨 난인데 그 발단은 안루싼의 권세를 견제하기 위하여 양꾸이페이楊貴妃의 동생인 재상 양구어쫑楊國忠이 황제에 진언하여 안루산을 소환한 데에 있다.

안루싼은 자신의 소환에 반발하여 20만 대군을 이끌고 루어양洛陽으로 진격하여 이를 함락하고 창안으로 진격하자, 황제 현종玄宗은 피신하게 되고, 756년 깐수성에서 숙종肅宗이 새로운 황제가 되었다. 숙종은 토벌군을 파견하여 창안과 루어양을 탈환하였으며 안루산은 757년에 자살했다. 이어서 쓰쓰밍이 758년 다시 반란을 일으켰으나 763년 결국 그도 토벌되고 난이 종식되었다. 그러나 이들 난으로 탕은 급격한 쇠퇴의 길을 걷게 되었다.[104]

황차오의 난은 소금밀매업자인 황차오가 동업자인 왕시엔쯔王仙之와 함께 허난성河南省과 싼둥성山東省 일대에서 난을 일으켜 군사를 모집하여 880년에 60만 대군을 이루어 창안長安을 공격하여 탕의 황제가 쓰추안四川으로 피신하고 황차오가 스스로 정권을 세우기도 하였으나 884년 토벌군에게 격파되고 스스로 자살하였다. 이 난으로 탕은 국력이 약해져 멸망하는 중요한 계기가 되었다.

---

104) J.M. Roberts & Odd Arne Westard, *The History of the World* (Oxford University Press, Oxford, New York, 2013) p.444
Francis Fukuyama, *The Origins of Plitical Order,* (Parrar, Sraus and Giroux, New York, 2011) p.292

몽골족이 세운 위엔元나라는 중국대륙 역사상 한漢족이 가장 소외되었던 시기인데 위엔元나라는 민족차별 정책을 써서 몽골족이 지배 특권층이 되고 중앙 아시아인들을 몽골족 다음으로 우대하고 한족, 특히 몽골의 지배에 저항한 남쪽의 한족들을 천대하고 유교를 탄압하였다. 그러나 몽골족의 민족차별 정책으로는 문화적으로나 수적으로 우세한 한족들을 복속시킬 수가 없어서 위엔나라의 황제들 중 2대 태종은 중국식의 과거제도를 도입하고 중국식 행정체제를 사용하였으며 4대 세조世祖가 된 쿠빌라이 칸은 통치철학으로서 유교를 받아들이고 중국식 과거제도와 중국식 관제와 중국의 화폐제도를 모방하였다. 몽골족이 세운 위엔元나라는 결국 13세기 중엽 한족들이 이민족의 통치에 불만을 품은 농민들과 백련교도白蓮敎徒들이 머리에 붉은 수건을 쓰고 난을 일으킨 홍건적紅巾賊의 난을 위시한 각종 반란세력에 의하여 멸망하게 되었다.

밍나라는 농민반란에 참여하였던 쭈위엔짱朱元璋이 한족에 의한 통일제국의 건설이라는 반몽反蒙 민족 감정을 자극하여 건설된 만큼, 건국초기부터 한민족 문화부흥을 국가 지도 이념으로 하여 탕나라와 쑹나라 때 유지하였던 중국 전통을 찾으려는 노력을 하여 성리학을 관학의 정통으로 삼고 과거제도를 부활시켰으나 밍나라 또한 말기에 리쯔청李自成이 이끄는 농민반란이 도화선이 되어 멸망하였다.

만주족이 세운 칭나라도 유교문화를 받아들였으나 말기인 1851년에 일어난 홍시우취엔洪秀全이 이끈 태평천국의 난이 1864년까지 계속되었고, 1853년에는 산동성山東省, 허난성河南省, 장쑤성江蘇省 안후이성安徽省 등에서 유민, 무뢰한등이 불법적인 비밀결사단체인 염비捻匪를 군대식으로 조직하여 칭조에 대항하는 난을 일으켰다. 염비들이 조직한 염군捻軍은 당시 진행 중인 태평천국 난의 태평군太平軍과

연합하여 칭조의 군대와 전투를 한 적도 있으나 칭조는 쩡구어판曾國藩으로 하여금 그들을 토벌하도록 하여 1868년 이 난은 평정되었다.[105] 그러나 이 난은 칭조의 약화를 초래하여 칭조 멸망의 중요한 원인이 되었다.

회교도의 난은 윈난성雲南省의 회교도들이 1855년 윈난성의 광산 소유권 문제로 회교도들과 한족들 간의 다툼이 발단이 되어 회교도들이 일으킨 난인데, 1868년에는 53개 춘락城鎭을 점령하고 1864년에는 깐수甘肅, 싼시陝西, 닝샤寧夏, 신장新疆성이 난군의 수중에 들어가는 위세를 보였으나, 칭조에서는 쭈어종탕左宗棠을 깐수, 싼시 양성의 총독으로 임명하고 이들이 토벌을 담당하도록 하였는데 1873년 난을 일으킨 주모자인 두원시우杜文秀가 자살함으로써 난이 종식되었으나[106] 칭 조정이 더욱 약화되는 결과를 초래하였다.

---

105) 徐中約, 上揭書 p.252-253
106) 徐中約, 上揭書 p.253-254

제2부

중국식 사회주의의 이론과 목표

제7장 중국식 사회주의의 의의와 주창 배경

　오늘날 중국은 '중국식 사회주의'를 표방하고 중국이 서구민주주의와 다른 가치관을 가지고 서구 민주주의를 바탕으로 하는 국가를 능가하는 발전을 이룩할 것을 공언하고 있다.

　'중국특색적사회주의中國特色的社會主義' 또는 '중국식 사회주의'는 덩샤오핑의 주도로 1978년 개혁, 개방정책을 실시하면서 시장경제제도를 수용하여 종래의 사회주의로부터 역사적 변환을 이룩하고 사회주의를 유지하면서 시장경제를 추구 할 수 있다는 이론적 근거를 제시하기 위하여 제창된 개념이었다. 중국식 사회주의 개념은 처음 주창될 당시에는 중국 정부가 공산주의의 계획경제를 개혁, 개방을 통하여 시장경제로 전환시키는 것을 국민에게 설득하기 위한 이론으로 작용하였으나 공산당을 중심으로 시장경제를 추진하는 과정에서 새로운 지도자들에 의한 통치철학이 변화함에 따라 '중국식 사회주의'의 구성논리도 변화되고 보완되어 왔으며 '중국식 사회주의'가 지향하는 실천과제도 변화, 발전하고 있는 유동적 개념이 되었다.

　정치사상사에서 사회주의라는 말은 그리스시대 플라톤의 공화국(Republic)이나 16세기 영국의 토마스 모어(Thomas More)의 이상국

(Utopia)에서 그린 사유재산을 부정하고 사회 전체가 재산을 공유한다는 사상이 사회주의사상의 시초라고 하나 이러한 사회주의는 공상적 사회주의에 불과하고 현실적인 사회주의 사상은 19세기 초엽에 개인주의에 반대되는 개념으로 쓰였다.107)

사회주의는 자본주의의 경제체제가 사회의 여러 모순과 병폐를 가져온다고 보고, 자본주의 사회를 개조하기 위하여 발상된 제도이었다. 즉 사회주의는 자본주의가 경제적 개인주의의 제도로서 사적 이윤추구를 목적으로 하고 생산수단의 사적 소유와 자유경쟁을 수단으로 삼기 때문에 개인의 소유, 개인의 경쟁을 기초로 함으로써 발생되는 폐단을 방지하기 위하여 개인주의를 폐지하고 생산수단의 사회적 소유와 사회적 관리의 수단에 의하여 평등하고 정의로운 사회를 실현할 것을 목적으로 하는 사상이었다.

중국 정부가 '중국식 사회주의'를 주장하면서 공산주의의 발상지인 러시아에서도 개혁개방 이후 공산주의를 통한 독재 권력의 행사를 포기하였음에도 불구하고 아직도 공산당에 의한 강력한 통치권의 행사를 지속하는 근본 이유는 중국대륙의 역사에 비추어 중앙정부의 통치력을 지방에까지 효과적으로 행사하여 국가의 분열을 방지하고 이민족에 의한 통치가능성을 차단하여 한漢민족이 주도하는 중화인민공화국의 현재 통치영역에 대한 정당성을 확보함으로써 중화인민공화국의 정체성(identity)를 유지할 필요성에 기인한다.

---

107) Philip P. Wiener (editor in chief), *Dictionary of the History of Ideas, Studies of Selected Pivotal Ideas, Volume IV,* (Charles Scribner's Sons, New York: 1973) p.284

제8장 덩샤오핑鄧小平 이론과 '중국식
사회주의' 개념의 공식 채택 과정

'중국식 사회주의'의 개념은 덩샤오핑이 개혁개방정책을 표방하면서 제기한 용어이다. 덩샤오핑은 중국의 문화대혁명기간(1966-1976) 중 혁명 주도세력으로부터 '자본주의 추종자 (주자파:走資派)'라는 비판을 받고 일체의 관직을 박탈당하고 군중들 앞에서 모욕을 당하기도 하였다가 1974년 저우언라이의 도움으로 부총리직을 맡은 후 1976년 1월 저우언라이의 사망으로 다시 은둔 생활을 하였으며 1976년 9월 마오쩌둥의 사망 후1977년 7월 복권되어 중국공산당 중앙위원, 중앙정치국위원, 국무원 부총리, 중앙군사위 부주석, 중국인민해방군 총참모장 등의 지위를 갖게 되었다.

그는 1978년 12월에 개최된 중국공산당 제11기 전국대표대회 제3차 회의에서 중국공산당의 핵심적 지도체제의 중심인물로 부각된 후[108] 중국을 개혁개방한다는 기본 입장을 택하고 사상의 해방(解放思想), 실사구시(實事求是)를 표방하고 시장경제제도를 수용함에 따라 중국의 사회주의와 시장경제제도의 결합을 합리적으로 설명하기 위한 이론으로 '중국식 사회주의'의 개념을 개발하였다.

중국은 1980년 5월 세계은행과 국제통화기금(IMF)에 가입하여 시

---

108) 張豈之, 楊先才 共編, 中華人民共和國, (五南圖書出版公司, 臺北: 2002) pp.326-341

장경제제도를 채택한 것을 국제적으로 인식시켰으나 국내적으로 1982년 9월에 개최된 중국공산당 제12기 전국대표대회에서 '중국식 사회주의'의 개념을 공식적으로 제기하였다.

동 대회에서 덩샤오핑은 개막사를 통하여 "우리는 현대화를 이룩함에 있어서 중국의 현실에서 출발하여야 한다. 물론 아직도 혁명 과정에서 배우고 외국의 경험을 참조하여야 하나 외국의 경험이나 모델을 그대로 모방하고 답습하여서는 성공할 수 없었다. 이 점에서 우리들은 많은 교훈을 얻었다. 마르크스주의의 보편적 진리와 우리나라의 구체적 현실을 결합하여 우리의 길을 가야 하고 '중국식 사회주의'를 건설하는 것이야말로 우리들이 장기간에 걸친 역사적 경험에 의하여 얻은 기본적 결론이다."[109]라고 하여 중국식 사회주의 건설이 중국의 장기 발전에 필수적임을 강조하였다.

덩샤오핑은 1987년 11월에 개최된 중국공산당 제13기 전국대표대회 제1차 회의에서 공산당 중앙군사위원회 주석 직을 맡게 되었으며 동 회기에서 중국이 사회주의 초급단계에 있다는 이론을 제시하였다. 따라서 덩샤오핑의 '중국식 사회주의 이론 전개과정은 첫째, 제11기 중국공산당 대표대회에서 사상의 해방, 실사구시實事求是노선을 제기하고, 둘째, 제12기 대회에서 제기한 우리의 길을 가야하고 '중국식 사회주의'를 건설하여야 한다는 주장한 후, 셋째, 제13기 대회에서 '중국은 사회주의의 초급단계에 있다'고 주장하여 중국식 사회주의가 더 발전하여야할 사상이라는 점을 시사함으로써 단계적인 접근방법을 택하였다.[110]

덩샤오핑은 1989년 11월 개최된 중국공산당 전국대표대회 제13기

---

109) 上揭, pp.375-376
110) 施哲雄 主編, 發現當代中國,(揚智文化, 臺北: 2003), p.58

제5차 회의에서 중앙군사위 주석직을 동 회기에서 자기의 후임지도자로 지정한 장쩌민江澤民에게 이양한 후[111] 1992년 1월 18일부터 2월 21일까지 우창武昌, 선전深圳, 주하이珠海, 상하이上海 등 남부지방을 순회하면서 연설을 통하여 사회주의가 시장 경제를 채택할 수 있는 기본 원리를 설명하고 '중국식 사회주의'를 실천하여야 할 것을 강조하였다.

이것이 소위 '남방순강南方巡講' 또는 '남방담화南方談話'인데 그의 연설 요지는 "계획이라는 개념과 시장이라는 개념은 서로 상치하는 것이 아니므로 계획과 시장이 사회주의와 자본주의를 구별하는 본질적 개념이 아니다. 계획경제가 곧 사회주의가 아니다. 자본주의에서도 계획이 있기 때문에 시장경제가 곧 자본주의가 아니다. 사회주의에서도 시장이 있기 때문에 계획과 시장은 모두 경제수단일 뿐이다"라고 하여[112] 중국이 사회주의를 추구하면서 시장경제원리를 채택할 수 있음을 역설하고 이것을 '중국식 사회주의'로 표현하였다.

1992년 10월에 개최된 중국공산당 제14기 전국대표대회에서는 '중국식 사회주의' 건설이 마르크스 · 레닌주의의 기본원리와 현재의 중국의 현실과 시대의 특징을 결합하여 이루어진 것이며 마오쩌둥毛澤東사상을 계승, 발전시킨 것이고 당과 인민 전체 지혜의 결정結晶으로서 중국공산당과 중국인민의 가장 고귀한 정신적 재산이라고 하는 보고서를 채택하고 중국식 사회주의 추진목표를 당장黨章에 명기하도록 하는 결정이 이루어졌다.[113]

1997년 2월 덩샤오핑 사후 동년 9월에 개최된 제15기 중국공산당 전국대표대회에서는 중국공산당이 마르크스, 레닌주의, 마오쩌둥 사

111) 張豈之, 楊先才 共編, op. cit,, p.433
112) 上揭, pp.439-443
113) 上揭, pp.446-447

상, 덩샤오핑 이론이 행동지침이며 이는 중국이 개혁개방을 단행한 이후 20년 동안 사회주의 현대화 건설을 성공적으로 수행한 역사적 결단이었다고 하고 덩샤오핑 이론이 아래와 같은 이유로 마르크스주의가 중국의 발전에 새로운 단계를 맞이하였다고 하는 보고서를 채택하였다.114)

첫째, 덩샤오핑 이론은 사상의 해방(解放思想)과 실질적인 것을 추구(實事求是)하며 새로운 실천을 바탕으로 앞 사람을 계승하고 낡은 제도를 타파한 것이며,

둘째, 덩샤오핑 이론은 과학적 사회주의이론과 실천적 기본 성과를 굳건히 유지하면서 '사회주의란 무엇인가와 사회주의를 어떻게 건설할 것인가'라는 근본문제에 대하여 사회주의의 본질을 밝히고 사회주의에 대한 인식을 새로운 과학적 수준으로 올려놓았다.

셋째, 덩샤오핑 이론은 마르크스주의적인 넓은 안목으로 세계를 관찰하여 현재의 시대적 특징과 전체적인 국제정세, 세계의 다른 사회주의 국가의 성공과 실패 및 개발도상 국가들이 추구한 발전이 가져온 이해득실, 선진국들의 발전 형태와 모순들을 정확히 분석하여 새로운 과학적 판단을 한 것이며,

넷째, 덩샤오핑 이론은 중국식 사회주의 이론의 과학체계를 형성하는 것이다.

위에서 사상의 해방(解放思想)이라 함은 원래 마르크스주의의 한 내용으로서 과거의 습관이나 주관적 편견 등에서 탈피하는 것을 뜻하는데, 여기에서는 덩샤오핑이 종래의 사상과 관습에서 개혁개방이라는 사고의 전환을 한 것을 의미한다.115)

---

114) 上揭, pp.475-476
115) 百度百科, "解放思想."

제9장 '중국식 사회주의' 구성 논리의 발전

    '중국식 사회주의' 개념은 덩샤오핑에 의하여 제시되고 1997년 당장에 공식적으로 채택되었으나 '중국식 사회주의'의 구체적 내용은 중국공산당의 정책 방향과 중국 정부의 정책 실천과정을 통하여 보완되어 왔다.

    1989년 6월 개최된 제13기 중국공산당 전국대표대회 제4차 회의에서 티엔안먼天安門 사태로 문책을 당하여 실각한 짜오쯔양趙紫陽의 후임으로 중국공산당 총서기에 취임한[116] 장쩌민은 1991년 7월 1일 중국공산당 창당 70주년 기념행사에서 중국의 특정 지역에서는 상당 기간 여전히 계급투쟁이 필요하다고 하여 소련과 동구권의 자유화 물결이 중국으로 유입되는 것을 차단하였으며[117] 1998년 12월 중국의 개혁개방 20주년 기념연설에서 급진적이거나 서방세계가 촉구하는 경제, 정치개혁은 중국에 적합하지 않다고 선언한 바 있다.[118]

    그 이후 중국공산당이 각 분야에서 지도역할을 더욱 강화할 것과 사영기업인을 공산당원으로 영입할 필요성을 강조하였고[119] 2000년

---

116) Tony Saich, *Governance and Politics of China*, (Hampshire, England, palgrave macmillan, second edition: 2004), p.73.
117) *Ibid.*, p.75.
118) *Ibid.*, p.84.

2월에 행한 연설에서는 중국공산당이 가장 선진적인 사회생산력, 가장 선진적인 문화와 가장 광범위한 인민들의 근본적 이익을 대표하여야 한다는 이른바, 3개 대표론을 제기하여 중국공산당이 계급정당을 초월하여 전인민의 정당임을 확인하고 중국의 현대화 경제발전을 주도하는 새로운 계층을 당에 흡수할 필요가 있음을 역설하였다.

중국은 2001년 12월에 세계무역기구(WTO)에 가입하여 스스로 국제경제체제에 편입시켰으며[120] 2002년 11월에 개최된 제16기 중국공산당 전국대표대회에서는 공산당 당장黨章 일부를 수정하여 중국공산당이 행동지침으로 삼아야 할 중요 사상으로 마르크스. 레닌주의, 마오쩌둥 사상, 덩샤오핑 이론, 3개 대표론을 열거하고 이러한 사상을 바탕으로 '중국식 사회주의'의 길로 나아가야 한다는 것을 명시하였다.[121]

장쩌민의 3개 대표론에 대하여 "장쩌민은 중국식 사회주의를 건설하는 과정에서 당과 국가를 다스리는 데 새로운 귀중한 경험을 얻어 '3개 대표' 중요사상을 이룩하였으며 '3개 대표'사상은 마르크스 · 레닌주의, 마오쩌둥 사상, 덩샤오핑 이론을 계승하고 발전시킨 것이고 오늘날 세계와 중국의 발전변화와 당과 국가의 새로운 요구를 반영하고 당의 건설을 강화하고 새롭게 발전시킨 것이며 우리나라의 사회주의를 완벽하게 하고 발전시키는 데 중요한 이론적 무기이고 중국공산당의 지혜의 결정이며 당이 반드시 장기적으로 굳건히 유지하여야할 사상인 동시에 당을 유지하는 기본이며 정치의 기본이고 역량의 근원이다." 라는 내용으로 된 별도의 항목을 설정하였다.

---

119) *Ibid.*, p.81.
120) *Ibid.*, p.83.
121) *Ibid.*, pp.84-85.

중국공산당의 대표성은 공산당 당장에 명문으로 표현되어 왔는데 1982년 이전의 당장(1975년, 1978년 당장)에서는 중국을 '프롤레타리아 독재의 사회주의 국가'로 정의하는[122] 한편 중국공산당을 '노동자계급의 선봉대'라고 규정하고 당원 자격을 '만 18세 이상의 중국 노동자, 빈농, 군인, 기타혁명분자'라고 하였다.

그러나 1982년 당정 수정으로 중국공산당을 "노동자 계급의 선봉대인 동시에 중국의 각 민족과 인민의 이익을 충실히 대표한다"라고 하여 계급투쟁의 요소를 삭제하고 당원이 될 수 있는 자격으로서 중국의 노동자, 농민, 군인, 지식분자와 기타 혁명분자라고 규정하여 당원자격에 지식분자를 추가하였다.

또한 2002년에 수정된 당장黨章에는 중국공산당이 노동자工人계급의 선봉대인 동시에 중국인민과 중화민족의 선봉대이며 중국식 사회주의 업무의 지도적 핵심이라고 선언하여 중국공산당이 전체인민을 대표한다는 성격을 확인하고 당원의 자격 규정에 있어서도 '18세 이상의 중국의 노동자, 농민, 군인, 지식분자, 그리고 기타 사회계층의 선진분자'라고 표현하여 1982년 수정된 당장의 당원규정 중 '기타 혁명분자'를 '기타 사회계층의 선진분자'라고 수정함으로써 중국이 개혁개방 이전에 표방하였던 무산계급(프롤레타리아) 독재의 사회주의 국가로서의 이미지를 탈피하였다.

이러한 변화에 맞추어 1997년에는 중국의 사영기업인의 16.6%가 공산당원이 되었으며 2002년에는 29.9%로 증가하였다.[123]

중국정부가 2015년 6월에 발표한 〈2014年中国共产党党内统计公报〉에 따르면 2014년도의 경우, 중국 내 297만3천 개의 사영기업

---

122) *Ibid.*, p.125.
123) *Ibid.*, p.109.

중 53.1%에 달하는 157만9천 개가 공산당 조직을 가지고 있으며, 여기에는 유명한 사영기업인 신랑新浪, 바이두百度, 화웨이华为, 샤오미小米, 싼이쭝공三一重工 등이 포함되어 있으나, 이러한 사영기업에서 공산당 조직이 실질적인 역할을 하는 일은 거의 없다고 하였다.[124]

1992년 10월에 개최된 중국공산당 제 14기 전국대표대회 제1차 회의에서 중앙정치국 상무위원으로 임명되었던 후진타오胡錦濤[125]는 일찍이 덩샤오핑에 의하여 장쩌민 다음의 중국지도자로 선정이 되어 있어서[126] 장쩌민이 자신의 후계자로 강력히 지원하였던 쩡칭홍曾慶紅을 물리치고 2002년 11월에 개최된 제16기 중국공산당 전국대표대회에서 당 총서기로 선임되었다.[127]

후진타오는 2003年 7月에 개최된 제16기 중국공산당 전국대표대회 제3차 회의에서의 연설을 통하여 "사람을 근본으로 하고 전면적이고 협조적이며 지속가능한 발전을 추구하여야 한다"는 요지의 '과학발전관'을 제시하였으며[128] 2007년 10월 개최 제17기 중국공산당 전국대표대회에서 "중국식 사회주의의 깃발을 높이 들고 소강사회를 전면 건설하는 새로운 승리를 위하여 분투하자"는 제목의 보고서를 제출하였다.

후진타오는 동 보고에서 과학발전관을 제시하고 동 개념을 설명하였는데, 과학발전관의 핵심은 사람을 기본으로 하여 발전하는 사상으로서 기본적으로 요구되는 것은 전면적이고 협조적이며 지속가능

---

124) 搜狗搜索, 〈中共力推党组织全覆盖 私营企业中党组织 : 无实质作用〉
    http://www.wyzxwk.com/Article/shidai/2015/07/347779.html (2015. 9.22 검색)
125) 張豊之, 楊先才 공편(2002), p.448
126) Tony Saich op. cit. p.95
127) Ibid., p.80.
128) 新浪财经, "科学发展观统率中国经济"
    http://finance.sina.com.cn/nz/kxfzg/index.shtml

한 것이어야 한다는 것과 기본방법으로서는 전체적으로 통괄하고 골고루 살펴보아야 한다는 것이라고 하였다.

여기서 통괄하고 골고루 살펴보아야 한다는 의미는 도시와 농촌의 균형발전, 각 지역별 균형발전, 사람과 자연의 조화로운 발전, 국내 발전과 대외개방과의 전반적 고려 등이라고 해석되고 있다.[129]

이러한 과학발전관은 2007년 10월에 개최된 제17기 중국공산당 전국대표대회에서 당정의 일부로 채택되어 당정의 총강이 아래의 내용이 추가되어 수정되었다.

"새로운 발전 요구와 전당의 지혜를 모아 사람을 기본으로 하고 전면적 협조와 지속가능한 발전인 과학발전관이 제출되었다. 과학발전관은 중국공산당규에서 마르크스주의, 마오쩌둥 사상, 덩샤오핑 이론과 3개 대표론 등 중요사상과 일맥상통하고 현시대와 병행하는 과학이론이며 중국의 경제사회발전의 중요지침이고 중국식 사회주의를 발전시키는 데 반드시 굳게 유지하여야 할 중요한 전략적 사상이다.

개혁개방 이후 중국인민들이 얻은 일체의 성과와 진보의 근본원인은 중국식 사회주의의 길을 열고 중국식 사회주의의 이론체계를 수립한 데 있다고 하고 전 당의 동지들이 당이 개발하고 발전시킨 이러한 길과 이론체계를 소중하게 여기고 오랫동안 굳건히 유지하고 발전시키면서 중국식 사회주의의 깃발을 높이 받들고 현대화 건설을 추진하고, 조국통일을 완성하며 세계평화를 보호하고 공동발전을 촉진하는 3대 역사적 임무를 위하여 노력하여야 한다."

후진타오 총서기는 2011년 7월1일 중국공산당 창당 90주년 기념 행사에서의 연설을 통하여 '중국식 사회주의'와 마오쩌둥毛澤東사상

---

129) 百度百科, "科學發展觀" http://baike.baidu.com/view/15952.htm

과의 구별을 명확히 하였다.

즉 그는 '중국식 사회주의' 이론이 마르크스주의의 기본원리를 중국의 실제상황에 결합시키는 과정에서 생산된 두 가지 이론체계의 하나라고 규정하면서 마오쩌둥 사상은 중국식 사회주의와 다른 이론체계를 발전시킨 것이라고 하여[130] 마오쩌둥 사상의 이론체계와 '중국식 사회주의' 이론체계를 별개의 것으로 상정함으로써 마오쩌둥 사상을 '중국식 사회주의' 이론체계에 내포되는 것을 배제하였다.

중국공산당이 2007년 개정된 당장黨章까지 '중국식 사회주의'를 형성하는 내용으로 마르크스주의, 마오쩌둥 사상, 덩샤오핑 이론, 장쩌민의 3개 대표론, 후진타오의 과학 발전관 등을 모두 동열로 하여 중국공산당의 지도이념에 포함시켰다. 그러나 2011년 후진타오 총서기는 '중국식 사회주의'가 마오쩌둥 사상 이론체계를 이어받은 것이나 마오쩌둥 사상을 발전시킨 것이라고 선언하여 덩샤오핑 이론, 3개 대표론, 과학발전관 등만을 '중국식 사회주의'에 내포되는 이론으로 간주하고 중국식 사회주의 이념이 과거의 마오쩌둥 사상의 틀에 얽매이지 않을 것임을 천명한 것은 중국공산당의 마오쩌둥 사상에 대한 인식 변화로 이해할 수 있다.

---

130) 搜狐新闻, "庆祝中国共产党成立90周年大会(文字实录)",

제10장 중국식 사회주의의 발전 과정
에 나타난 사상적 배경의 변화

　중국 정부는 중국식 사회주의가 마오쩌둥과 마오쩌둥 이후 중국 지도자들의 사상을 종합, 발전시킨 것이라고 하면서 2008년 북경 올림픽 이후 한때 국제사회에 제시하는 중국식 사회주의 이론과 목표는 중국의 장칭蔣慶 등 현대 유학자들의 이론인 '정치유학政治儒學'에서 제시하는 이론과 목표를 원용하는 경향을 보여 왔다.

　중국 정부는 2008년 북경 올림픽 개막식을 통하여 중국문화의 우수성을 대내외 천명하고 중국전통사상인 유가사상을 세계에 부각시키고자 노력한 바 있으며 지난 수년 동안 중국 전통문화를 세계적으로 보급시키기 위하여 세계 각국에 500개가 넘는 공자학원을 수립하고 해외에서의 중국어 교육을 강화하여 왔다.

　'정치유학'의 중심사상은 중국의 전통사상인 유교를 개인의 수양을 목표로 하는 심성心性유학과 정치원리로 발전시키는 정치政治유학으로 나누고 심성유학은 개인의 덕을 배양하는 내성內聖을 얻는 데 목표가 있으나 정치유학은 인민을 통치하는 정치원리를 터득하는 외왕外王을 구하는 데 있다고 한다. 정치유학자들은 중국의 현 단계의 중국식 사회주의는 초보적 단계의 사회주의이나 앞으로 정치유학의 이론을 바탕으로 중국식 사회주의를 발전시키면 중국식 사회주의가 서구의 자유민주주의 제도보다 더 완벽한 제도가 될 것이며 중국 문화가 서구 문화보다 더 영향력이 큰 새로운 세계문화로 부각될 수 있다고 주장하였다.

중국 정부가 현대의 정치유학 개념을 발전시켜 중국식 사회주의의 배경사상으로 하려고 하는 시도는 2011년 이후 중단된 것으로 보인다. 중국 정부가 유교사상을 중국식 사회주의 이념의 중요한 요소로 삼는 것은 이미 과거 공산당 창당자들이 유교사상을 중국의 발전을 저해한 원인으로 보고 이를 철저히 배척하였던 사실에 비추어 볼 때 새로이 유가사상을 중국식 사회주의의 기초이념으로 하는 것은 이론상의 모순이라고 해석하는 것으로 보인다.

이러한 해석은 북경 올림픽 이후 중국공산당 대회에서 공식적으로 유가사상을 언급하지 않고 있을 뿐만 아니라 중국 정부가 2011년 1월 대형의 공자상孔子像을 베이징의 국립중앙박물관 앞에 설치하였다가 100일 후에 사람들에게 잘 보이지도 않는 박물관 내 한구석으로 이전한 데서도 나타난다.

제11장 중국식 사회주의의 실천 과제

2011년 7월1일 후진타오가 공산당 창당 90주년 기념행사 연설 내용에 비추어 볼 때 중국은 중국공산당을 핵심세력으로 '중국식 사회주의'를 실천하면서 추구하려고 하는 목표는 전면적인 소강사회小康社會 건설, 화해사회和諧社會의 실현, 사회주의 선진문화 성취, 중국의 통일, 세계평화와 세계의 공동발전을 위한 주도적 역할 등이라고 할 수 있다.

장쩌민江澤民은 1997년 공산당 전국대표대회 제15기 전국대표대회에서 국가발전의 목표로 전면적 소강사회小康社會 건설을 공식적으로 제기하였다.

소강小康이란 말은 허우한後漢시대에 저술되었으며 5경의 하나인 예기禮記의 예운禮運편에 언급된 "소강小康"과 "대동大同"이란 말 중에서 "소강"을 원용한 것인데, 이는 칭淸나라 말의 유학자인 캉여우웨이康有爲가 대동서大同書라는 책을 통하여 인류가 이룩하는 대동의 시대에는 인류 평등과 세계정부의 이상이 실현되는 시대이고 소강사회는 대동사회를 이룩하기 전 단계로서 생활에 불편이 없을 정도의 번영(moderate prosperity)을 이룩한 사회라고 규정하였는데[131]

---

131) Daniel A, Bell. *China's New Confucianism, Politics and Everyday Life in a changing Society.* (Princeton, NJ, Oxford, : Princeton University Press: 2008) p. 20-28

후진타오 중국공산당 총서기가 소강사회를 주장한 것은 이러한 중국의 전통적 사상에 기초하고 있다.

중국공산당은 전면적 소강사회의 실현과 관련하여 3단계 전략을 수립하였는데 중국공산당이 1987년에 제13기 전국대표자 대회에서 제출한 보고서에 따르면 중국이 1980년부터 1990년까지 1980년 기준의 중국국민 총생산을 2배로 증가시키며 제2단계로서 20세기 말까지 중국 국민총생산을 다시 2배로 증가시키며 21세기 중엽에는 일인당 국민소득을 중진국 수준으로 증가시켜 인민생활을 비교적 부유하게 하고 기본 생활을 현대화한다는 것이었다.[132]

이러한 3단계전략은 1997년 중국공산당 제15기 전국대표대회에 제출된 보고서에 다시 제시되었는데, 동 보고서는 제1단계로서 2001년부터 2010년까지 국민총생산을 2000년 기준 2배를 달성하여 인민으로 하여금 소강생활에 한층 더 여유를 가지게 하고, 제2단계로 2011년부터 2020년까지 국민총생산을 다시 2배로 증가시켜 여유로운 소강사회를 건설하고 2021년부터 2050년까지 현대화를 이룩하여 중등 수준의 부강한 국가로서 민주, 문명사회주의의 현대화 국가로 발전한다는 목표를 제시하였다.[133]

중국의 2000년도 일인당 국민소득은 약 900미불이었음[134]에 비추어 2010년에 일인당 국민소득을 1800미불로 증가시켜 전면적 소강사회를 건설하고 2020년까지 일인당 국민소득을 약 3600미불로 증가시켜 현대화 국가를 이룩한다는 계획을 수립하였다.[135]

---

132) 施哲雄 主編, *op. cit.*, p.227
133) *Ibid.*, p.227, 張豊之, 楊先才 공편, *op. cit.*,, p.459, Tony Saich *op. cit.*,, p.86
134) *Ibid.*, p.86
135) IMF 자료에 의하면 중국의 2009년도 명목상의 일인당 국민소득은 3,678불로 발표하였는바(민족문화대백과), 명목상가치를 기준으로 한다면 중국은 국민소득의 증가 목표를 10년 정도 앞당겨 달성하였다는 해석이 가능하다.

중국공산당은 또한 화해사회和諧社會의 실현을 목표로 제시하고 있는데, 원래 화해和諧라는 말은 앞에서 지적한 바와 같이 예기禮記의 예운禮運편에 언급된 "소강小康"과 "대동大同"이란 말 중에서 대동과 유사한 말인데, 이러한 대동이란 말을 정치이념으로 한 것은 캉여우웨이康有爲가 청일전쟁 이후 유교의 재해석을 통하여 시대의 변화에 적합한 제도개혁, 즉 변법變法으로 스스로 강하여져야 한다는 운동, 즉 변법자강운동變法自强運動을 주도하면서 원용한 전례가 있다.

캉여우웨이는 대동서大同書라는 책을 통하여 인류가 이룩하는 대동의 시대에는 인류평등과 세계정부의 이상이 실현되는 시대라고 하였다. 화해라는 말이 중국의 유가사상에서 유래한다는 것은 중국의 난팡저우모南方周末라는 주간지가 2006년 10월 12일자 사설에서 화해라는 말이 논어의 화의부동(和而不同: 조화를 추구하나 무턱대고 동조하지 않는다에서 유래한 말)이라고 해설한 데서도 나타난다.[136]

후진타오는 2002년 3월 당 총서기직을 담임하게 되고 2003년 3월 국가주석직까지 맡게 되는 동안 자신의 정치철학으로 사회주의 화해주의를 건설할 것을 여러 강연에서 언급하였으며 후진타오 자신은 화해사회의 건설이 민주법치, 공평정의, 성신우애誠信友愛, 충만한 활력充滿活力, 안정과 질서(安定有序), 인간과 자연의 상호조화(人與自然和諧相處) 등의 개념을 포함하는 뜻이라고 해석하였다.[137]

2006년 10월에 개최된 중국공산당 제16기 중앙위원회 제6차 전체회의에서 '사회주의 화해사회를 건설하는 데 있어서의 중대한 문제점'이라는 보고서를 채택하였는데 동 내용의 요지는 아래와 같다.

"중국이 개혁개방 이래 각 분야에서 커다란 발전을 이룩하였으나

---

136) 유사한 설명은 Daniel A. Bell. *op. cit.*, pp.13-14
137) 龍華, *胡溫治國揭秘* 香港新華彩印出版社(2005), P.2

많은 모순도 나타나게 되었다. 도시와 농촌, 각 지역의 경제사회발전 상의 불균형이 발생하고 인구, 자원, 환경 문제 등과 관련하여 압력이 심화되고 직업, 사회보장, 소득분배, 교육. 의료, 주거지, 안전문제 등 여러 가지 분야에서 인민들의 절실한 이익에 관계되는 문제가 발생하게 되었으며 체제조직이나 법제도가 완비되지 못하였고 일부 사회구성원들이 성실함과 도덕성을 상실하였으며 일부 지도자의 지도 자질과 능력과 태도가 새로운 임무를 수행하는 데 부적합한 것이 나타났고 일부 영역에서 부패현상이 심각하였으며 적대세력이 침투하여 국가 안위와 사회 안정을 해치는 일이 발생하게 되었다.

중국공산당은 이러한 문제를 해결하고 국가의 전전한 발전을 위하여 화해사회의 실현이 급박한 것으로 진단하고 화해사회를 실현하는 원칙으로서 중국공산당 영도하에 전체인민이 공동으로 노력하여 당의 기본노선과 기본강령, 기본경험을 바탕으로 과학발전관에 따라 경제사회발전을 전체적으로 파악하여 인민에게 가장 관심이 크고 직접적이고 현실적인 이익을 가장 중요시하여 사회사업을 발전시키고 사회의 공평과 정의를 촉진하며 화해문화를 건설하고 사회관리를 충실하게 하고 사회의 창조력을 증강하며 공동으로 풍요로울 수 있으며 사회, 경제, 정치, 문화에서의 협조적 발전을 할 것을 강조하고 있다"[138]

중국공산당이 제시한 위와 같은 화해사회의 개념은 정치, 경제, 사회의 각 분야에 적용되는 매우 포괄적인 개념으로서 화해사회의 실현은 후진타오가 주장하는 과학적 발전관을 적용하여 구체화하려는 중국의 현대화 자체를 의미한다고 할 수 있다.

---

138) 人民网. "中共中央关于构建社会主义和谐社会若干重大问题的决定"
   http://politics.people.com.cn/GB/1026/4932440.html (검색일: 2011.8.21)

후진타오는 2011년 7월 중국공산당 창당 90주년 기념행사에서의 연설을 통하여 중국이 중국공산당 창당 100주년이 되는 시점(2021년)까지 높은 수준의 소강사회를 건설하고 새로운 중국건설 100주년이 되는 시점(2049년)까지 화해적和諧的 사회주의 문화국가의 건설을 완수할 것을 다짐하고 있다.

중국공산당은 사회주의 정신문명 건설을 중국이 이룩하여야 할 중요한 과제로 제시하고 있다.

중국에서 사회주의 정신문명의 중요성이 처음으로 강조된 것은 1979년 9월 중국공산당 중앙위원회 대표 예지엔잉葉劍英이 중화인민공화국 수립30주년 기념행사에서 "우리들은 고도의 물질문명을 건설하는 동시에 전인민의 교육, 과학, 문화수준과 건강수준을 높이고 숭고한 혁명이상과 혁명도덕기풍을 수립하여 고상하고 풍요한 문화생활을 발전시키고 고도의 사회주의 정신문명을 건설하여야 하며 이는 우리들의 사회주의 현대화의 중요목표이며 4개 현대화의 필수 조건이다."라고 한 데서 기원한다.[139]

4개 현대화란 1975년1월에 개최된 제4기 전국인민대표대회(NPC)에서 당시의 총리인 저우언라이周恩來가 농업, 공업, 과학. 기술, 국방의 4개 분야에서 현대화할 것을 주장한 것이다.[140]

1980년 1월 중국공산당 중앙공작회의中國共産黨中央工作會議에서 덩샤오핑은 사회주의 정신문명의 중요성을 재차 강조하고 "우리들이 건설하고자하는 사회주의는 고도의 물질문명뿐만 아니라 고도의 정신문명도 필요하다. 정신문명은 교육, 과학, 문화 분야에 한정하는 것이 아니라 공산주의적 사상, 이상, 신념, 도덕, 기율, 혁명적 입장

139) 張豈之, 楊先才 공편(2002), p.411.
140) Tony Saich,(2004), p.51

과 원칙, 사람과 사람의 동지적 관계 등등의 분야를 포함한다."고 하고 이러한 혁명정신이 사회주의 중국의 정신 문명적 주요지주가 되며 이러한 정신문명이 없이는 사회주의 건설이 불가능한 것이라고 설명하였다.

1986년 9월에 개최된 중국공산당 제12기 전국대표대회 제 6차 회의에서 공산당 중앙위원회는 마르크스주의 기본원리와 중국사회주의 현대화 건설의 실제상황을 결합한 원칙에서 한 걸음 더 나아가 사회주의 정신문명을 건설하는 전략적 지위, 기본임무와 지도방침을 천명하는 '사회주의 정신문명건설에 관한 지도방침'을 채택하는 결의를 하였다.

동 결의 내용은 중국의 사회주의 현대화건설의 총체적 구도는 경제건설을 중심으로 하고 현재의 경제체제와 정치체제의 개혁을 확고히 하면서 사회주의 정신문명 건설을 더욱 강화하고 이들 각 분야의 상호 결합과 상호 촉진을 통하여 전체적인 구도에서의 정신문명건설의 전략적 지위와 사회주의 정신문명의 중요특징을 인식하기 위한 것이라고 하였다.[141]

1987년 10월에 개최된 중국공산당 전국대표대회 제13기회의에서는 1986년 1월 당 총서기로 취임한 짜오쯔양趙紫陽의 주도하에 개최되어 경제와 정치개혁에 관한 논의가 중심이 되었으나 보수파의 주장으로 정신문명건설도 마지막 의제로 채택되었다.[142]

1989년 티엔안먼天安門 사태로 당 총서기가 된 장쩌민은 1992년에 개최된 제14기 중국공산당 전국대표회의 이래 사회주의 정신문명의 건설을 중요시하여 1993년 12월 개최된 군사위원회 확대회의에서

---

141) 張豈之, 楊先才 共編(2002), p.414.
142) Tony Saich,(2004), p.69

"사회주의의 우월성은 경제. 정치 방면이나 고도의 물질문명을 창출하는 능력에 나타나야 할 뿐만 아니라 사상과 문화방면에서도 나타나 고도의 정신문명을 창출하는 능력을 보여 주어야 한다. 가난하고 정신적 공허를 나타내며 사회풍기가 문란한 것도 사회주의가 아니다. 경제발전에 노력할수록 개혁개방의 속도를 높일수록 사회주의 정신문명으로 하여금 튼튼한 정신력과 지적 능력을 지지하도록 하는 것이 필요하다."고 하였다.[143]

장쩌민 총서기는 또한 1994년 1월 전국선전사상공작회의全國宣傳思想工作會議에서의 연설을 통하여 "과학이론으로 무장된 사람, 여론을 이끌어 나가는 사람, 숭고한 정신을 고취하는 사람, 우수한 작품을 추천하는 사람들은 이상, 도덕, 문화와 기강을 가진 새로운 사회주의자들이 대를 이어 나갈 수 있도록 배양하여 '중국식 사회주의의 위대한 사업을 건설하는 동안, 사상을 유지하고 여론의 지지를 얻을 수 있도록 하여야 한다."고 하였다. 이후 그는 당의 간부와 지도급 인사들을 소집하여 학습과 정치, 올바른 기풍 등에 관한 강의를 수차례 하고 애국주의, 집체주의[144], 사회주의 사상교육, 마르크스이론, 중국 역사와 당의 우수성에 관한 교육, 사회공중도덕과 직업도덕 교육을 행하였다.

그는 또한 인민들의 사적인 이익보다 공공의 이익을 위하여 봉사할 것과 인민들의 확고한 신념과 고상한 기풍을 간직하고 문명생활방식을 준수하도록 고취하고 배금주의, 향락주의, 개인주의 등 개인

---

143) 張豊之, 楊先才 共編(2002), p.414.
144) 집체주의란 개인이 사회에 종속되기 때문에 개인이익보다 집단, 민족, 계급의 이익이 우선하며 개인의 최고 행동지표는 인민의 전체이익에 부합하도록 하여야 한다는 사상이다.
百度百科, "集体主义," http://baike.baidu.com/view/15952.htm(검색일: 2011. 8. 21)

의 정신과 사회기풍을 오염시키며 사회를 부패시키는 행위를 금지하여야 한다는 것을 강조하였다.

장쩌민 총서기의 이러한 지도에 따라 중국공산당은 1994년 8월 '애국주의 교육 실시 요강'을 인쇄하여 전국의 당 조직에 배포하고 관할 인민들에게 교육하도록 지시하여 1995년까지 이러한 애국주의 사상교육 기관이 600여 개가 되었다.[145]

---

145) 張豈之, 楊先才 공편(2002), p.460-461.

제12장 '중국식 사회주의'의 목표 달성을 위한 기본 정책

중국이 개혁개방정책을 표방한 1978년 12월 중국공산당 제11기 전국대표대회 제 3차 회의에서 중국공산당은 차후 가장 중요한 업무를 경제현대화에 두고 다른 업무는 경제건설 목적 달성을 위한 부수적 업무가 되어야 한다고 하였다.[146]

중국이 개혁개방과 함께 경제정책을 최우선시하지 않으면 안 되는 이유로 다음 세 가지로 해석할 수 있다.

첫째, 개혁개방을 할 당시 국민경제사정이 매우 악화되어 1977년 국가노동자 평균임금이 1957년보다 5.5%더 낮아졌고 산업근로자는 8.4%더 낮아져 마오쩌둥毛澤東 시대에 농지의 사유화와 자유시장을 주장하던 자를 자본주의의 앞잡이라고 공격한 농민들의 생활수준이 더 악화되었다는 것이 현실로 나타났다.

둘째, 마오쩌둥毛澤東 사후 권력을 잡은 화구어펑華國鋒이 마오쩌둥 시대의 정책을 답습하려 하였으나 심각한 재정적자와 인플레이션을 유발하여 경제의 근본적인 제도 개혁의 필요성이 절실하여졌다.

셋째, 1950년대 이후 중국공산당이 시행한 사회주의 정책이 심한

---

146) 張豈之, 楊先才 共編(2002), p.341., Tony Saich,(2004), p.241

변동을 야기하여 마오쩌둥 사후 공산당 통치에 대한 합법성에 대한 의문이 야기되어 중국의 새로운 공산당 지도자가 밝은 경제전망을 제시하여 공산당 통치의 합법성을 보여주어야 할 필요성이 생겼다.147)

덩샤오핑은 1978년 초, 일본, 동남아를 방문하고 1979년 2월 미국을 방문하여 경제선진국들을 시찰한 후 중국이 이들 국가와의 경제발전에 커다란 차이가 있음을 느끼고 중국의 발전을 위하여 자본주의 국가와의 문화를 개방하고 이들 국가로부터 자본과 기술을 도입하여야 할 필요성이 크다는 것을 깨달았다.148)

이러한 인식 하에 중국은 우선 광둥廣東, 푸지엔福建 양 성省에 경제특구를 설치하여 외국 자본을 도입하고 경제개발을 하기로 함으로써, 1980년 하반기부터 선전深圳, 주하이珠海, 산터우汕頭, 샤먼廈門에 경제특구를 건설하고 이들 지역에서 외국인 투자, 외국기업 유치, 중국기업과 외국기업의 합작기업 설치 등이 이루어지도록 하였다.149)

중국경제를 제도적으로 개혁하기 위한 움직임으로 1979년 4월 개최 중국공산당 중앙위원회는 중국경제를 조정調整, 개혁改革, 정돈整頓, 제고提高한다는 방침을 채택하였다.

동 회의에서 리시엔니엔李先念 대표는 "사회주의 제도하에서 중국의 현대화를 중국식으로 실현하기 위하여 형평을 상실한 각 방면의 조정이 필요한 바, 농업과 공업, 경공업과 중공업, 저축과 소비 등 분야에서 균형을 찾을 수 있는 협조가 필요하며 국민경제를 계획적이고 건전하게 발전하기 위하여 공업관리와 경제관리 제도를 개혁하여

---

147) Tony Saich,(2004), p.241-242
148) 張豊之, 楊先才 共編(2002), p.363.
149) 張豊之, 楊先才 共編(2002), p.365-366.

중앙과 지방, 기업과 근로자들의 적극성을 발휘하도록 하여야 하며 현존기업을 정돈하고 더 나은 생산질서와 업무질서를 수립하며 조정과 개혁과 정돈을 통하여 관리수준과 기술수준을 제고하여야 한다"고 하였다.

1982년 11월에 개최된 제5기 전국인민대표대회 제5차 회의에서는 헌법을 개정하여 국가의 근본 임무가 사회주의 현대화건설에 있음을 밝히고 점진적으로 농업, 공업, 국방, 과학기술분야의 현대화를 실현할 것을 명문화하였다.[150]

중국이 4개 분야 현대화 필요성을 밝힌 것은 이미 1975년 1월 개최된 제4기 전국인민대표대회에서 저우언라이周恩來가 그 정책의 개요를 설명한 바 있으나[151] 개혁개방 이후 동 내용을 헌법에 규정한 것이다. 1993년 11월에 개최된 제14기 중국공산당 전국대표대회 제3차 회의에서 '사회주의 시장경제체제'를 건설하기로 공식 확정하고[152] 1995년 7월 개최 동 제7차 회의에서 경제개발 9차 5개년 (1996-2000)계획 안과 2010년까지 달성할 경제목표를 채택하였다.

중국식 사회주의의 성공을 위하여 중국공산당이 적극적으로 추구하는 것은 위와 같이 경제정책이 주된 내용이나 '중국식 사회주의' 추진 과정에서 발생하는 내부적 장애요소로 부각되고 있는 부패문제를 척결하는 것과 소수민족 및 경제발전 과정에서 소외된 계층의 사회적 불만을 해소하여야 하는 과제도 해결하지 않으면 안 되는 중대한 업무가 되었다.

중국식 사회주의의 목표달성을 위한 기본정책으로 농업정책, 기타

---

150) 張豈之, 楊先才 共編(2002), p.378-379.
151) Tony Saich,(2004), p.51
152) 張豈之, 楊先才 共編(2002), p.454., Tony Saich,(2004), p.243

산업. 재정. 복지정책, 과학기술 현대화 정책, 국방현대화 정책에 대한 기본 방향을 제시하고 있다.

중국식 사회주의의 경제정책 중 농업정책이 가장 급격한 변화를 추구하는 것이었다. 중국은 1958년부터 1960년까지 농촌지역에 대약진운동과 인민공사제도를 실시하여 정부가 농촌경제에 직접 개입한 것은 농촌의 자율성과 생산성을 저하시킨 실책으로 판단하고 정부 주도가 아닌 농촌의 자율성을 보장함으로써 생산의 효율성을 높이려는 정책을 수립하였다.

이리하여 1982년 중국공산당 제12기 전국대표대회 이후 중국 농촌에 인민공사를 폐지하고 '가정생산도급책임제(家庭聯産承包責任制: household responsibility system)'를 실시하였다. 이는 농촌에서 가정 단위로 국가로부터 토지를 일정기한 빌려 자기 책임하에 생산하여 국가에 일정한 액수의 상환을 하고 잉여 부분은 농가의 소득으로 인정하는 제도이다. 인민공사제도는 중앙에서 생산계획을 수립하고 대량 생산을 추구하여 통일적 분배를 하는 제도이었으나 '가정생산도급책임제'는 가정에 할당된 양(quota)은 정하여진 가격으로 국가의 구매(procurement)에 응하고 그 이상의 생산량은 개인시장에서 판매할수 있게 하는 제도이다.

1978년 12월 정부는 곡물의 정부구매 가격은 매년 20% 증가할 수있으나 쿼타 이상 생산량의 가격은 50% 증가할 수 있도록 하여(섬유의 경우는 30%)[153] 농가생산량 증가에 인센티브를 줌으로써 1987년까지 중국전역의 1억8천만 농가의 98%가 '가정생산도급 책임제'를 실행하게 되어 가정이 농업생산의 계약주체가 되었다.[154]

---

153) Tony Saich,(2004), p.245.
154) 張豈之, 楊先才 共編(2002), p.382.

농촌경제를 관리하는 기구도 과거의 중앙정부조직인 인민공사에서 지방행정최소단위기구인 향, 진(鄕, 鎭: township, village)으로 바뀌었으며 인민공사의 생산에 직접 종사하는 단위조직인 생산대대(brigade, team)를 철폐하고 농민자치기구인 촌민위원회村民委員會를 설치하여 1985년 말 기준 55,000개의 인민공사가 92,000개의 향, 진으로 대체되었으며 82만여 개의 촌민위원회가 구성되었다.[155]

농가가 국가로부터 경작 토지를 대여 받을 수 있는 계약기간은 당초 15년이었으나 1993년에 30년으로 연장하였으며 농가가 체결한 계약은 매매의 대상이 될 수 있어서 이러한 제도가 농지의 사실상(de facto)의 사유화(privatization) 결과를 가져왔다.[156]

1984년 3월 중국 중앙정부는 농촌에서 농업종사 이외의 잉여인력 (중국 농업부는 2005년에 중국 농촌에 약 6억 명의 노동인구가 있으며 농업에 필요한 인력은 약 1억 6천8백만 명이라고 발표함)[157]을 활용하기 위하여 향, 진이 사업주체가 되는 향진기업(鄕鎭企業: Township and Village Enterprises)의 설립을 허용하였는데, 이 향진기업이 발전하여 1987년까지 전국의 향진기업 종업원 총수가 8천8백5만 명에 달하고 생산액은 4,765억 위엔元으로서 농촌의 전 생산액의 50.8%에 달하게 되어 농촌경제의 개혁과 농촌의 공업화 및 농촌 현대화에 큰 기여를 하게 되었다.[158]

중국 농촌에서 기업 활동이 장려됨으로써 중국의 농업 생산은 상대적으로 위축되었다. 중국 국무원 소속 통계국이 편찬한 통계연감 2014년에 의하면 중국의 농산물은 1978년 개혁 개방 당시 1,117억5천만 위엔元 상당이었으나 2013년의 경우 5조 1497억4천만 위엔으로

---

155) 張豊之, 楊先才 共編(2002), p.383., Tony Saich,(2004), p.61.
156) Tony Saich,(2004), p.246.
157) Tony Saich,(2004), p.251.
158) 張豊之, 楊先才 共編(2002), p.383.

서 35년간 연 평균 1.31%증가한 것으로 나타난다.[159]

개혁으로 인한 농산물 증산계획은 대체적으로 초기 단계에는 성공적이었으나 1985년 이후 흉작과 농업인구의 이탈 등의 사유로 만족스러운 결과를 가져오지 못하였다. 1978년 농작물생산량이 3억5백만 톤이었고 1984년에 4억7백만 톤으로 증가하였으나 1985년 이후에는 다시 농업생산량이 떨어지고 농가소득의 증가가 둔화되어 1985년에 농작물 생산량이 3억7천9백만 톤으로 대폭 감소하였다.

2010년의 농산물 생산량은 5억 4648만 톤이고 2014년의 농산물 생산량은 6억 710만 톤으로서 2010년부터 2014년까지의 농업생산량 증가는 6천 62만 톤이며 이는 이 기간에 연평균 2.69% 증가한 것을 나타낸다.[160]

2003년 중국정부가 발표한 자료에 의하면 농촌의 평균소득은 1997년도 2,090위엔元에서 2002년 2,476위엔으로 증가한 한편 도시의 평균소득은 1997년도 5,160위엔에서 2002년도 7,703위엔으로 증가한 것으로 나타나[161] 2002년도의 농촌소득과 도시소득의 비율은 1:3.11로 나타나고 1997년부터 2002년 사이의 도시소득의 연평균증가는 농촌소득 연평균증가의 1.31배로 나타났다.

2010년의 농촌과 소득의 격차는 1:3.23으로 증폭되었으며 2013년의 경우 농촌인구農村居民의 평균 소득은 8,895위엔이고, 도시인구城鎭居民의 평균소득은 26,955위엔으로, 농촌과 도시의 소득 격차는 1:3.03이 되었다.[162]

---

159) 搜狗百科 baike.sogou.com/v., 中华人民共和国国家统计局, 中国统计年鉴2014
http://www.stats.gov.cn/tjsj/ndsj/2014/indexch.htm (검색일 2015.9.10.)
160) 上揭 중국의 통계국이 2015.2.26. 발표한 2014年 国民经济和社会发展统计公报
http://www.stats.gov.cn/tjsj/zxfb/201502/t20150226_685799.html(검색일 2015.9.10.)
161) Tony Saich,(2004), p.250.

이러한 소득격차는 세계에서 가장 높은 것으로 평가되고 있다.[163]

중국 정부는 농촌경제의 어려움을 보상하여 주기 위하여 1989년 에는 곡물수매가격을 대폭인상하자 도시의 곡물가격이 폭등하게 되었고 이러한 가격폭등이 도시인들의 불안으로 이어지자 농가에 대한 직접 보조금을 증가시켰으나 이는 또한 국가재정에 커다란 부담으로 나타났다. 1994년에는 정부가 물가국(物價局: State Price Bureau)을 폐지하고 곡물거래가격을 시장경쟁에 맡기자 곡물가격이 32%인상되는 결과를 야기하여 1995년에는 다시 물가국을 부활시켰다.[164]

중국은 2001년에 WTO에 가입하여 식량을 국내생산에만 의존할 수 없게 되자 농촌의 경제사정은 더욱 악화되고 농촌인구가 도시로 이탈하고 농촌의 도시화 경향의 속도가 빨라지게 되었다.[165]

중국이 시장경제체제를 수용함에 따라서 중국산업 전반을 시장원리에 맞도록 개편하는 것이 가장 시급한 과제가 되었다. 이러한 제도 개편으로 1984년에 기업이익에 대한 세금을 부과하는 제도를 채택하였으며 1988년에 공사법公司法를 제정하여[166] 공사를 기업과 구별하여 별도의 법률 적용을 받도록 하였으며 국유기업(國有企業: State-owned enterprise) 중 공사의 체제를 가진 국유기업을 국가독자공사國有獨資公司, 유한책임공사有限責任公司, 주식유한공사股份有限公司 등으로 나누어 국가가 단독으로 책임을 지는 순수한 의미의 국유기업의 범위를 제한하고 기업경영의 합리화를 도모하였다.[167]

---

162) 搜狗百科 - baike.sogou.com/v., 中华人民共和国国家统计局, 中国统计年鉴 2014 http://www.stats.gov.cn/tjsj/ndsj/2014/indexch.htm (검색일 2015.9.12.)

163) 财经网, 《财经》综合报道, "我国城乡收入差距比 3.23 : 1 全球差距最大的国家之一" http://www.caijing.com.cn/2011-08-24/110824874.html

164) Tony Saich,(2004), p.249.

165) Tony Saich,(2004), p.251.

166) Tony Saich,(2004), p.255.

국유기업에는 중앙정부의 감독 관리를 받는 중앙기업(中央企業: 약칭 '央企'라고 함)과 지방정부의 감독 관리를 받는 지방기업이 있는데, 중앙기업은 국가의 기반산업이 되는 전력, 통신, 석유, 화학, 철도 등 20개 분야에 2015년 3월 현재 112개가 있으며, 그 중 109개가 공사公司 형태로 존재하고 있다. 공사 형태가 아닌 것은 중국건축설계연구원中国建筑设计研究院, 중국야금지질총국中国冶金地质总局과 중국석탄지질총국中国煤炭地质总局의 3개이다.[168]

1992년에는 국무원 법령을 제정하여 국유기업이 자주적으로 경영하여 독자적으로 직원을 채용하고 해고하며 투자 자본을 배정할 수 있는 14개 분야를 지정하였다.[169] 국유기업에 대한 이러한 경영합리화 조치가 있었음에도 불구하고 세계은행이 추산한 바에 의하면 1995년 중국의 국유기업 중 약 10%만이 기본적인 영업수익을 낼 수 있을 뿐이나 국가 투자의 60%를 흡수하고 국가 예산의 3분의 1을 보조금으로 받으며 중국 GDP의 12% 이상에 해당하는 부채를 가지고 있는 것으로 나타났다.[170]

중국 정부는 국유기업의 경영합리화를 위하여 2006년에는 중앙기업의 전면적 위험관리 방안을 준수하도록 하는 지침中央企业全面风险管理指引)을 각 중앙기업에 시달하였으며 2013년부터는 중앙기업 경영책임자의 실적을 평가하는 지침을 시행하도록 하였다.[171] 중국 국

---

167) 張豈之, 楊先才 共編(2002), p.455. 국가가 단독으로 책임을 지는 공사는 국가가 단독으로 출자하는 국유독자공사에 한정한다

168) 중앙기업은 2003년 설립된 국무원 소속 '국유재산 감독관리위원회'의 지휘 감독을 받으며 당초에는 196개로 출발하였으나 그 동안 감축하여 2015년에는 112개로 축소되었다. 搜狗百科 - baike.sogou.com 2015.9.13검색

169) Tony Saich,(2004), p.256.

170) Tony Saich,(2004), p.257., 張玉法, 『中國現代史』(臺灣: 東華書局, 2004)p.832에는 1995년도의 경우 국유기업(국영기업이라고함)의 45%가 적자이었으며 1996년에는 60%가 적자이었다고 한다.

유기업은 그 규모 면에서 세계 각국의 500대 기업 중에 중국 국유기업 500개의 규모가 가장 큰 것으로, 그 총수익이 100억 위엔을 초과한 것으로 나타나고 있으나 개개 기업의 국제경쟁력은 매우 뒤떨어지는 것으로 파악되고 있다.[172]

중국정부는 국유기업의 경쟁력을 제고하기 위하여 2015년 9월 '국유기업의 개혁을 심화하는 데 관한 지도의견(关于深化国有企业改革的指导意见)' 30개 항목을 발표하였다. 그 주된 내용은 국유기업을 상업목적인 것과 공익목적인 것으로 구별하여 공익목적인 국유기업은 국민生活을 보장하는 데 기여하도록 하고 상업목적의 국유기업은 시장원리에 충실하도록 능력별 보수체계를 수립하고 이사회董事会의 운영권한과 감사회监事会의 감독기능을 강화하며 재산 손실에 관하여 책임을 지도록 하고 국유기업에 국유자산 이외의 자본이 유입할 수 있도록 하여 혼합소유제를 추진한다는 내용을 포함하는 한편 당의 국유기업에 대한 지도를 강화하기로 하였다.[173]

중국은 국유기업의 정리와 함께 집단기업이나 사기업을 발전시킴으로써 국유기업의 경쟁력을 제고시키기로 하고 외국기업을 유치하여 국내기업과 합작회사를 설립한 후, 추후 독자적인 기업을 경영하는 것을 유도하여 국유기업 이외의 기업이 1978년에는 22.4%에 불과하였으나 2000년에는 73.5%로 증가하였고 순수한 사적기업도

171) 百度文库, 国务院国有资产监督管理委员会关于印发《中央企业全面风险管理指引》的通知
    http://wenku.baidu.com/view/28e2e0a9cc22bcd126ff0c2b.html(2015.9.13.검색)
    百度文库, 中央企业负责人经营业绩考核暂行办法
    http://wenku.baidu.com/view/a6a40828192e45361066f58b.html(2015.9.13.검색)
172) 百度文库, 我国国有企业的现状及发展趋势
    http://wenku.baidu.com/view/28e2e0a9cc22bcd126ff0c2b.html (2015.9.13.검색)
173) 搜狐新闻, 关于深化国有企业改革的指导意见(全文)
    http://news.sogou.com/news (2015.9.15. 검색)

1998년에 16%를 차지하게 되었다.[174]

1999년에는 헌법을 개정하여 '경제의 비 국가부문(non-state sector)도 사회주의 경제의 불가분의 요소이다'라는 문구를 삽입하였다.[175]

이는 헌법에서 사유권을 중국경제의 주요한 요소로 공식적으로 인정하고 사유권을 합법화하는 것을 의미한다. 이러한 조치에서 더 나아가 2003년 5월, 후진타오 총서기는 국유기업의 소유와 경영을 분리하여 종전에 각 부처가 가지고 있던 196개의 총자산, 8340억 미불에 상당하는 대규모 국유기업(중국항공, 석유, 통신, 철강. 자동차산업 포함)의 소유권을 국가자산 감독관리 위원회(國家資産監督管理委員會)에 통일적으로 귀속시키고 경영의 합리화와 부패 방지와 국제경쟁력을 증진하도록 하였다.[176]

중국의 경제발전을 위하여 은행을 활용하는 것이 필수적이었는데 국가가 경영하는 중국은행은 1990년대 중반에 중국 GDP의 25%에 상당할 정도의 부실채권(non-performing loans)이 증가되고 있어서 은행에 대한 전반적인 개혁의 필요성이 검토되었다.

중국은 1994년 은행제도를 상업은행(commercial banks), 정책은행(policy banks), 협동조합(cooperative banks)으로 나누고 중국은행업무의 70%를 차지하는 4대 상업은행으로 중국 공상은행(Industrial and Commercial Bank), 중국은행(the Bank of China), 중국건설은행(China Construction Bank) 및 중국농업은행(the Agricultural Bank of China)을 두고 이들 은행들을 국가의 관리하에 두되 대출은 영리기준으로 하도록 하였으며 정책은행으로 중국개발은행(China Development Bank), 농업개발은

---

174) Tony Saich,(2004), p.261.
175) Tony Saich,(2004), p.263.
176) Tony Saich,(2004), p.261.

행(Agricultural Development Bank), 중국수출입은행(the Export Import Bank of China)을 설립하였다.[177]

1998년 중앙은행인 인민은행(the People's Bank)에 대한 감사를 통하여 인민은행의 지방조직에 정치적 관여를 방지하여 당의 간부들이 은행의 대출결정에 관여하지 못하도록 하였으며 2003년에는 국영은행에 대한 감독을 하는 '중국은행업 감독관리위원회(中國銀行業監督管理委員會: China Banking Regulatory Commission)'를 설치하여 은행으로 하여금 기업 관리의 향상과 대출을 상업적 차원에서 하도록 장려하고 부실채권 감소를 지원하였다.[178]

중국이 사회주의 체제를 유지하고 있을 때인 1970년대 말까지는 국유기업을 중심으로 직장단위의 사회보장제도를 채택하였으며 그 이외의 경제단위에 대하여는 국가가 고용을 보장하고 의료, 주택, 교육 등의 복지를 무상으로 제공하였으나 개혁개방에 따라 사유기업이 생겨나고 국유기업도 체제변화로 대량 실업문제가 발생하여 사회보장제도를 근본적으로 재검토하여야 할 필요성이 생겼다.

중국정부는 1990년대 초부터 새로운 사회보장제도 수립을 추진하여 1997년에는 연금실업보험, 1998년에는 기초의료, 출산보험 등을 도입하고 도시민의 연금은 초기에 국유기업 및 집체기업 노동자들에게만 적용하다가 1999년에 사기업 종사자를 포함하고 2002년에 도시지역의 모든 기업을 대상으로 확대하였다.

중국은 2010년에 사회보험법을 제정하여 2011년 7월부터 시행하였는데 동 법의 주요 내용은 양로, 의료보험을 전체 주민에게 확대하고 업무상 상해, 실업失業, 출산보험을 전체 직장인에게 확대하는 것

---

177) Tony Saich,(2004), p.264.
178) Tony Saich,(2004), p.265.

등이다.

연금제도는 도시인구과 농촌인구를 분리하여 도시인의 연금 가입을 의무적으로 한 반면에 농촌 거주자는 임의로 가입하도록 하였다.

또한 2014년에는 농촌사회양로보험과 도시주민 사회양로보험을 합병하여 전국 통일의 도시와 농촌 주민 기본양로보험제도를 건립하기로 결정하고 기금 조성은 개인이 납부하고 단체가 협조하며 정부가 보조하는 방식을 취하고 중앙재정은 기초양로금 표준에 따라 중서부지역에 대해서는 전액 보조금을 조달하고 동부지역에 대해서는 50%의 보조금을 조달한다는 기본방침을 정하였다.

중국의 2013년 실업失業보험에 참여한 사람은 1억6천416만8천 명이었으나 2014년도에는 1억7천43만 명으로 증가되었고 2013년도에 실업보험금을 수령한 사람은 416만7천 명이고 실업보험금 지출액수는 203억2천만 위엔元으로 나타났다.

2013년도 기본의료보험에 가입한 직공이 2억51만3천 명이었으나, 그 중 6천941만8천 명이 탈퇴하였다. 출산보험에 가입한 사람은 2013년의 1억6천392만 명에서 2014년에 1억7천35만 명으로 증가되었다.179)

중국은 개혁 개방 이후 사회보장제도를 점차로 개선시키고 있으나 오늘날 중국의 체제하에서 과거 사회주의체제와 같이 전체 중국인민들을 수혜 대상으로 하는 것은 제도상의 어려움뿐만 아니라 재원조달이 용이하지 않아 사회보장제도의 불공평이 심각한 사회문제로 부각되고 있다.

중국공산당은 개혁개방정책을 실현하는 데 있어서 필수적인 경제

---

179) 搜狗百科 - baike.sogou.com/v.. 中华人民共和国国家统计局, 年度數据
    http://data.stats.gov.cn/easyquery.htm?cn=C01 (2015. 9.18검색)

발전이 과학. 기술의 발달과 직접적인 연관이 있다고 판단하고 1982
년 중국공산당 중앙위와 국무원이 "경제건설은 과학기술에 의존하여
야 하며 과학기술 업무는 반드시 경제건설에 맞추어져야 한다"는 지
도방침을 채택하였으며 1983년에 국무원에 '과학기술 업무 지도팀'
을 구성하여 과학기술체제의 개혁을 주도하였다.

　1985년 3월 중국공산당 중앙위와 국무원은 북경에서 전국 과학기
술 업무회의를 개최하여 '과학기술 체제 개혁을 위한 지도 사상과 실
시절차 등 중대 문제'를 의제로 토의하였다. 동 회의에서 덩샤오핑은
"경제체제와 과학체제 양방면에서의 개혁은 생산력을 대폭 증가시키
기 위한 것이므로 새로운 경제체제는 과학기술을 발전시키는 체제가
되어야 하며 새로운 과학체제는 경제발전을 위한 체제가 되어야 한
다"고 주장하였다.

　이러한 과정을 거쳐 1986년 11월 중국공산당 중앙위와 국무원은
'고급과학기술연구발전계획요강高科技研究發展計劃綱要'을 실시할 것을
결정하였다. 동 요강은 '863계획'이라고도 불리는데, 1986년 3월 중
국과학원의 4명의 원로 과학자가 제출한 '세계 전략적 고급 기술 발
전을 따라가는 데에 관한 건의'인 바, 동 건의는 전국의 중요 과학자
200여 명이 모여 중국의 발전에 가장 큰 영향을 미칠 수 있는 고등기
술발전 전략을 수립하고 집중적 노력이 필요한 7개 분야를 토론을
통하여 추정한 것으로서 생물 기술, 항공 기술, 정보통신 기술, 레이
저 기술, 로봇 기술, 에너지 기술, 신소재 기술이 가장 중요하다고 보
고 이 7개 분야에 각 분야마다 15개의 연구주제를 부여하여 100여
개의 전문분야에 1000개의 구체적 연구 과제를 설정한 것이다.

　또한 1988년 5월에는 국무원이 북경에 '고등 신기술 개발 실험지
구'를 설정하는 안을 가결하였으며 동년 8월에는 '863계획'의 후속조

치로서 고급과학기술의 성과의 신속한 산업화, 상업화를 촉진하고 국제적인 협조와 자본유치를 하고 국제시장을 개척하는 방안에 대하여 협의하였다. 이러한 노력으로 1990년 통계에 따르면 중국에 자연과학분야에 1천80만8천 명의 과학기술자가 있는 것으로 나타났다.[180]

중국은 1978년 개혁개방을 단행할 시기에 장시간 대규모 세계전쟁이 없을 것으로 판단하고 1981년 9월 덩샤오핑은 "중국군대를 강대한 현대화와 정규화 된 혁명적 군대로 만드는 것이 필요하다"고 역설하였으며 1985년 6월에는 베이징에서 개최된 중앙군사위원회 확대회의에서 덩샤오핑은 중앙군사위 주석으로서 인민해방군의 100만 명 감축 결정을 선포하였다. 이리하여 1987년까지 감축군인 100만 명 중 군 장교급을 60% 감축하여 장교 대 사병의 비율을 종전의 1:2.45에서 1:3.3으로 높였다.[181]

또한 1997년 9월, 장쩌민은 중국공산당 제15기 전국대표대회에서 50만 군인을 감축할 것을 선언하고 군대를 고도의 기술전쟁에 대비하여 육군보병부대를 감축하고 그 일부를 무장경찰과 예비 병력으로 전환하였으며 동 계획을 1999년말까지 완수하였다.[182]

중국의 국방현대화 계획은 군대의 정예화와 아울러 군대의 사상교육을 강화하여 인민에 대한 복무정신과 사회주의 건설에 적극 동참하도록 하였으며 군인에게 전문과학 지식에 대한 교육과 기술교육을 하도록 하여 군인이 전투임무 이외의 사회건설에 종사하도록 하고 군대를 떠난 후에 직업을 가지는 데 도움이 되도록 하였다.[183]

---

180) 張豈之, 楊先才 共編(2002), p.p.391-392.
181) 張豈之, 楊先才 共編(2002), p.p.395-396.
182) 施哲雄 主編, (2003), p.276.
183) 張豈之, 楊先才 共編(2002), p.p.395-396.

제13장 시진핑習近平 체제가 추구하는 중국의 새로운 개혁 방안

중국공산당 제18기 중앙위원회 제3차 전체회의(이하 "3중전회"라고 약칭한다)가 2013년 11월 9일부터 12일까지 베이징에서 개최되었다. 3중전회에서 심의를 거쳐 채택된 개혁방안은 중국공산당 중앙정치국의 주도로 이루어졌으며 동 회의에는 중국공산당 중앙위원 204명, 후보중앙위원 169명이 참석하고 중앙 기율 검사위원회 상무위원회 위원을 비롯한 유관부처 책임자, 중국공산당 제18기 회의의 대표 중 일부 하부 조직원과 전문 학자가 배석하였다.[184]

동 회의의 첫날 시진핑習近平 중국공산당 중앙위원회 총서기가 기조연설을 한 후 중앙정치국이 제출한 "전면 심화 개혁에 관한 중국 공산당 위원회의 약간 중대한 문제의 결정"(이하 '3중전회 결정'이라고 약칭한다) 내용을 심의하여 마지막 날인 11월 12일 이를 통과시키고[185], 11월 15일 중앙정치국이 중국 관영 언론매체인 신화사新華社를 통하여 전체회의의 경위와 내용에 관한 홍보자료公報를 발표였으며, 동 일자로 시진핑 총서기가 3중전회 결정을 설명하는 담화를 발표하였다.[186]

---

184) 2013년 12월12일자 베이징 발 新華社 전문 (http://123.sogou.com/
185) 人民网, www.people.cn

3중전회 결정은 2020년까지 중국의 정치, 경제, 사회, 문화, 당, 군대 등 각 부문에 걸쳐 강도 높은 개혁을 통하여 중국식 사회주의 제도를 완비하고 국가 관리체제를 정비하며 관리능력을 현대화함으로써 "전면적 소강사회小康社會, 부강한 민주문명과 조화로운 사회주의 현대 문화국가를 이룩하고 중화민족의 위대한 부흥을 의미하는 중국의 꿈"을 실현하는 것을 목표로 하고 있다.[187]

3중전회 결정은 각 분야에 걸쳐 매우 상세한 개혁방안을 제시하고 있는데 이러한 방안들은 시진핑習近平 총서기의 임기 중 실천할 국정의 청사진이라고 해석할 수 있으므로 이 개혁 방안의 배경과 지도이념, 구체적 내용, 기존 국제질서와의 관계, 그 실천 전망 등을 분석 검토하는 것은 앞으로 중국이 국제질서에서 점하게 될 위상을 파악하고 한국의 중국에 대한 외교정책을 수립하는 데 매우 긴요한 과제가 될 것이다.

상기 "공보公報"는 제18기 3중전회에서 결정된 개혁방안의 명분과 개혁방안의 이념적 기초에 관하여 아래의 요지를 언급하고 있다.

- 제11기 3중전회 이래 개혁과 개방이 성공하여 위대한 성공을 이룩하였으나 오늘날 새로운 시대적 조건에 부응한 새로운 개혁개방을 이룩하는 것이 중국전체 민족의 위대한 혁명이며 중국이 나아가야 할 가장 분명한 길이고 중국의 운명을 결정하게 될 중대한 선택이다.

- 3중전회에서 중국식 사회주의의 깃발 아래 덩샤오핑鄧小平 이론, 3개 대표 사상, 과학발전관을 지도이념으로 하였다고 하면서 3중전회에서 이들 사상 이외에도 마르크스·레닌 사상, 마오쩌둥 사상도 강조되었다.

---

186) 上揭

187) 上揭, 中国共产党第十八届中央委员会第三次全体会议公报,

- 3중전회에서 공산당의 영도력을 견지하고 공산당의 기본노선을 관철하면서 폐쇄적인 낡은 노선을 버리고(不走封閉僵化的老路), 특정사상에 구애받지 않고(解放思想), 실제로 이익을 줄 수 있는 노선을 택한다(實事求是)는 점이 강조되었다.

- 개혁의 기본 노선은 아래와 같다.

• 경제를 현대 시장경제체제로 전환하여 시장과 정부의 관계에서 정부는 거시적 조정만을 하도록 하며 시장이 결정적 역할을 하도록 하며 개방형 경제체계와 효율성을 증진할 수 있는 체계를 수립하여 새로운 국가건설을 촉진한다.

• 당의 영도하에 인민을 주인으로 삼고, 법에 의한 정치, 부의 균등한 배분이 이루어지는 사회주의 민주정치를 제도화하고 규범화하여 사회주의 민주국가를 건설한다.

• 사회주의 핵심가치체계를 건설하고 문화관리 체계와 문화생산 경영제도를 개선하여 사회주의 문화 대 발전과 번영을 이룩한다.

• 생태문명체제를 개혁하여 영토공간을 개발하고 자원을 절약하며 환경보호와 인간과 자연의 조화로운 발전을 기하도록 한다.

• 당의 지도체제와 통치체제를 개혁하고 군대가 당의 지휘하에 더욱 강한 인민군대로 한다.

상기 시진핑 총서기의 3중전회 결정 설명담화에서는 1992년 덩샤오핑이 남방순회에서 "사회주의를 유지하지 않고 개혁개방을 단행하지 않고 경제발전을 이룩하지 않으며 인민의 생활을 개선하지 않으면 중국에게는 죽음의 길밖에 없다"고 한 말을 상기시키고 3중전회의 개혁방안이 1992년의 개방 개혁을 심화하는 것임을 나타내었다.

3중전회에서 채택된 "중국공산당 중앙위의 개혁 심화에 관한 수개의 중요문제에 관한 결정中共中央關于全面深化若干重大問題的決定)"은 개혁방안에 관한 구체적 내용을 60개 항목으로 세분하고 있는데 그 내용을 요약하면 아래와 같다.

1. 기본 경제제도 완비

- 경제제도 개혁의 핵심은 사유재산권에 대한 보호 범위를 확대하고 국가 소유의 국유자본과 농촌지역 농민공동소유인 집체자본集體資本, 개인자본 간의 상호 교류 증대를 통하여 경쟁력과 투명성을 증진시킴으로써 국가전체 자본 활용의 효율성을 증대한다.
- 법률로 모든 재산권을 보호하고 국유자본, 집체자본, 개인자본 간에 상호 투자가 가능하도록 함으로써 혼합소유경제체제를 지향한다. 국유재산의 경우 국유자산관리 체제를 개혁하여 종래 국가자산을 관리한다는 개념으로부터 국가 자본을 시장원리에 따라 운영한다는 개념으로 전환시킨다. 또한 국유자본에 대한 감독을 강화하고 국유자본 운영공사와 국유자본 투자공사를 설치한다.
- 국유자본이 투자하는 영역을 국가전략 목표달성을 위한 분야, 국가안전에 관련된 분야, 국민경제에 절대적 영향을 미치는 분야, 첨단산업분야, 생태보호 분야 등으로 한정하고 국유자본 경영예산제도를 정비하고 2020년까지 국유자본 운영 수익의 30%를 사회보장제도 기금으로 활용한다.
- 국유기업에 대한 개혁을 강화하여 국유기업의 운영을 시장 원리에 따른 경쟁력을 가지도록 하고 정치가 기업에 개입하는 것을

방지하도록 하며 국유기업의 재무 예산 등 중요 정보를 공개
한다.

- 시장市場이 자원 배분의 결정적 역할을 하도록 하기 위하여 기업
  의 자주경영, 공평경쟁, 소비자 자유선택, 상품과 생산 요소의
  자유 이동, 평등교환이 가능한 시장 질서를 확립한다. 시장에 진
  입하는 제도를 부적격자 제외제도(네거티브 리스트로 통일하고 외국자
  본의 투자가 내국민 대우를 받는 조건도 부적격자 제외제도) 네거티브 리스
  로로 통일한다.

- 상공업의 등기제도는 현재의 출자액과 납입액을 등기 시에 결정
  하도록 하는 제도(實繳登記制度)를 등기 후 일정한 기간 내에 자본
  을 납부할 수 있는 제도(認定登記制度)로 변경한다.

- 시장에 대한 감독체제도 개혁하여 전국을 하나의 시장으로 통일
  하여 공평한 경쟁이 이루어지도록 법제화하고 위법과 특정시장
  에 대한 특혜 부여를 엄격히 금지한다.

- 가격결정 기능은 시장에 맡기고 정부가 부당하게 간섭하지 않도
  록 하여 수도, 석유, 천연가스, 전기, 교통, 전신 등 분야에서의
  가격결정을 개혁하고 정부가 관여하는 범위를 공공사업과 공익
  사업에 한정시키고 투명성을 확보하고 사회의 감독을 받는다.

- 도시와 농촌의 토지에 대한 임대, 양도, 저당을 할 경우 모두 국
  가의 토지와 동등한 권리와 가격을 인정하며 국가가 토지를 수
  용하는 범위를 제한하고 수용할 경우 합리적이고 규범적인 보장
  제도를 마련한다.

- 금융제도의 개방범위를 확대하여 민간자본이 일정한 조건을 충
  족하면 법에 의하여 중소형 은행 등 금융기관을 설립할 수 있도
  록 하고 정책적 금융기구를 개혁하여 건전하고 다층적 자본시장

체제가 성립할 수 있도록 한다.

- 중국화폐의 환율이 외환시장에서 형성되는 제도를 완비하여 이율의 시장화 시기가 빨리 도래하도록 하고 중국화폐의 자본시장에서 태환이 되는 시기를 앞당기도록 한다.
- 금융 감독 체계를 정비하여 중앙과 지방 사이의 금융 감독 책임과 위험관리 체계를 명확하게 구분하고 저축성 보험 제도를 설립하며 금융시장의 안전과 고효율성을 확보하는 방안을 마련한다.
- 과학기술과 산업이 상호 협동하여 발전할 수 있도록 기술이 새로운 시장을 형성하는 제도를 만들고 기업에게 기술을 창조하여 나가는 지위를 부여한다.
- 지적재산권을 보호하고 지적재산권에 관한 재판소를 설립하는 방안을 모색한다.
- 예산의 공개투명성을 확보하는 제도를 마련하며 예산은 균형예산으로 편성하되 적자규모에서 지출예산과 정책예산을 확장하고 지출 청산은 재정수지 증가폭 또는 생산총액과 연계하나 일반적인 연계방식은 채택하지 않는다. 예산의 집행이 다음 연도까지 걸칠 경우 균형예산 시스템을 수립하고, 권한과 책임이 발생하는 정부종합재무보고 제도와 중앙정부와 지방정부에 채무관리 및 위험예고 시스템을 수립한다.
- 투자체제를 개혁하여 기업을 투자의 주체가 되도록 하고 국가안전, 생태안전, 전국의 중대한 생산력과 관련이 되거나 전략자원 개발이나 중대한 공공이익과 관련이 되는 분야 이외에는 기업이 법에 따라 자주적으로 운영하고 정부가 심사, 감독하지 않도록 한다.
- 발전성과평가 제도를 개혁하여 단순한 경제성장 속도를 평가하

지 않고 자원의 소모, 환경훼손, 생태효능, 에너지 효능, 과학기술 개발, 채무의 증가 등을 지표로 삼는다.

- 전국과 지방의 자산, 부채표를 만들고 전 사회의 부동산, 신용 등 기초수치를 통일된 기준으로 작성하여 각 부문의 정보를 공유한다.

- 조세제도는 점차적으로 직접세의 비중을 높이고 부가가치세를 신설하며 세율의 합리화를 도모한다. 소비세의 징수범위, 소득 간 구분, 세율, 에너지 과소비와 환경오염이 심한 소비상품에 대한 소비세율을 높인다. 점차적으로 종합과 개별 소득세를 결합한 개인 소득세제를 수립한다. 부동산세와 자원세資源稅, 환경 보호세를 신설하는 방안을 추진한다.

- 업무 수행 권리와 예산지출을 결합하는 제도를 수립하여 국방, 외교, 국가안전, 전국 통일시장 규칙과 관리에 관한 업무는 중앙정부가 관할하고 지역 사회보장과 수개지역에 걸쳐있는 중대한 사항을 보호하여야 할 업무는 중앙과 지방의 공동 업무로 하며 지역성 공공 서비스 업무는 지방업무로 한다. 또한 중앙이 일부 업무를 지방에 이양할 수 있으며 그 경우 예산 지출 책임도 지방에 위탁한다.

- 내국자본과 외국자본을 규율하는 법률을 통일시키고 외국자본에 대한 정책을 안정적이며 투명하고 예견이 가능하도록 추진하고 금융, 교육, 문화, 의료등 서비스 산업을 차례로 개방하고 육아. 양로, 건축 설계, 회계심사, 상품물류, 전자상업 서비스 분야에서의 외자 진출 제한을 더욱 개방한다. 일반 제조업도 더욱 개방하고 세관특수감독 구역을 선별 통합한다.

- 상하이上海 자유무역지역 설정에서 얻은 경험을 바탕으로 조건

이 구비될 경우 지방발전을 위한 수개의 자유무역항(지역을 선정한다.

- 세계무역기구의 틀 안에서 양자, 다자, 지역별 자유무역지대 설치에 대하여 개방 협조하고 각국과 지역 간에 이익의 합치점을 확대하며 주변을 기초로 자유무역지대 실시 전략을 가속화하고 시장진입, 세관감독, 검역 관리체계, 환경보호, 정부조달, 전자상거래 등 신 의제에 관한 회담에서 글로벌한 높은 수준의 자유무역지대 네트워크를 이룩한다. 홍콩 특별행정구역, 마카오 특별행정구역, 대만지역과 협조를 확대한다.

- 내륙지방의 무역, 투자, 기술개발 협조를 증진하고 가공무역 방식으로 내륙산업단지를 형성하는 것이 유리하도록 하는 체제를 구축하며 내륙과 도시간의 여객. 화물 운송항공을 증편하여 동부, 중부, 서부를 관통하고 남부와 북부의 대외 경제 회랑走廊을 연결한다.

- 국경지대의 개방을 가속화하고 국경지대 항구와 국경도시 개발을 허가하며 국경지대에서의 경제 합작지구에서의 인적 왕래와 물류, 관광 등을 특수방식으로 실행하며 개방형 금융기구를 설치하여 주변국 및 주변지역과의 상호 연결을 도모한다. 실크로드를 경제통로로 추진하고 해상 실크로드를 건설하여 전방위 개방의 신국면을 이룩한다.

2. 정치제도 개혁

- 전면적인 개혁을 심화하기 위하여 당의 영도력을 강화하고 개선하는 것이 필수적이므로 각 분야의 협조를 영도의 핵심으로 삼

고 배우며, 봉사하며 창조적인 마르크스주의 집권당을 건설하며 당의 영도 수준과 집권능력을 제고한다. 전 당원들의 행동과 사상을 통일하고 전면적 개혁을 심화하는 데 앞장서서 이익구조를 정확히 조정하고 당내 민주를 발양發揚하고 중앙의 권위를 옹호하며 중앙의 명령을 통용시키며 중앙의 개혁결정을 이행시킨다.

- 중앙에 전면개혁심화 지도부全面深化改革領導小組를 두어 개혁의 전체적인 설계와 협조를 총괄하고 총체적인 추진과 내실을 기하도록 독촉한다. 각급 당 위원회가 개혁에 대한 지도적 책임을 지고 과학적이며 민주적인 정책 결정을 하는 시스템을 구축하여 개혁 방향을 선도한다. 영도그룹과 영도 간부들은 부단히 개혁 능력을 제고하고 당의 하층 조직과의 관계를 공고히 하는 체제를 갖추어 개혁 업무의 뿌리를 튼튼하게 한다.

- 당의 조직력을 보증하고 인재에 의하여 당이 지탱될 수 있도록 당 간부 인사에 관한 제도를 개혁하여 각 분야의 우수한 간부가 당 조직을 영도하고 점검하도록 당위원회를 강화하고 간부의 선발과 평가제도評價制度를 개혁하여 경쟁을 통한 선발과 우수한 청년 간부를 양성하며 스펙이나 출신성분만을 고려한 선발을 지양한다. 간부가 특수집단화하는 것을 방지하기 위하여 선발의 시야와 채널을 확대하고 간부의 계통과 영역 간의 교류를 확대한다.

- 공무원 분류제도를 개혁하여 공무원의 직무와 직급이 병행하도록 하고 직급에 따른 대우를 하는 제도를 구축한다. 전문기술직과 행정공무원을 구별하고 특채인원 관리 제도를 두며 하위공무원 채용제도를 정비하고 벽지 출신자에게 공무원 문호를 확대한다. 각 방면의 우수한 인재를 선발할 수 있도록 체제나 신분상의

장벽을 제거하며 재능이 있는 자가 두각을 나타낼 수 있도록 사회 각 방면 간의 인사교류를 확대하고 국제경쟁력을 갖춘 인재가 우대를 받을 수 있도록 인재 평가제도를 개혁하고 해외의 우수한 인재를 유치하여 새로운 발전을 할 수 있도록 한다.

- 중앙 정부의 직능을 과학적인 거시조정 역할만 하도록 하고 미시적인 사항은 지방정부에 권한을 위임하며 정부의 직능을 변화시키고 행정체제를 개혁하여 정부의 공신력과 집행력을 강화하고 법치정부와 서비스 형型 정부를 이룩한다.

- 정부는 발전 전략, 기획, 정책, 표준 등을 제정, 실시하고 시장 활동을 감독하며 지방정부의 공공 서비스, 시장 감독, 사회 관리, 환경보호 업무를 강화하고 정부 구매는 경쟁에 의하도록 하며 합동과 위탁방식을 택한다.

- 행정구역 설정을 최적화하고 일정한 조건을 갖추면 성省이 직접 현縣이나 시市를 관리하는 제도를 모색한다.

- 인민대표대회를 시대에 맞도록 발전시켜 인민대표제도의 이론과 실천을 새롭게 하고 입법의 기초와 논리, 협조, 심의제도를 건전화하여 입법의 질을 높이고 지방이나 부분의 이익을 보호하는 것을 방지하는 제도를 만든다.

각급 정부는 중대한 정책을 결정하기 전에 인민대표대회에 보고하도록 하고 인민대표의 예산 결산 감독권, 국유재산 감독권을 강화하며 세수税收의 건실한 법제화를 기한다.

- 민주협상을 당의 영도하에 경제사회 발전의 중대한 문제와 민중들의 절실한 이익이 관련된 문제에 관하여 정책결정 이전 단계에서 협의하며 국가정치 기관, 정협조직, 당파 단체, 서민조직, 사회조직의 협상 채널이 되도록 하고 입법, 사법, 참정, 사회 협

상을 통하여 중국의 새로운 싱크탱크를 건설 하며 건전한 자문 기구가 되도록 한다.

- 헌법과 법률의 권위를 보호하여 헌법을 치안의 근본법으로 하여 최고권위를 인정하며 법률 앞에 모든 개인이 평등하고 어떠한 조직이나 개인에게도 헌법, 법률을 초월한 특권을 인정하지 않으며 헌법과 법률을 위반한 모든 행위는 책임추궁 당하도록 한다.

- 행정법 집행주체를 조정하여 집행자의 권리와 책임이 통일되도록 하고 집행자의 중복을 줄이며 식품과 약품, 안전생산, 환경보호, 노동보장, 해역海域 및 섬과 관련된 법집행은 하위 관리들의 역량을 중시하고 법의 집행과 서비스 수준을 높이며 법의 집행 절차와 자유재량을 규범화한다.

- 재판권과 검찰권을 법에 따라 공정하게 행사하게 하고 사법관리 체제를 개혁한다. 성省 하위의 지방법원을 추진하고 검찰원의 인적 물적 관리를 통일하며 행정구획과 합당하게 분리된 사법관할 제도를 수립할 것을 추진하며 직업의 특수성에 부합하는 사법인원을 관리하고 법관, 검찰관, 인민경찰을 통일하여 채용하며 법관, 검찰관, 인민경찰의 직업을 보장하는 제도를 둔다.

- 심판위원회 제도를 개혁하여 주심법관이 합의심사건의 책임을 지도록 하며 가급법원의 직능을 명확히 하며 상. 하급 법원 간의 감독관계를 규범화한다. 심판과 검찰업무를 공개하고 심판 자료를 기록 보관한다. 효력이 발생한 법원의 재판문서를 공개하고 감형, 가석방, 외부 진료 등을 엄격히 법제화한다. 인민배심원제도, 인민감독원제도를 두어 인민대중이 사법에 참여하는 통로로 한다.

- 인권의 사법司法상 보장을 위한 제도를 두고 재산관련 소송에서 압류, 압수, 동결에 관한 규범을 강화하고 고문에 의한 자백강요, 학대행위를 금하며 법률에 위반한 증거배제 원칙을 엄격히 실시하고 사형죄를 점차로 축소한다.
- 노동교화제도勞動敎養制度를 폐지하고 위법 범죄 행위적 처벌과 교정 법률을 정비하며 지역사회의 교정제도를 개선한다.
- 사법구제제도司法救濟制度를 개선하고 변호사의 업무 집행에 따른 권리를 보장하되 위법한 행위에 대하여 처벌, 징계한다.
- 권력과 업무와 사람을 관리하는 제도를 견지하여 인민이 권력을 감독하게 하고 권력사용이 명백히 들어나게 하고 제도의 틀 내에서만 행사되도록 한다. 권력을 제한하고 권력 간의 협조가 이루어지고 권력의 사용에 대한 감독체계가 이루어지도록 하는 제도를 갖추어 깨끗한 정부를 건설하고 맑고 공정한 간부, 청렴한 정부, 청명한 정치가 이루어지도록 노력한다.
- 국가 지도체제를 정비하고 민주 집중제를 견지하여 당이 핵심적 지도력을 발휘하도록 하고 당의 중요 간부의 직책과 권한을 규범화하며 당과 정부에 과학적인 인사 배치를 하고 임무를 명확히 하며 당 간부의 권력행사를 제약하고 감독하며 행정감찰과 회계감사를 강화한다.
- 부패 방지 제도를 강화하고 당의 기율위원회의 검사체제를 개혁하며 반부패 지도체제와 각급 반부패 협조부서의 직능을 개혁 정비하여 기율위원회가 당내의 감독 전문기관이 되도록 하고 기율위원회 업무를 구체화, 절차화, 제도화하고 상급 기율위원회가 하급 기율위원회를 지도한다. 각급 기율위원회의 서기나 부서기가 거명되거나 조사를 할 경우에는 상급 기율위원회가 이

업무를 주관한다.

중앙 기율위원회가 당과 국가기관에 파견되어 검사하는 제도의 내실화를 기하여 검사를 담당하는 자의 명칭과 관리, 책임을 통일하도록 하며 중앙과 지방의 순시제도를 개선하여 지방, 그룹, 기업을 모두 대상으로 한다.

- 부패를 처벌하고 예방하며 청렴정치에 대한 장애요소를 방비하기 위하여 이익충돌을 방지하고 지도급 간부의 개인 관련 사항을 보고하며 직책의 회피 제도를 택하며 지도급 간부의 관련 사항에 대한 공개제도를 추진하여 법률과 여론의 감독을 받게 한다.

형식주의, 관료주의, 향락주의와 사치풍조를 배격하고 지도급 간부들이 분위기 쇄신에 앞장서며 불필요한 회의와 문서작성을 줄이고 업무예산을 줄여 공용자동차, 공용출장, 공용접대의 '3공三公'으로 인한 경비와 사치스러운 공공건물 건설로 인한 경비를 줄인다.

- 인사 담당자에 대한 감사와 책임추궁을 강화하여 관직청탁의 폐단을 없애며 조사제도와 고과제도의 부정과 무사안일, 무능 문제를 해결한다. 지도급 간부가 생활용과 업무용 사무실을 다수 점거하는 것을 엄격히 제한하고 법에 규정한 규모 이상의 비서와 경호를 두는 것을 엄격히 규제한다. 지도급 간부들의 친인척의 경제활동을 엄격히 규제하여 자신의 공권력이나 영향력이 친인척이나 특정관계인들의 개인적인 이익을 도모하는 데 사용되지 않도록 한다.

3. 사회제도 개혁

- 사회통치체제를 새롭게 하여 인민의 근본이익을 최대한 확대하고 조화로운 사회를 이룩하는 요소를 강화시켜 사회 안정과 국가 안전을 이룩한다. 당의 주도하에 사회 각 방면의 참여를 고취하고 법치를 통하여 사회의 모순이 해결되도록 한다.
- 사회조직에 활력을 불어넣고 정치와 사회를 분리시키고 직업단체, 상인단체와 행정기관과의 관계를 단절시키며 사회조직의 권리와 책임을 분명하게 한다.
- 위법, 부당한 행정행위에 대하여 재심의를 통하여 시정할 수 있도록 하는 제도를 갖추고 인터넷으로 위법한 행정행위에 대한 시정을 요청하는 청원을 할 수 있도록 한다.
- 식품, 의약 안전을 위한 통일된 감독기구를 정비하고 식품의 원산지 표기와 품질 표준화제도를 갖춘다.
- 재난의 예방과 관리를 위한 체제를 만들어 대형안전사고의 발생을 방지하고 사회의 치안을 종합적으로 관리하며 안전법규 위반에 대한 처벌을 강화하고 인터넷으로 안전 관리체계를 구축한다.
- 국가안전위원회를 설립하여 국가안전체계와 국가안전 전략을 정비하고 국가안전을 확보한다.
- 교육 분야에서 교육의 성과가 공평하고 전체 인민이 교육의 혜택을 받을 수 있도록 하며 사회주의 핵심가치관을 강조하고 중국의 우수한 전통문화에 대한 교육을 강화한다. 체육교육과 미술교육을 강화하고 학생들의 인문소양의 수준을 높이고 정보 기술을 통하여 우수한 교육자원이 널리 전파될 수 있도록 하며 빈곤한 학생에 대한 자금 지원 방안을 확대하며 도시와 농촌의 의

무교육 자원 배분이 균형을 이루도록 한다. 학생 선발과 시험을 분리시켜 학생이 시험을 여러 번 볼 수 있게 한다.

- 의무교육은 시험을 치르지 않고 인근학교에 취학하도록 하는 학구제를 시행하고 중등 직업학교는 9년제로 하며 초중고의 학력 평가시험과 소질 평가시험을 실시한다. 직업전문대학은 시험을 통하여 입학하는 것과 등록으로 입학하는 것을 조속히 분리한다. 대학교는 입학학력고사와 고등학교학력고사를 종합적으로 평가하여 입학시키는 것을 점진적으로 추진하고 전국적으로 과목 수를 줄이고 문과와 이과를 분리하지 않는 방법을 검토한다. 성省 정부가 교육을 통괄하는 범위와 학교교육 행정의 자주권을 확대한다.

- 취업 분야에서 경제발전이 취업과 연계될 수 있도록 하고 정부가 인원을 채용하는 제도를 규범화하여 도시와 지방, 직업, 신분, 성별의 차이로부터 영향을 받지 않도록 하며 창조기업에 특혜를 부여하고 대학 졸업생들에게 스스로 창업하는 정신을 고취시킨다.

- 노동 분야에서 노동의 보수와 생산율이 비례하도록 노력하며 초임보수 수준을 높이도록 한다. 사업장별로 봉급과 보조금제도를 규범화하고 자본과 지식과 기술, 관리 등이 요소시장에서 결정되는 보수체제를 갖추도록 한다.

- 지속 가능한 사회보장제도를 수립하여 사회를 통괄하는 것과 개인별로 계좌를 유지하도록 하는 것과 상호 연관시켜 보험금을 많이 낸 자가 보험금을 많이 탈 수 있는 제도를 완비하고 기초양로를 전국적으로 통일하며 기관·사업단위별로 양로보험제도를 개선한다. 도시와 지방의 최저생활보장제도를 통괄적으로 발전

시키고 퇴직연령을 점차로 늦추는 방안을 강구한다. 전국적으로 현실에 맞는 주택 보장과 주택 공급을 하는 체계를 구축하고 주택 적금제도를 수립한다. 인구 노령화에 대비하여 노인이 일할 수 있는 산업을 발전시킨다.

- 의료보험제도와 의료서비스, 공공위생, 약품공급에 관한 감독체계를 개혁한다. 서민들에 대한 의료위생제도를 개혁하고 도시와 지방의 서민들에 대한 위생 서비스 제공을 위한 인테넷을 구축한다. 의료보험금 지불 방식을 개선하고 전 국민의 의료보험 체제를 만들고 중대질병에 대한 의료보험과 구조제도를 조속히 실시한다.

- 부부 중 일방이 독생자일 경우 두 자녀를 낳을 수 있게 하며 자녀정책을 점차 조정하고 인구의 장기 균형 발전을 촉진한다.

4. 문화 분야 개혁

- 사회주의 문화강국을 건설하기 위하여 '연성의 힘으로서의 문화력(문화 소프트 파워)'을 제고시키고 사회주의 선진문화와 중국식 사회주의 문화, 사회주의 핵심가치관을 배양하고 실천하며 의식에서 마르크스주의를 공고히 하고 당 전체와 전국 각 민족이 단결하는 공동사상의 기초를 공고히 한다.

- 정부는 문화 영역에서 해결하려는 자세에서 관리하는 자세로 전환하며 당정은 소속 문화 분야와 합리적 관계를 유지하고 정확한 여론을 이끌어 나가는 체제를 갖추어 인터넷상의 범죄를 방지하고 처벌하며 인터넷 여론을 관리한다.

- 현대 문화시장 체계를 수립하여 각종 문화시장에서 공평한 경쟁

이 이루어져 우수한 문화가 발전하고 열악한 문화가 도태되는
구조를 형성한다. 국가에서 경영하는 문화 사업은 빠른 시일 내
에 공사公司제나 주주제로 하고 문화사업 규모를 확대하고 집약
화 전문화한다. 사유문화기업의 발전을 고취하고 사회자본의 문
화기업으로의 유입을 장려하며 문화상품의 평가제도를 개혁
한다.

- 현대 공공문화 서비스 체계를 수립하여 서비스 체계를 인터넷으
  로 연결하고 일반대중이 평가하고 의견을 제시하는 체제를 갖추
  도록 한다.
- 공공도서관, 박물관, 도서관, 문화관, 과기관 등의 이사에 유관
  기관의 인사, 전문가를 참여시켜 관리하도록 한다.
- 문화의 개방 수준을 제고하여 정부가 주도하고 기업이 주체가
  되며 시장의 지배를 받고 사회가 참여하도록 하고 대외문화교류
  를 확대하여 문화의 대외 전파 능력을 높여 중국문화가 세계로
  향하게 하고 문화기업이 해외로 발전하도록 한다.
- 해외의 우수한 문화인재를 영입하여 중국문화의 발전에 기여하
  도록 한다.

5. 생태문명 제도 건설 촉진

- 자연자원 자산의 자산권資産權을 인정하고 수류, 삼림, 초원, 황
  무지 등 자연생태공간을 통일하여 등기함으로써 귀속과 관리를
  분명하게 한다.
- 국가 공원 체제를 수립하여 자원 환경의 감시와 파괴의 정도에
  대한 예측이 가능 하도록 한다.

- 자연자원의 자산 부채표를 만들어 그 지역의 지도간부가 이임 시 자연자원 손해책임을 추궁한다.
- 자연자원과 그 산품에 대한 가격을 개혁하여 이를 시장에서 거래되도록 하고 자연환경을 훼손한 자가 보상한다는 원칙을 세워 오염 시 피해보상의 기준으로 삼는다.
- 생태보호 관리체제를 개혁하여 독립적인 감독관청과 행정법규를 만들고 육지와 바다를 통괄하여 생태환경보호 감독관청이 생태환경을 보호 수리하는 동시에 모든 오염물질 방류를 감독하도록 한다.

6. 국방과 군대의 개혁

- 중국 군대는 당의 지휘하에 전쟁에서 승리하고 군인정신이 투철한 강력한 인민군대가 되는 것을 목표로 군사 이론을 새롭게 발전시키고 군사 전략 지도를 강화하여 새로운 시대의 군사 전략 방침을 개혁한다.
- 군대체제와 편제를 조정하고 지도관리 체제를 개혁하여 군사위 총부가 지휘하는 기관의 직능 배치 및 기구설치를 최적화하고 각군 병종의 영도관리 체제를 정비하며 전 군사위원회 연합작전 지휘 기구와 전쟁구역 연합작전 지휘체제를 정비한다. 군 병종의 비율, 장교와 병사의 비율, 부대와 기관의 비율을 조정하며 새로운 형태의 작전역량을 갖추도록 하고 군대의 단과대학을 개혁하여 군대교육을 강화하며 군대 대학교육, 부대 훈련, 군사직업교육의 삼위일체식 새로운 군대 인력을 배출한다.
- 군대 직능 임무의 수요와 국가정책제도가 상호 부합하는 군사인

력자원 정책을 수립한다. 문관인제도, 병역제도, 사관제도, 퇴역 군인 재배치 제도 등을 개혁한다. 군사비와 경비, 물자관리 표준 제도를 개혁한다.

- 군대와 인민이 융합할 수 있는 제도를 발전시켜 통일적 지도체 제와 군, 민의 군대주둔지역에서의 협조, 자원의 공동사용, 국방 공업, 국방과학기술 분야의 공동참여, 국방과학연구소의 생산품 의 관리와 무기장비 구입, 생산과 수리 업무에 민영기업이 참여 하는 제도를 수립한다.

제14장 '중국식 사회주의'의 성과

'중국식 사회주의'는 중국이 중국공산당의 영도하에 인민의 힘을 집결시켜 사회주의의 통일국가를 유지하면서 시장경제체제를 수용하여 빠른 경제발전을 이룩하여 경제적 대국과 문화적 강국이 되어 인류의 평화에 기여하고 중국이 정치, 경제, 문화의 각 방면에서 가장 영향력이 있는 국가의 하나로 발전시키겠다는 의지가 포함된 가치관이다. 이러한 가치관을 분석하면

첫째 '중국식 사회주의'는 중국공산당이 주도하여 발전시키는 것을 전제로 한다.

중국공산당이 '중국식 사회주의' 건설의 핵심세력이 될 수 있는 근거는 중국 국민당과의 내전에서 승리하여 1949년 중화인민공화국을 건설한 핵심세력이기 때문이지 인민의 선거를 통하여 통치 권력을 부여받은 것은 아니다.

중국공산당이 선거가 아닌 국민당과의 투쟁에서 승리한 것이 바로 통치 권력의 주체가 될 수 있는 근거는 중국인들의 전통적인 가치관인 인민을 다스릴 수 있는 권력은 '하늘의 위임(the Mandate of Heaven)'을 받는다는 사상에 기초한다. 즉 중국공산당이 국민당에게 승리하였다는 것 자체가 일단 중국인민을 통치할 수 있는 '하늘의 위

임'을 받은 것으로 추정되기 때문에 인민들로부터 별도의 선거절차를 거치지 않아도 된다는 생각이다.

'하늘의 위임'을 받은 정치권력이 인민들을 제대로 통치하지 못하는 것으로 나타난다면 인민들은 이러한 정치권력이 '하늘의 위임'을 받은 것이 아니라는 판정을 할 수 있을 뿐이라고 생각한다.[188] 중국인들의 이와 같은 생각은 BC 1111년 저우周나라가 상商을 정복하였을 때부터 싹튼 것[189]이나 이러한 생각을 논리적으로 정리한 대표적인 사상가는 멍쯔孟子(371-289?)이었다.[190]

멍쯔의 사상을 기록한 「맹자孟子」의 '만장장구萬章章句' 상편에 "일을 맡은 자에게 정치를 맡겼을 때 백성들이 안심하면 이는 백성들이 이를 수락한 것이며 하늘이 준 것이고 백성이 준 것이 된다"고 하였다.[191]

중국에는 중국공산당 이외에도 '중국 민주주의당(中國民主主義黨: China Democracy Party)', '민주국가건설협회(民主國家建設協會: Democratic National Construction Association)'와 같은 8개의 정당 성격의 단체가 존재하나 이들은 모두 중국공산당의 권위에 도전할 수 없다. 중국 법 규정에 의하여 이들 단체는 '중국공산당의 지도'를 수락하는 것을 전제로 존립하기 때문이다.[192]

둘째 '중국식 사회주의'의 구성 원리는 중국공산당 최고지도자들

---

188) Judith F. Kornberg & John R. Faust, China World Politics, Policies, Processes, Prospects. (Boulder, Colorado, London, Vancouver, Lynne Riener Publishers. Inc., 2005) p.3., pp.9-10., p.29-30

189) Wing-Tsit Chan(translated and compiled), *A Source Book in Chinese History*. (Princeton, NJ: Princeton University Press, 1963) p.3

190) Wing-Tsit Chan(1963), p.77-78

191) 원문은 "使之主事而事治, 百姓安之, 是民受之也, 天與之, 人與之"

192) Tony Saich, op. cit., p.185-186.

의 정치사상을 열거한 것이며 이러한 사상은 공산주의를 탈피하여 시장경제체제의 수용을 합리화하는 방향으로 변화하였다.

후진타오 중국공산당 총서기는 2011년 7월1일 중국공산당 창당 90주년 기념행사에서의 연설에서 '중국식 사회주의'는 마오쩌둥 사상 이론체계를 이어받은 것이며 덩샤오핑 이론, 3개 대표론, 과학발전관을 '중국식 사회주의'를 구성하는 이론이라고 하였는데 여기에서 말한 3개 대표론은 장쩌민이 주장한 사상이며 과학발전관은 후진타오가 제창한 사상임을 감안할 때 '중국식 사회주의'의 기본이론은 덩샤오핑, 장쩌민, 후진타오의 정치사상이론의 정당성을 강조하되 중국이 수용한 시장경제체제가 과거 지도자들을 부정하는 방향으로 흐를 가능성을 봉쇄하고 역대 공산당 지도자들 정책의 합리성을 강조하기 위한 것이다.

셋째 '중국식 사회주의'가 지향하는 목표는 중국인들의 전통 사상인 중화사상中華思想과 유가사상儒家思想을 반영한 것이다.

'중국식 사회주의'가 지향하는 일차목표인 생활에 불편이 없을 정도의 번영(moderate prosperity)을 이룩하겠다는 소강사회의 건설이나 조화로운 사회인 화해사회를 이룩한다는 목표는 이러한 용어와 정치철학이 중국의 전통사상인 유가사상에 근거하고 있다.

또한 후진타오 중국공산당 총서기가 2011년 7월1일 중국공산당 창당 90주년 기념행사에서 행한 연설에서 중화인민공화국 수립 100주년이 되는 시점까지 화해적 사회주의 문화국가의 건설을 완수할 것을 다짐하고 있는 바, 이러한 목표를 제시하는 것은 앞으로 중국이 '중국식 사회주의'를 토대로 중국 고유의 가치관과 세계관에 입각하여 세계에서 정치적, 경제적, 문화적으로 가장 영향력이 있는 국가가 되겠다는 의지의 발현이며 이는 중국인 전통사상인 중화사상(중국이 세계의 중심이라는 생각)과 깊은 관계를 가지고 있다고 할 수 있다.

넷째 '중국식 사회주의'는 개인의 자유보다 집단의 번영을 더 중요시하는 전체주의적 가치관에 입각하여 있다.[193]

장쩌민 중국공산당 총서기는 당의 간부와 지도급 인사들을 소집하여 학습과 정치, 올바른 기풍 등에 관한 강의를 수차례 하고 애국주의, 집체주의, 사회주의 사상교육을 자주 하였는데 그가 주장하는 집체주의란 개인이 사회에 종속되기 때문에 개인이익보다 집단, 민족, 계급의 이익이 우선하며 개인의 최고 행동지표는 인민의 전체이익에 부합하도록 하여야 한다는 일종의 전체주의 사상이다.

장쩌민의 이러한 사상은 개인의 자유보다 전체의 이익을 더 중요하다고 보는 '중국식 사회주의'의 기본 입장을 반영한 것인 바, 중국은 국가의 이익을 보호하기 위하여 국가권력으로 개인의 정치적 자유요구를 통제하는 것은 당연하다는 이론과 실제행동을 보여주어 왔다.

중국이 중국식 사회주의를 표방하여 오늘날까지 실천한 결과는 긍정적 측면과 부정적 측면의 양면성을 가진다.

긍정적 측면으로 가장 중요한 결과는 중국이 개혁개방을 시작한 1978년의 국내 총생산이 3,624억 위엔이었으나 2015년 초에 중국 국가통계국이 발표한 바에 의하면 2014년 중국의 GDP가 63조6천463억 위안으로 이는 중국경제 규모가 지난 36년 동안 17.6배로 증가한 것을 의미한다. 중국의 GDP성장률은 1978년도부터 2011년까지 33년 동안 평균 10% 가까이 증가하였으며[194] 최근에도 2014년도 국내

---

193) Andrew J. Nathan, *Chinese Democracy*, (New York, NY: Alfred A. Knopf, Inc., 1985) pp.4-5
194) Hu Angang, *Embracing China's "New Normal", why the Economy Is Still on Track, Foreign Affairs May/june 2015 Volume 94, Number 3*, p.8

총생산은 2008년 기준 국내총생산의 2배로 성장하였다.[195)]

중국은 1990년대 초부터 본격적으로 경제 개방을 시작하여 그 때까지 아시아에서 제조업이 가장 활발하였던 일본을 능가하는 제조업을 발달시켜 2011년 중국의 GDP는 5조7451억불로서 5조3909억불에 불과한 일본을 능가하였다.

그러나 중국식 사회주의를 실천함으로 인하여 부수적으로 파생된 부정적 측면도 있다.

첫째, 국가채무의 급격한 증대이다.

중국의 정부, 기업, 가계를 포함한 국가전체의 채무는 2007년도에 국내 총생산의 158%이었는데 2014년에는 282%로 증대되었고 중국 전체 국가채무는 28조 달러로 추정된다.[196) 197)]

그 동안 중국경제발전을 위한 중요한 재원이 부동산가격의 앙등이었다. 중국은 대부분의 부동산과 생산자산의 약 3분의 2를 직접적이나 간접적으로 정부가 소유하기 때문에 정부는 부동산가격의 앙등에 해당하는 만큼 지방정부로 하여금 기반시설 확충과 노동 집약적인 산업계획에 투자하는 것을 허용할 수 있었다.

그러나 지방정부가 자금을 마련하기 위하여 은행으로부터 자금을 차입하는 과정에서 정부가 은행을 사실상 지배하는 구조를 가지고 있기 때문에 은행은 정부의 지시에 따라 지방정부에 자금회수가 어려운 사업에 대한 방만한 대출을 하게 되고 지방정부가 사업에서 성

---

195) International New York Times 2015. 8. 2, p.4에서 중국의 GDP가 개혁개방 이래 37년간 26배 이상으로 성장하였고 6억 명 이상을 빈곤에서 벗어나게 하였다고 설명하였다.

196) Joe Nocera, *"The man who got China right"* International New York Times 2015. 8.26 p.7

197) 그러나 중국의 부채가 5조 내지 7조 달러라고 하는 견해도 있다. Zhiwu Chen, *"China's Dangerous Debt: Why the Economy Could Be Headed for Trouble"* Foreign Affairs May/ June 2015 Volume 94, Number 3, pp.13-14 참조

공하지 못하여 은행에 차입금을 반납하지 못하는 경우가 발생하는 경우에 은행의 손실을 정부가 보상해 줌으로써 은행의 파산을 방지하는 사태가 매우 빈번하게 발생함으로써 막대한 국가 채무를 발생시킨 주요 원인이 되었다.[198]

이러한 상황은 2015년에 중국 내의 부동산 거래가 부진하고 부동산 가격이 떨어지면서 더욱 악화되었다. 중국 중앙정부는 이러한 상황의 확대를 방지하기 위하여 지방정부로 하여금 장기공채를 발행하게 하거나 세금을 증액하거나 지방정부가 소유하고 있는 부동산을 매각하는 방안을 실시하도록 하고 있으나 이러한 방안이 문제의 근본적인 해결책은 되지 않으며 만약 앞으로 중국 부동산의 거품이 붕괴되는 시기가 도래하면 중국경제를 매우 어렵게 만들 소지가 될 수 있다.[199]

둘째, 경제적인 극심한 빈부 간 차이가 나타난 점이다.

중국이 시장경제체제를 채택한 이후 국가 전체의 경제규모는 빠른 속도로 발전하였으나 인민들의 소득격차가 심하여 빈부격차가 사회문제를 야기하게 되었다.[200]

---

198) *Ibid.*, p.14-15

199) *Ibid.*, p.16-18

200) 소득격차를 나타내는 데 일반적으로 활용되는 지니계수(Gini Coefficient)는 0에 가까울수록 소득배분이 잘된 상태를 나타내며 0.4 이상이면 소득 불균형으로 인한 사회의 경계상태로 파악되고 있는데, 중국의 경우 1998년도의 지니계수가 0.456으로 나타났고 1999년에는 0.457, 2000년에는 0.458로 나타나 매년 지니계수가 상승하여 소득불균형의 정도가 심화되는 것으로 파악되었다. 중국 정부 통계는 2012년 중국의 지니계수 값이 0.47이라고 하였으나 2010년 민간조사기관이 추정한 수치는 0.61이었다.
또한 소득계층을 5단계로 구분할 때 가장 높은 소득의 상위 20%와 가장 낮은 소득의 하위 20%의 연평균 소득 비율이 1990년에는 4.2배, 1993년에는 6.9배, 1999년에는 9.6배, 2001년은 11.76배로 나타나 중국의 빈부격차가 중요한 사회문제로 대두되었다. 또한 중국의 도시 근로자들의 실업자들이 증가하여 2002년도 도시근로자의 실업률이 약 8%에 달한 것으로 나타났다.

심한 빈부격차와 도시근로자들의 높은 실업률은 사회불안요인으로 작용하여 2000년에는 대규모 민중시위사태가 약 3만 건 발생하여 매일 평균 80건의 시위가 일어났다. 1999년에는 시위사건이 11만 건으로 집계되었으며[201] 2010년 이래 2013년까지 매년 약 18만 건으로 증가하였고 현재 매년 평균 약 15만 건의 소요사태가 발생하는 것으로 추측되고 있다.[202]

중국은 2001년 세계무역기구에 가입함으로써 해외로부터 수입되는 농산물의 수입관세를 인하(농산물 평균 수입관세율 22%에서 17.5%로 인하)하고 자국 농민들에게 지급하는 보조금을 축소하지 않을 수밖에 없었는데 이로 인하여 중국의 8억 명 이상의 농민들의 생활이 더 어렵게 되어 농가를 떠나는 인구가 증가하고 농촌과 도시의 소득 격차가 더욱 커지게 되었다.[203]

셋째, 중국이 시장경제체제를 채택한 '중국식 사회주의'의 실천과정에서 또 하나의 커다란 사회문제로 부각된 것이 공산당원과 관료들의 부패 문제이다. 시장질서와 민주화 과정을 거치지 않은 상태에서 공산당원과 관료들은 경제적 부를 추구하는 과정에서 지위를 남용하여 부당한 거래를 하는 부패가 대규모로 발전하였다.[204]

---

201) 施哲雄 主編, op. cit. p.167.
202) Willy Wo-Lap Lam, *Chinese Politics in the era of Xi Jinping, Renaissance, Reform or Retrogression ?*(Routledge, New York, 2015) p.264
203) 1998년의 경우 도시와 농촌의 연평균 수입격차가 2.65:1인 것으로 나타났다. (施哲雄 主編, op. cit, p.172-174.)
204) 2003년 3월 개최된 중국 전국인민대회에서 중국 검찰총장이 발표한 바에 의하면 1998년 이래 부패사건으로 조사된 12,830건에 12,830명의 관료가 연루되었으며 이중 5,541건이 1백만 위엔 이상의 불법거래가 있었다고 하였다. 그러나 다수의 중국인들은 이러한 검찰 발표의 부패사건은 실제 일어난 사건에 비하여 빙산의 일각에 불과하다고 믿고 있다. 2000년 북경의 공산당 서기가 12년간 180억 위엔을 횡령한 것으로 나타났으며 샤먼(廈門)에서는 대규모의 밀수로 800억 위엔 이상의 손실이 발생한 것이 드러났다.

중국의 기업가와 관료들이 결탁하여 부정거래를 하는 경우가 많아지자 중국공산당 정치국은 1989년 6월, 기업이 부패와 연관되면 해당기업을 폐쇄하고 해당 관료의 자제들의 관료임명자격을 박탈한다는 조치를 발표하기도 하였다.

관료의 부패는 심각해서 관료의 직위를 매매하는 관행이 생길 정도로 발전하였다. 중국공산당은 이러한 부패를 제도적으로 방지하기 위하여 중앙기율감찰위원회(中央紀律檢查委員会: Central Discipline Inspection Commissions)를 설치하였으나 공산당기구가 공산당원들의 부패를 공정하게 처리하지 못한다는 여론이 있게 되자, 국내 언론이 부패사건에 관한 보도를 할 것을 권장하기도 하였다.[205]

앞서 언급한 바와 같이 중국의 시진핑 체제는 중국 개혁방안을 통하여 부패를 방지하기 위한 강력한 제도를 마련하려고 하나 중국의 부패문제는 중국인들의 사회문화와 연계되어 있어 그들의 의식구조에 근본적 변화를 가져오지 않는 한 쉽게 해결하기 어려운 문제로 남아있을 가능성이 크다.

넷째, 중국의 정치권력이 인민들의 정치적 자유 요구를 계속하여 억압할 수 있을 것인가 하는 문제이다. 중국의 통치권자는 공산당 내부에서는 민주 집중제民主集中制라 하여 민주적 절차를 존중하는 것을 원칙으로 삼고 있으나 일반대중의 정치 참여요구에는 강력히 탄압하는 정책을 취하여 왔다.

중국은 1989년 10여만 명의 시위대가 천안문 광장에서 정치적 자유를 요구하는 시위를 벌린 천안문 사태가 발생하였을 때 중국 정부는 군대를 동원 강력히 진압한 적이 있다. 그러나 어느 나라나 국민이 경제적으로 발전하면 정치적 자유를 갈구하게 되므로 중국인민들

---

205) Tony Saich, *op. cit.*, p.329-337.

이 앞으로 더 많은 정치적 자유를 요구할 가능성이 크며 중국 정치권력이 이러한 인민들의 요구를 강경한 진압만으로 해결하기 어려운 시점이 도래할 수 있을 것이다.

또한 중국의 정치권력은 중국 내의 소수민족이 정치적 자유를 요구하거나 독립을 주장할 경우 국가권력을 동원, 초기단계에서 강력한 공권력을 동원 이들을 진압하는 정책을 취하여 왔으나 이러한 정책이 계속 성공할 것인가의 문제가 있다.

1959년 3월 티베트 독립운동에 대하여 중국 정부가 강력한 진압을 하여 8만7천 명의 티베트인들이 사망하는 결과를 야기하였으며 1995년과 1997년에 위구르의 이리伊犁지역에서 대규모 독립운동이 일어나자 중국 당국이 공권력을 동원하여 수백 명의 사상자가 발생하였으며, 2009년 위구르의 우루무치烏魯木齊에서 2000여 명의 위구르인들이 정치적 독립을 요구하는 폭력적 시위를 하자 중국 당국이 강력히 대응하여 197명이 사망자와 1700여 명이 부상하는 사태가 일어났다.[206]

일반적으로 소수민족의 독립운동을 진압하려고하는 것은 그 국가의 국내법의 문제에 불과하다고 할 것이나 중국대륙의 소수민족 중 위구르 지역과 티베트지역은 다수족인 한족과 종교와 문화를 달리하여 과거 독립 국가를 형성한 적이 있으나 중국에 의하여 강제 병합된 역사를 가지고 있으며 이들 지역 소수민족의 일부 인사들이 해외에 망명정부를 가지고 독립을 추구하고 있어서 중국정부가 이들의 요구에 대하여 강압적으로 진압하려고 할 경우 인권문제가 제기되고 국제여론이 관심을 표명하고 있어서 단순한 국내문제의 범주를 벗어나 국제 문제화될 가능성을 내포하고 있다.

---

206) 조선일보, 2011. 8. 2, A3

중국은 이들 소수민족이 다수 거주하는 지역에 한족漢族을 이주시켜 한족의 수가 소수민족의 수를 능가하게 하며 소수민족 자치구의 성장省長을 모두 한족으로 임명하고 소수민족에게는 최고위직에 부성장副省長의 직위를 부여하는 소수민족 차별정책을 실현하고 있으나[207] 이들 지역의 소수민족은 종교나 문화면에서 한족에게 동화되기 어려운 이질성을 갖고 있다는 것이 중국정부가 해결하기 어려운 문제점이다.

---

207) International Herald Tribune, 27, August 2011, p.2

제3부

중국식 사회주의의 장래와 새로운 세계질서

제15장 오늘날 중국의 세계적 위상

　중국에서 20세기 초엽 공산당이 창립되고 공산당이 중심이 된 세력이 국민당 세력과 다툰 내전에서 승리하여 공산주의 국가가 수립되었으며, 1970년대 말 공산주의 계획경제의 틀을 벗어나 시장 경제 체제를 수용하면서 중국식 사회주의 이념을 제창하게 되었다. 중국이 중국식 사회주의의 이념하에 시장경제제도를 채택한 이후 오늘날까지 연 평균 9%에 상당하는 경제 성장률을 이룩하여 국내 총생산이 세계에서 미국 다음으로 커지고 국제사회에서의 정치 경제적 발언권도 커져 미국과 함께 오늘날 국제질서의 G-2의 하나로 일컬어지게 되었다.

　중국이 개혁개방을 통한 시장 경제제도를 수용한 이후 소비에트 연방이 붕괴되어 동서 냉전이 종식되고 공산주의의 이념이 퇴색하였다. 냉전 이후 세계 유일의 강대국이었던 미국이 2001년 9·11사태를 맞이하여 아프가니스탄, 이라크와의 전쟁을 하게 되어 막대한 인적 물적 손실을 입었을 뿐만 아니라 국제사회로부터 미국의 전쟁에 대한 정당성의 근거가 의심을 받게 되었으며 이슬람 국가들과의 대립이 격화되는 결과를 초래하게 되었다.

　2008년의 미국발 금융위기가 세계의 경제를 불안하게 되는 요인이 되어 미국의 국제적 위상이 실추되었으며 이어서 나타난 유럽의 재정위기로 인한 세계경기의 후퇴는 서구문화 전반에 대한 비판적 시각을 가지게 하였다. 중국은 시장경제체제를 수용한 이래 매년 평균 8% 이상의 경제성장을 달성하여 이제 미국과 함께 국제질서를 주도하는 양대 세력으로 발전하였다.

오늘날 세계 전체인구의 약 5분의1에 해당하는 13억8천만 인구를 포용하고 전 세계전체면적의 약 15분의 1의 면적을 보유하고 있는 중국은 인류 4대 문명발상지의 하나로서 인류사에 등장한 이래 되풀이되는 분열과 통합의 과정을 겪으면서 한漢족 중심의 독특한 문화를 지속적으로 발전시켜 온 나라이다.

중국은 국제적 위상의 변화에 따라 '중국식 사회주의'라는 개념을 발전시켜 중국식 사회주의 이론을 중국 전통사상과 접목시키고 2011년 7월 1일 중국공산당 창당 90주년 기념행사에서 후진타오 공산당 주석의 기념연설을 통하여 중국식 사회주의의 이념하에 중국이 중화인민공화국 정부 수립 100주년이 되는 해까지 아편전쟁 이전의 중국이 세계에서 가졌던 위상을 되찾는 것을 목표로 하는 중국의 꿈中國的夢을 실현함으로써 중국을 세계 선진문화국가로 발전시킬 것을 목표로 제시하였다. 그러나 경제발전의 과정에서 극심한 빈부의 격차를 나타내어 경제적 후진을 벗어나지 못하는 계층의 불만이 표출되고 있으며 소수민족 특히 종교를 달리하는 민족들의 독립요구가 지속되고 있다.

중국은 '중국식 사회주의' 체제를 유지하면서 새로운 세계역사를 만들어 나가는 주역이 될 수 있으려면 우선 이러한 난관을 극복하는 것이 선행되어야 할 것이다.

제16장 중국은 중국식 사회주의체제로 국제사회에서의 지위를 지속적으로 향상시킬 수 있을 것인가

　'중국식 사회주의'는 마오쩌둥의 통치가 경제적으로 실패하자 새로운 지도자로 부상한 덩샤오핑이 중국경제체제를 근본적으로 변화시켜 시장경제체제를 수용하면서 중국인민들에게 사회주의를 유지하고 시장경제를 채택할 수 있다는 것을 설명하기 위하여 제창한 이론이다.

　그러나 시장경제는 원래 서구에서 시민계급이 절대군주정을 시민혁명에 의하여 파기하고 개인의 자유를 중요시하는 자유민주주의 사상을 기초로 발전한 제도이기 때문에 중국이 '중국식 사회주의'를 표방하면서 국제통화기금(IMF)이나 세계무역기구(WTO)와 같은 세계경제질서에 편입되어 기존의 서구사회가 이룩한 국제경제질서의 기준하에 경쟁을 통하여 지속적으로 발전할 수 있을 것인가?

　중국이 중국식 사회주의의 가치관으로 서구에서 발생한 자유민주주의 가치관을 기초로 하는 국가와 경쟁을 통하여 지속적으로 발전할 수 있겠는가의 문제는 결국 중국과 자유민주주의 국가와의 국력증강의 효율성문제로 귀착되며 이는 곧 서구 자유민주주의를 지향하는 국가의 국력인 통합된 역량으로서 벡터(vector)량과 중국식 사회주의를 지향하는 중국의 국력인 통합된 역량으로서의 벡터(vector)량과의 비교를 통하여 판별할 수 있다.

국가의 통합된 힘의 요소가 되는 영토나 인구의 크기등은 단기간에 변화시킬 수 있는 요소가 아니므로 중국이 중국식 사회주의를 바탕으로 서구 자유민주주의 가치관을 가진 국가와의 국력을 비교 하려면 중국식 사회주의체제와 자유민주주의 체제의 통치력의 효율성과 국민들의 의지를 일정한 방향으로 결집하는데 중국식 사회주의 가치관과 자유민주주의 가치관중 어느 것이 유용한 것인가를 나누어 검토할 필요가 있다.

중국의 중국식 사회주의를 통한 통치역량의 효율성을 살펴보려면 중국의 통치제도의 성격과 관련하여 검토하여야 하고 중국식 사회주의가 중국인들의 의지를 동일한 방향으로 결집시키는 데 유용한 제도인가를 검토하려면 중국인들의 의지를 통일할 수 있는 가치관의 구체적 내용이 무엇인가를 살펴 보아야한다.

오늘날 중국식 사회주의는 시장경제 체제를 수용하고 자본주의 질서를 따르고 있으므로 시장경제체제와 자본주의의 건전한 발전에 자유민주주의 체제와 중국식 사회주의 체제 중 어느 제도가 더 효율적인가 하는 문제로 귀결된다.

시장경제체제와 자본주의를 지속적으로 발전시키려면 그 발전에 장애가 되는 요소들이 부각되고 공개적 토론과정을 통한 중론에 의하여 그 치유 방안이 모색되는 것이 합리적인 방안이라고 한다면 통치 권력에 반대하는 세력의 존재도 필요하고 여론을 공정하게 반영하는 자유스러운 언론의 존재도 필요하며 궁극적으로 피통치자의 의견을 수렴하는 선거제도도 필요하다는 것이 서구국가 중심으로 발달한 인류의 경험이었다.

'중국식 사회주의'가 이러한 인류의 경험과 다르게 중국공산당이 중심이 되어 중국의 전통적 가치관을 주장하면서 오늘날까지 중국의 세계적 위상을 제고하고 경제적 부富의 증가에 따른 국민생활의 향상에 기여하여 왔다. 그러나 오늘날까지 중국이 이룩한 경제발전이 앞으로도 지속적인으로 발전을 보장할 수 있다는 것을 의미하지는 않는다.

중국은 개혁개방 이래 오늘날까지의 발전은 중국 정부가 역사상 처음으로 농업보다도 상공업을 더 중요시하고 시장경제원리에 따른 부의 축적을 추구하자 상공업에 종사하는 자들의 사회적 위상이 높아져 상공업에 종사하는 자들이 고무鼓舞되어 국제사회에서 적용되는 임금보다 더 낮은 임금을 감수하고 업무에 종사하여 국제가격보다 낮은 가격의 상품생산과 물류비용의 절감으로 저렴한 가격의 상품을 생산할 수 있었고 생산비 절감에 다를 국제경쟁력이 제고되어 막대한 해외 투자를 유치하여 세계의 공장 역할을 할 수 있었던 것에 기인한다.

중국의 경제적 발전이 상공업 종사자들의 저임금에 따른 생산품의 가격경쟁력의 우위를 기반으로 한 생산품의 수출을 통하여 이룩한 것이었으나 경제발전에 따라 상공업 종사자들도 삶의 질의 향상을 추구하게 됨에 따라 앞으로는 이들이 저임금으로 생산 활동에 종사한다는 것을 기대하기가 어렵게 되었으며 중국 정부는 저 소득자에 대한 사회보장 등 생활의 질적 향상에도 관심을 가지지 않을 수 없기 때문에 중국의 경제가 이제까지와 같은 속도로 발전하는 것을 기대할 수는 없을 것이다.

중국식 사회주의가 중국인들의 의지를 동일한 방향으로 결집시키는 데 유용한 제도인가의 문제는 중국식 사회주의가 중국인들의 의지를 결집할 수 있는 어떠한 이념을 내포하고 있는가를 살펴보아야 한다. 즉, 오늘날 대부분의 국가가 이념적으로 자유민주주의를 지향하고 있는데 비하여 중국인들은 자유민주주의에 대체할 어떠한 이념을 가지고 있느냐의 문제이다.

다른 나라의 경우에서 나타나듯이 국민의 경제적 수준이 높아지면 경제적 풍요함에만 만족하지 않고 보다 더 많은 개인의 정치적 자유를 요구하는 것이 일반적인데 중국의 경우, 중국인들은 자유민주주의가 아닌 다른 어떤 이념을 추구하고 있는가 또는 중국인들도 자유민주주의를 공통이념으로 추구하고자 하는데 중국의 정치권력이 이를 억압하고 있다면 이러한 억압이 언제까지 지속될 수 있느냐의 문제가 제기 될 수 있다.

1980년대 말부터 시작된 소련의 해체 과정에서부터 오늘날에 이르기까지 동유럽의 민주화, 튀니지, 이집트 등 중동에서의 민주화 혁명 등을 통하여 정치적 자유민주주의를 추구하는 것이 세계적 추세가 되었다.

중국에서도 1989년 티엔안먼 사태에서 자유화를 추구하는 국민운동이 있었으나 중국 정부는 이러한 자유화 운동을 저지하고 서구의 자유민주주의가 세계의 보편적 가치관이 아니라고 하면서 중국의 전통적 가치관을 바탕으로 공산당 중심의 권력체제를 유지하고 있다.

자유민주주의 제도는 개인의 정치적 자유가 보장되어야 집단의 이익도 효과적으로 추구될 수 있다고 보는 가치관인데 중국공산당 체제가 이러한 가치관을 수용하지 않고 중국의 전통적 가치관에 입각한 정치제도를 유지한다는 입장을 취하고 있다.

중국공산당 체제의 이와 같은 입장은 우선 중국의 어떠한 전통적 가치관이 중국인들의 의지를 결집시킬 수 있는 이념이 될 수 있을 것인가의 문제가 야기되고 다음으로 중국 내부에서 정치적 자유를 추구하는 여론이 강함에도 불구하고 중국의 정치권력이 이를 억압하고 있다면 현대의 정보혁명(Information Revolution)으로 인하여 중국의 정치권력이 이러한 여론을 효율적으로 통제하기가 매우 어려워질 상황이 도래될 수 있을 것인 때 그러한 상황이 도래한다면 중국내부의 혼란으로 이를 극복하는데 중국 국력자체의 저하가 불가피하게 될 것이다.208)

이러한 점을 종합적으로 고려할 때 중국이 중국식 사회주의 체제로 국제사회에서의 지위를 지속적으로 향상하는 것은 한계가 있을 것이란 해석이 가능한데 이 점에 관하여 다음 장에서 좀 더 상세히 논하기로 한다.

---

208) Tony Saich, *op. cit.*, p.337-342.

제17장 중국식 사회주의가 자유민주주의와 병존하면서 새로운 세계질서를 창출하는 데 주도적 역할을 할 수 있을 것인가

　　중국식 사회주의가 앞으로 어떻게 발전될 것이며 기존 세계질서와의 관계와 중국식 사회주의로 인하여 이제까지 기독교 가치관에 입각하여 발전되어 온 서구식 자유민주주의와 병행하여 중국의 전통사상에 입각한 중국식 사회주의가 새로운 역사를 이끌 수 있는 역사의 대전환을 가져올 것인가.

　　오늘날 중국은 서구의 자유민주주의를 수용하지 않을 뜻을 밝히고 중국 고유의 가치관에 입각한 정치질서의 창조로 서구 민주주의를 능가할 수 있는 새로운 가치관을 주장하고 있다. 또한 중국공산당 총서기는 2011년 중국공산당 창당 90주년 기념사에서 중화인민공화국 100주년 기념 때까지 중국이 중국의 가치관에 입각한 중국식 사회주의를 발전시키면서 문화선진국을 이룩할 것이라고 주장하였다.

　　3중전회三中全會에서 심의 통과된 각 분야의 개혁방안의 요지는 시진핑習近平 당 총서기의 집권기간이 끝나기 전인 2020년까지 서구에서 발전되어온 경제, 사회제도를 수용하되 중국공산당 지배체제를 유지하면서 중국 전통문화를 더욱 발전시킴으로써 중국이 국제무대에서 가장 영향력 있는 국가로 성장하겠다는 것이다.

　　중국의 개혁방안이 경제, 사회 분야에서 선진국의 제도를 수용하면서 개혁의 기본이념으로 마르크스 주의와 마오쩌둥 사상을 빠뜨리지 않고 중국식 사회주의를 강조하는 근거는 개혁방안의 이념적 기초를 서구에서 시행되어온 제도인 기독교 사상(특히 프로테스탄트의 윤리)을 기반으로 한 자본주의209)와 시민혁명을 거쳐 이룩한 자유민주주의 정치사상을 수용하지 않겠다는 의지의 표현으로 보아야 한다.

중국의 경제, 사회분야 개혁방안의 대부분이 서구에서 발달한 제도를 수용하면서 서구에서 발달하였고 오늘날 국제사회의 질서로 정착된 제도와 이념적 기초를 달리한다고 주장하는 것은 중국의 개혁은 기본적으로 공산당의 지휘하에서 이루어지는 것이며 경제개혁도 기본적으로 국가의 중요기업을 국유기업으로 존치시키고 국가가 직접경제에 관여할 수 있는 권한이 크기 때문이라고 볼 수 있다.

중국의 개혁방안은 통치기구와 관련된 근본적인 정치개혁 없이 공산당 주도하의 경제, 사회 개혁을 하여 자유민주주의 체제하의 자본주의를 발전시켜온 국가들과 경쟁에서 우위를 차지할 수 있다는 사상을 내포하고 있다.

역사적으로 중국이 선진화를 이룩하기 위하여 서구제도를 수용하는 것과 중국의 전통가치관을 어떻게 조화시킬 것인가 하는 문제는 앞서 언급한 바 있는 이미 19세기 말 칭나라가 중국의 제도를 전면적으로 개혁할 필요성을 느끼고 일부 선각자가 중심이 되어 시도하여 온 양무운동, 변법자강운동, 무술변법, 5.4운동을 할 때도 논의되었다.

특히 리홍짱李鴻章 등 칭나라 관료가 중심이 되어 추진한 양무운동

---

209) Max Weber, *The Protestant Ethic and the Spirit of Capitalism* 2010 Wilder Publications Translated by Talcott Parsons Cambridge, MA USA, 1958 참조

洋務運動은 그 당시 서구의 제도를 수용하는 이론이 소위 중국의 전통적 가치관을 기본으로 삼고 필요한 부분은 서구의 제도를 수용한다는 이론, 즉 중체서용론中體西用論이었는데210) 시진핑習近平 체제가 추구하는 개혁이 마르크스주의와 마오쩌둥 사상을 이념적 기초로 하면서 서구의 경제, 사회제도를 수용하여 중국식 사회주의를 실천하려고 한다는 점에서 결국 중체서용론을 수용한 것이라고 해석할 수 있다.

그러나 시진핑 체제 개혁의 이념적 기초의 일부로 내세우는 마르크스주의와 마오쩌둥 사상은 정권의 핵심세력이 노동자 계급이거나 농민에 있다고 주장하는 사상인데 이미 2000년에 장쩌민江澤民이 중국의 공산당이 선진적인 사회생산력과 선진적인 문화와 광범위한 인민을 대표한다고 하는 3개 대표론을 주장하면서 중국공산당이 계급정당이 아니며 자본가와 지식층을 함께 당에 영입하기로 한 사실은 마르크스주의나 마오쩌둥 사상을 중국공산당의 중심사상에서 제외한 것으로 이해할 수있다. 이와 같이 본다면 시진핑이 다시 마르크스주의와 마오쩌둥 사상을 언급하는 것은 수사적 의미(rhetoric) 밖에 없다고 해석하여야 할 것이다.

이와 같은 점에서 볼 때 중국의 개혁방안이 서구에서 발전되어 온 기존의 국제질서와 다른 점은 기존의 국제질서가 자유민주주의를 기반으로 하는 자본주의이었다는 점에 비하여 중국의 개혁방안이 지향하는 제도는 국가 주도형(실제로는 중국공산당 주도형) 자본주의211)라는

---

210) 李澤厚, 中國現代思想史論, (三民書局, 臺北,2002) pp337-350참조 李澤厚는 양무운동을 자강운동(自强運動이라 하고 1898년 캉어우웨이가 주동이 되어 시도한 무술변법은 유신혁명(維新革命)운동이라고 한다.

211) 이러한 중국의 자본주의를 MIT의 Yasheng Huang교수는 '중국 특색적 자본주의(Capitalism with Chinese Characteristics)'라고 하고 중국에 살면서 중국의 시장경제체제를 수용하는 데 실무적으로 기여하거나 중국경제에 관한 다수의 논문을 발표한

차이밖에 없는 결과가 된다.

중국 시진핑 체제가 추구하는 개혁방안이 시장경제제도를 적극적으로 수용하는 것을 전제로 하는 것이라면 중국이 개혁방안을 성공적으로 실천하여 국제사회에서 새로운 질서를 창설하는 데 선도적 역할을 할 수 있느냐의 문제는 중국식의 국가주도형 자본주의가 서구의 자유민주주의를 기반으로 하는 자본주의보다 더 국제경쟁력을 갖춘 효율적인 국가발전을 이룩할 수 있느냐의 문제에 귀결된다고 할 수 있을 것이다.

시진핑 당 총서기가 중심이 되어 내놓은 개혁방안은 중국을 세계의 가장 강력한 국가로 만들겠다는 야심찬 계획인데 앞으로 이 계획이 예정대로 성공적으로 실천될 수 있을 것인가

오늘날 중국의 통치자들은 1978년 덩샤오핑鄧小平이 주창한 개혁개방을 실천하여 당초 예상한 이상의 발전을 이룩하여 매우 자신감을 가지고 시진핑 당 총서기가 권력기반을 확고히 하여 개혁방안을 구체적으로 실현하고 있으므로 개혁을 성공시키고 중국이 새로운 국제질서를 창조하여나가는데 주도적 역할을 할 수 있을 것이라고 믿고 있다.

그러나 중국대륙의 역사를 돌이켜 볼 때 새로운 개혁방안 그 자체는 중국의 전통적 권력집중 방식을 답습하고 있다는 점에서 근본적인 개혁이라고 보기 어려우며 이러한 개혁방안이 반드시 실천되어 성공할 것이라는 보장도 없는 것이 사실이다.

Carl. E. Walter와 Fraser J.T. Howie는 그들의 공동저서에서 '붉은 자본주의(Red Capitalism)'라고 하고 있다.
Yasheng Huang, *Capitalism with Chinese Characteristics,,*Cambridge University Press, New York, USA 2010)
Carl E. Walter, Fraser J.T. Howie, *Red Capitalism* (John Wiley & Sons, Singapore,Pte.Litd, 2011, 2012)

이번 개혁방안이 이념적으로 마르크스주의, 마오쩌둥 사상을 포함하고 공산당의 독재체제를 유지하고 경제적으로는 국가 기간산업의 70% 이상을 차지하는 국유기업을 그대로 존치시키면서 경영만을 개혁하려고 한다는 점에서 볼 때 근본적인 개혁방안은 아니라 기존 정치질서를 유지하는 타협적인 개혁방안이라고 볼 수 있다.

중국의 국유기업의 최고경영인(CEO)들은 대부분 중국공산당 간부들이다. 개혁방안은 국유기업의 경영을 정치와 차단하도록 하였으나 공산당 간부들이 경영의 책임자들인 점을 감안한다면 이러한 개혁방안이 성공하기 어려운 측면을 가지고 있다.[212]

이러한 분석이 가능한 첫째 이유는 이번 개혁이 중요시하는 부정, 부패를 근절하는 것이 매우 어렵다는 분석이 가능하기 때문이다. 중국은 아직 언론의 자유가 제한되어 있어 부정부패를 감시하고 여론화하는 역할을 외국에 기반을 두고 있는 일부 언론과 홍콩, 대만 등의 언론에 의존하고 있다. 이러한 언론매체를 통하여 개혁방안에 위반하는 부정부패가 공개되어 사법적 처리절차를 밟게 된다하더라도 사법부도 공산당의 지휘하에 있기 때문에 사법부의 독립적인 판단에 의하여 처리되기보다 공산당 내부의 정치적 판단에 의하여 해결된다면 부정부패문제에 관하여 공정한 해결을 기대하는 중국인민들이 개혁에 대한 신뢰성을 상실할 수 있다.

다음으로 중국의 개혁방안은 앞으로 중국이 대내적인 문제로 순조로운 실천이 어려울 수도 있다는 점을 감안하여야 하기 때문이다. 대내적으로 중국은 위구르와 티베트에서 중국 한족漢族의 통치에 불만을 품은 세력이 집단적인 반항에 봉착할 수 있으며 중국 경제성장에

---

212) Arther R. Kroeber, Xi Jinping's Ambitious Agenda for Economic Reform in China (Brookings Opinion November 17, 2013) 참조. 2013. 11.30 검색

따른 도시와 농촌 간의 소득 불균형의 차이가 너무 커서 농민들과 농민공農民工들이 분출하는 불만을 정부가 적절하게 대처하기 어려운 상황이 발생할 수도 있을 것이다.

이밖에도 경제개발에 따르는 공해문제가 너무나 심각하여 경제발전계획을 조정하지 않으면 안 되는 상황이 발생할 수도 있을 것이고 지방재정의 부채가 너무 커서 지방재정 적자를 중앙정부가 해결하느라 개혁에 차질을 가져올 수도 있을 것이다.

대외적으로는 최근 남중국해에서 일어나고 있는 도서 분쟁이나 방공식별구역과 관련한 일본, 미국과의 갈등이 격화되어 중국 정부가 개혁방안을 실현하는 데 차질에 봉착할 수도 있다.

중국의 개혁방안이 순조롭게 진행되려면 시진핑 총서기를 중심으로 이러한 난관을 극복하여야 한다는 부담이 있다.

시진핑 총서기가 주도하는 중국의 현 집권층은 중국이 3중전회에서 결정된 개혁방안을 순조롭게 진행시켜 중국을 아편전쟁 이후 서구의 반식민지 상태가 된 18세기 중엽 이전의 상황으로 돌려놓는 '중국의 꿈'을 실현하여 중국이 새로운 국제질서를 형성하는 데 주역으로 등장할 수 있는 국제적 위상을 갖는다는 목표를 가지고 있다.

그러나 중국이 주도적 역할을 하여 기존의 국제질서에 대체하는 새로운 세계질서를 구축하려고 한다면 기존의 국제질서를 창설하는 데 주도적 역할을 하였던 미국을 비롯한 유럽 국가는 물론 중국이 기도하는 새로운 국제질서에 대하여 이해관계를 가지는 중국 주변 국가는 중국의 변화가 자국에 미치는 영향을 검토하고 이에 대한 대책을 수립하려고 할 것이다.

중국의 '중국식 사회주의'가 전제로 하는 가치관이 자유민주주의를 중요시하는 서구 중심의 가치관과 병존하면서 공동발전을 이룩하여 나갈 수 있을 것인가 하는 문제에 대한 해답은 중국의 가치관이 서구에서 제창되고 오늘날 세계에서 보편적으로 인식되고 있는 자유민주주의 가치관과 양립이 가능한가의 문제에 귀착한다.

역사를 돌이켜 보면 자유민주주의를 가장 중요한 가치관으로 생각하는 서구인들은 이러한 사상과 양립하지 않는 사상이 세력을 팽창하려고 할 경우 자유민주주의를 수호하고자 하는 세력을 규합하여 이러한 가치관을 부정하는 세력에 대항하여 왔다.

제1, 2차 세계대전이나 한국전쟁, 베트남전쟁 등은 모두 이러한 가치관의 대립적 측면이 있었음을 부정할 수 없다. 이러한 역사적 경험에 비추어 볼 때 '중국식 사회주의'는 결국 개인의 자유보다 단체의 이익이 더 중요하다는 가치관을 전제로 하는데 이러한 가치관을 유지하면서 세력을 팽창하려고 한다면 서구중심의 자유민주주의 사상을 가장 중요한 가치관으로 생각하는 세력과 마찰을 일으킬 수 있을 것이다.

만약 이러한 마찰이 무력충돌로 발전된다면 중국이 승리할 수 있을 것인가는 쉽게 판단할 수 있는 문제가 아니긴 하지만 무력 충돌에서 승리한다는 것은 통합된 힘으로서 국력이 우세하다는 것을 의미한다고 볼 때 중국의 국력은 이러한 충돌에서 승리하기 어려운 아래와 같은 구조적 문제를 가지고 있다.

첫째, 중국의 현 통치체제는 중국의 모든 자원을 통합된 힘으로서의 국력을 최대화하도록 동원하기 어려운 구조를 가지고 있다. 중국의 통치체제는 중국공산당 서기장을 중심으로 7명으로 구성된 공산당 중앙위원회 상무위원들이 협의하여 최종 정책을 결정하는 구조를 가지고 있으나 중국 역사상 권력이 1인에게 집중되는 현상이 나타난 것과 마찬가지로 오늘날에도 결국 공산당 서기장의 의사가 정책결정에 가장 중요한 역할을 하여 공산당 서기장은 절대 권력을 가지고 정책을 결정하고 또한 그 결과에 대하여 무한책임을 지게 된다.

이러한 통치체제는 절대 권력자의 지위변동이 있을 경우 전반적인 통치체제의 변화를 야기할 가능성이 높아 정책의 일관성을 유지하기 어렵게 하고 국민로 하여금 상황변화에 대한 예측가능성을 저하시켜 국민 의사를 결집시키기 어렵게 하는 요인이 된다.

둘째, 통합된 힘으로서의 중국의 국력은 국민의 의지를 하나의 방향으로 결집시킬 수 있는 이념적 요소가 약하다. 중국은 오랜 역사를 통하여 유교를 통치철학으로 삼고 국민을 유가사상으로 통합하려고 하였으나 유가사상은 가정 윤리를 기반으로 하고 있어서 국민이 국가를 위하여 희생한다는 정신보다 가정의 안녕을 더 중시하는 사상이 강하여 국가가 위기에 놓여졌을 때 국민들이 가정을 희생하고 국가에 헌신하려고 하도록 국민 의지를 통일시키기가 쉽지 않다. 중국이 통합된 힘으로서의 국력을 최대한 배양하기 위하여 국민의 의지를 결집시키는 방안으로서 중화사상을 강조할 수 있는데, 이는 일종의 중화 민족주의를 의미하기 때문에 도그마적 요소가 강하여 서양 교육을 받은 국민이 이러한 사상에 쉽게 순응하지 않을 가능성이 크다.

셋째, 중국 정부는 역사적으로 내란 발생을 방지하는 데 국력을 집중시켜 왔으며 외환이 있을 경우 내란이 동시에 발생하는 경우가 많았음에 비추어 지금도 소수민족의 독립요구나 국민의 정치적 자유 욕구를 분출하려는 동향을 파악하고 이를 견제하는 것을 우선시하기 때문에 무력 충돌이 있을 경우 무력 충돌에 승리하기 위하여 국력을 집결시키는 것을 어렵게 한다.

중국은 통치체제상의 이러한 취약점으로 인하여 역사상 다른 국가와 무력 충돌이 있을 경우 무력충돌에 동원되는 병력은 지배층에 의하여 동원된 일부 병력에 의존할 뿐 인민전체가 무력 충돌을 승리로 이끌기 위한 단합된 힘으로 결집하지 못하였다.

중국의 대외적 무력충돌은 중국인민 대부분의 의지를 반영하여 결정되기보다 지배층의 의지만이 반영되고 지배층에 의하여 선발된 제한된 인원만이 동원되며 대다수의 국민들은 제3자로서의 방관적 태도를 나타내었기 때문에 무력충돌은 중국의 지배층과 상대국과의 충돌이 되고 중국의 통합된 힘이 발휘되지 못하였다.

그 결과 중국이 외국과의 무력충돌이 있을 경우 지배층에 의하여 동원된 병력이 상대국가 국민의 저항을 압도할 수 있었을 경우에는 쉽게 승리하여 지배자의 권위를 높일 수 있었으나 상대국가의 국민이 강경하게 대항하거나 지배층에 의하여 동원된 병력이 상대 병력보다 약하여 그 무력 충돌을 지속하는 것이 지배층 자신의 안위가 위태로워질 가능성이 크다고 판단하면 지배층은 무력 충돌에서 국민들과 단합하여 최후의 승패를 가리는 의지를 보이는 대신 무력충돌에서 불리한 상황을 수용하고 지배층의 안위를 택하는 경향이 강하였다.

이러한 역사적 사실은 과거 7세기에 있었던 수나라와 당나라의 고구려 침입, 19세기의 영국과의 아편전쟁, 청일전쟁, 청불전쟁이나 최근 역사에서 1979년 베트남과의 전쟁이 그러한 사례이었다. 1979년 2월 중국은 통일 베트남이 베트남 거주 화교를 탄압한다는 이유로 베트남 국경을 넘어 무력 침공을 하였으나 베트남군이 강력 대항하자 2만5천 명의 중국군 전사자를 낸 채 베트남에서 군대를 철수한 것도 그러한 사례의 하나이다.

이러한 점을 감안할 때 중국식 사회주의는 평화질서체제하에서 자유민주주의와 병존하면서 발전이 가능할 것이나 중국이 다른 국가와 심각한 이익 충돌을 하게 될 경우 중국식 사회주의에 입각한 정치체제가 국가 자원의 효율적 이용을 어렵게 하고 결국 국력의 저하를 초래하게 된다는 것을 인식하게 될 때 중국식 사회주의에 대한 근본적 검토가 필요하게 될 것이다.

제18장 중국은 미국을 능가하는 국력을 배양할 수 있을 것인가

　오늘날 국제사회에서 중국이 미국을 능가할 수 있는 국력을 배양할 수 있을 것인가 하는 문제가 심각하게 논의되고 있는 현실은 냉전 종식 이후 미국 주도의 새로운 세계질서 수립 전망이 흐려지고 중국이 국제사회에서 차지하는 비중이 점점 높아지고 있는 현실에 기인한다.

　1980년대 말 반세기 간 계속되었던 냉전이 종식된 것은 동서양의 진영과 비동맹 중립국들 간의 세력균형에 의하여 유지되던 국제질서가 소련을 중심으로 한 세력이 약화됨으로써 국제질서의 세력균형에 변화를 초래하게 되었기 때문이다. 국제질서를 설명하는 데 현실주의자의 입장을 견지한다면 냉전 이후 국제질서의 형성은 국제사회를 구성하는 단위조직들의 국제사회에 미치게 될 영향력에 의하여 결정된다고 할 수 있다.

　제2차 세계대전이 종식되고 소련과 미국을 중심으로 하는 양대 진영으로 대치하여 50여 년 동안 냉전이 지속되다가 소련이 공산체제로는 더 이상 서구의 자본주의 경제체제와 대항할 수 없다고 보고 스스로 공산주의 체제를 벗어나 자본주의 체제로 전환하면서 냉전은 종식되었다.

냉전의 종식과 더불어 소비에트 연방이 러시아 연방을 포함하는 독립국가연합의 구성국으로 해체되어 러시아가 국제무대에서 초강대국으로서의 위상이 격하되어버린 반면 소련의 지원하에 태어난 중국공산주의자들은 1949년 중국내전에서 이기고 공산주의 정권을 세운 후 공산주의 정치체제를 유지한 채 1978년부터 경제개방을 하여 경제발전을 성공시켜온 중국이 새로운 강자로 부상하여 미국에 필적하는 국제적 위상을 가지려고 힘쓰고 있다.

　러시아가 공산주의 정권의 종주국이었으면서 공산당 중심의 정치체제를 벗어나는 과정에서 정치적, 경제적 혼란을 겪으면서 국제적 위상이 격하된 데 비하여 중국이 공산주의 정체체제를 유지하면서 국제적 위상을 높일 수 있었던 주된 이유는 러시아는 태생적으로 유럽국가에 속하며 소련이 유지하여 온 공산주의 정치체제가 개인의 자유가 중요하다는 서양의 전통적 가치관을 기반으로 하는 정치체제에 비하여 우월하지 않다는 것을 인정한 반면에 중국은 공산주의 정치체제가 중국전통의 가치관과 배치되지 않는다고 보고 정치체제의 큰 변화 없이 정치적 안정을 유지하면서 경제적 발전을 도모할 수 있었기 때문이다.

　러시아가 서구 정치체제로의 변혁을 기한 과정에서 체첸의 독립운동을 저지하느라 두 차례에 걸쳐 체첸과 전쟁을 치르는 고통을 겪은 데 비하여 중국은 공산당 중심 체제를 유지하면서 티베트와 위구르의 독립운동을 원천적으로 봉쇄하는 데 성공하여 국내의 정치혼란을 최대한 억제할 수 있었다.

　오늘날 러시아는 강력한 대통령제와 다당제를 채택하는 등 기본적으로 서구식의 정치체제를 수용하면서 실용적 강대국 노선을 추구하는 데 비하여 중국은 아직도 공산당 중심의 정치체제를 유지하고 중국식 사회주의하에서 시장경제를 발전시킴으로써 국제사회에서 서구 민주주의사상에 대항할 수 있는 중국 전통적 가치관을 새로운 국제정치 무대에 적용시키려고 노력하고 있다.

냉전의 종식으로 미국이 유일한 초강대국으로 남게 되자 많은 사람들이 이제 국제사회는 자유민주주의의 가치관을 바탕으로 미국이 의도하는 방향으로 새로운 국제질서가 형성되는 것으로 예견하고 미국 중심의 세계평화(Pax Americana)의 시대가 도래할 것으로 믿었다.

냉전 종식 후 미국은 1991년 이라크의 쿠웨이트 침공으로 야기된 걸프전을 주도적으로 수행하여 이라크 군대를 쿠웨이트에서 철수시켰으며 1992년 유고슬라비아로부터 독립을 선언한 보스니아-헬체고비나가 종교와 민족주의 문제로 내분을 일으키자 미국은 영국, 프랑스, 러시아와 함께 동 내분을 수습하여 1995년 미국 오하이오 주의 데이톤(Dayton)에서 평화협정을 체결하도록 하는 데 성공하였다.

또한 1998년 3월 코소보 자치구에서 세르비아 중심의 유고연방에서 분리 독립을 요구하는 알바니아계와 세르비아 측과 유혈 충돌이 발생하고 세르비아가 알바니아계에 대하여 대규모 학살행위를 한 데 대하여 미국은 나토(NATO)의 일원으로서 NATO군을 동원하여 코소보 사태를 수습하는 지도력을 보였다.

그러나 미국이 국제사회의 평화를 위하여 노력한다는 긍정적 평가에도 불구하고 다른 한편 미국이 세계 전체 국가가 공동으로 협력하여 인류의 평화와 안전을 기하여야 하는 문제에 미국의 이익만을 지나치게 고려하는 도덕적 해이(moral hazard)를 보인다는 국제사회의 비판을 받아 왔다.

미국은 지구 온난화 현상이 기후를 변화시켜 인류에게 커다란 재앙을 가져올 수 있다는 우려에서 온실가스 감축의무를 규정한 1997

년 교토의정서에 가입하는 것을 거부하였으며 전쟁을 유발하거나 대량학살을 자행한 개인을 처벌하도록 하는 2002년 국제 형사재판소 규정에도 가입하기를 거부하였다.

미국은 또한 1972년 핵전쟁을 예방한다는 명분하에 당시 소련과 체결하였던 탄도 미사일 제한 협정(ABM)을 미국자체의 미사일 방어체제를 구축하는 데 장애가 된다고 보고 2001년 12월 일방적으로 폐기하여 국제사회 특히 러시아와 중국으로부터 미국이 국제평화를 위한 노력보다 자국의 안전만을 추구한다는 비판을 받게 되었다. 냉전 종식 이후 미국이 세계의 지도국가로서 권위와 능력을 보유하는가 하는 데 대한 국제사회의 의구심은 2001년 9월 11일 미국에서 대규모의 국제테러 사태가 발생한 사실과 그 후 미국이 이를 처리하는 과정에서 증폭되었다.

9.11사태는 이슬람교도가 기독교문화에 바탕을 둔 미국이 주도하는 국제질서를 부정하는 행위로 해석할 수 있으며 이를 역사적 사건으로 비교한다면 이슬람교도가 동로마제국의 콘스탄티노플을 공격한 것에 비유할 수 있다.

9.11테러사태가 발생하자 미국 부시 대통령은 테러와의 전쟁을 선포하고 이슬람 근본주의자인 오사마 빈 라덴(Osama Bin Laden)이 주도하는 알 카에다(al-Qaeda) 조직을 9.11사태의 주된 책임을 지는 테러단체로 지목하고 아프가니스탄 탈리반(Taliban) 정권이 오사마 빈 라덴을 은신시키고 있다는 이유로 아프가니스탄을 무력 공격하여 탈리반 정권을 붕괴시키고 이라크가 대량살상무기를 보유하고 테러단체를 지원하고 있다고 주장하고 2003년 3월 이라크에 대한 무력 공격을 하여 이라크의 사담 후세인 정권을 무너뜨렸다.

미국은 테러와의 전쟁이라는 명분을 가지고 국제사회에서 미국의 일부 우방국의 지원을 받아 대아프가니스탄 전과 이라크 전을 수행하여 테러행위에 대한 응징의 목표는 달성하였으나 당초 미국이 기대한 결과를 얻지는 못하였다.

미국은 아프가니스탄에서 오사마 빈 라덴을 찾지 못하였으며 이라크에서 대량살상무기를 발견하지 못하자 국제사회의 여론은 미국이 주도한 이러한 전쟁이 국제법적인 정당성을 결여한 미국의 일방주의(unilateralism)에 의한 행동이라는 비판을 받게 되었고 아직까지 아프가니스탄과 이라크에서 미국 주도의 질서를 수립하는 데 큰 희생을 치르고 있다.

자유민주주의의 수호자로서 미국이 국제질서의 주된 역할을 하는 데 커다란 상처를 받은 또 하나의 중대한 사건은 2007년 미국에서 주택 부실채권으로 야기된 금융위기가 전 세계로 파급되면서 1929년 세계대공황 때와 유사한 국제 금융위기가 초래된 사실이다.

냉전 종식 후 미국이 주도하는 국제질서는 1980년대 중반 공권력의 자율적 시장경제에 대한 간섭을 최소화하여야 한다는 신자유주의의 가치관에 기초한 개인적 자유주의와 시장 경제체제를 바탕으로 형성된 것이며 이러한 제도는 인류역사상 가장 발전된 제도라고 평가를 받게 되었다.

그러나 2007년도에 신자유주의를 기반으로 발달한 미국식 금융자본주의가 세계적 금융위기를 야기함으로써 미국식 개인적 자유주의가 절대선絕對善은 아니며 자유민주주의 사상에서 유래하는 신자유주의에 기초한 미국식 금융자본주의 체제를 근본적으로 수정하여야 한다는 비판에까지 직면하게 되고 미국이 국제사회에서 가졌던 정치적 위상과 경제적 신뢰성이 훼손되는 결과를 초래하게 되었다.

냉전 이후 국제사회에서의 유일한 강대국으로 남게 되었던 미국의 국제적 위상 저하로 인하여 미국 주도의 새로운 국제질서 수립이 어렵게 되자 세계적 금융위기를 해결하기 위하여 선진국과 신흥경제국이 함께 모여서 공통의 해결방안을 모색하여 새로운 국제협조체제를 구축하여야 한다는 당위성에 대한 국제적 공감대를 형성하게 되었다.

미국 발 국제금융위기를 해결하려는 국제적 협력 체제를 구축하는 과정에서 1997년 아시아 외환위기 때 국제금융시장의 안정을 위하여 1999년 IMF 연차총회에서 제안되어 창설되었던 G-20회의의 중요성이 새롭게 부각되고 있으며 국제금융위기 해결을 위하여 현재 2조 달러 상당의 미국채권을 보유하고 있는 중국의 협력이 절대적으로 필요하게 되었다.

이러한 시대적 상황의 변화를 배경으로 중국은 2008년 북경 올림픽 개막식에서 중국문화의 우수성을 세계에 널리 알리고자 하였던 예에 비추어 볼 때 이러한 기회를 활용하여 중국이 가지고 있는 가치관을 국제사회에 새로운 이데올로기로서 제시함으로써 중국의 국제적 위상과 중국의 국제사회에서의 발언권을 고양하려고 하고 있다.

중국은 공산당과 사회주의체제를 유지하면서 시장경제체제를 수용하고 국제경제에서 차지하는 비중을 점차로 높여가고 있으며 중국이 이러한 현재의 체제가 모순되지 않는다는 점을 설명하기 위한 독자적인 이데올로기를 제시하려는 움직임을 보이고 있다.

마오쩌둥毛澤東시대의 저우언라이周恩來 총리는 1954년 6월 인도와 평화공존 5원칙을 발표하였으며 1980년대 덩샤오핑鄧小平 시대에는 "어둠 속에서 은밀히 힘을 기른다"는 뜻의 도광양회韜光養晦라는 말로 대표되듯이 강대국 특히 미국과의 대립을 피하고 국력 증진에 노력하는 것을 외교의 기본 목표로 하였다.

1997년 장쩌민江澤民 주석이 집권한 이후 대외정책으로 덩샤오핑이 주창한 도광양회韜光養晦 정책을 수행하면서 중국 내부의 정치 안정과 국민에게 경제적 만족을 줄 수 있는 경제발전을 이룩한다는 소강사회小康社會 건설 이념이 1997년 공산당 제 15차 대회에서 국가발전의 목표로 공식적으로 제기되었다.

2003년 장쩌민의 공산당 총서기직과 주석직을 이어 받은 후진타오胡錦濤는 대내적으로 장쩌민의 소강사회 건설 이념을 이어받으면서 대외정책에서는 화평굴기和平崛起나 유소작위有所作爲를 내세워 국제 문제에서 평화를 유지하면서 가능한 범위 내에서 적극적인 개입을 시도한다는 정책을 택하였다.

2013년 후진타오를 승계한 시진핑習近平은 공산당 총서기직, 국가주석직, 중앙군사위원회 주석직 등 당黨, 정政, 군軍의 실권과 함께 신설한 기구인 국가안전위원회의 위원장, 중국 개혁 심화영도소조小組 책임자 등의 실무책임자의 권한을 자기에게 집중시키고213) 자신의 임기 내인 2020년까지 중국이 국제사회에서 중심적 역할을 할 수 있었던 지위를 회복한다는 중국의 꿈을 실현시킬 것을 목표로 하고 있다.

중국의 지도자들은 서구식 자유민주주의가 인류의 보편적 가치관이 아니라고 주장하면서 중국이 추구하는 발전 목표를 중국식 사회주의의 이념에 따를 것을 천명하고 있다.

중국이 중국식 사회주의를 표방하면서 국제사회에서 자유민주주의를 가치관으로 하는 미국에 능가하는 국력을 배양할 수 있는가의 문제를 검토하려면 국력을 구성하는 요소별로 분석하여 검토한 후

---

213) 시진핑은 국가 개혁을 위하여 13개의 영도소조(領導小組)를 만들었는데 그 중 적어도 6개 이상의 영도소조의 책임자는 시진핑 자신이 맡고 있다.

전체 요소를 모두 고려한 통합된 힘으로서의 국력의 증강 전망을 살펴볼 필요가 있다.

통합된 힘으로서의 국력은 앞에서 말한 바와 같이 인구나 영토의 규모, 경제력, 군사력과 같은 형상화된 힘(materialized power)과 국가 통치역량의 효율성이나 국민 의지의 통일성과 같은 형상화되지 않은 힘(immaterial power)과 구별하여 살펴볼 필요가 있다.

먼저 중국과 미국이 형상화된 힘의 측면에서 비교할 때 중국의 힘은 미국의 힘에 점차로 접근하는 추세를 나타낼 수 있을 것이다.

미국은 국가 영토의 크기는 중국과 비슷하고 인구는 미국이 중국의 약 4분의 1이다.

미국의 2014년도 국내 총생산은 약 17조4천억 달러이며 중국의 2014년도 국내 총생산은 약 10조3천억 달러로서 미국의 2분의1 이상의 수준이 되었다. 미국의 2014년도 국방비는 약 5,810억 달러인 데 비하여 세계 제2위의 국방비를 지출하는 중국의 2014년도 국방비는 약 1,294억 달러로서 미국 국방비의 약 22% 수준이며 미국의 국방비는 세계전체 국가의 국방비 지출이 많은 제2위부터 제10위까지의 국가 국방비 모두를 합친 것보다 많다.

그러나 2004년부터 2013년까지 미국의 국방비는 12%가 증액된 반면 중국의 국방비는 1989년부터 매년 10% 이상 국방비를 증액시켰으며, 특히 2004년부터 2013년까지 170%가 증액되어 온 것과 유사한 추세로 중국이 국방비를 증액시킨다면 중국의 국방비가 약 10년 후에는 미국의 국방비를 추월할 가능성이 크다.

국가 경제력은 현재의 경제력과 미래의 경제발전의 여건으로 구별하여야 하는데 현재의 경제력의 수준을 나타내는 것이 국내총생산(GDP, Gross Domestic Product)이라면 미래의 경제력 수준은 새로운 과학기술의 발달에 크게 의존하지 않을 수 없기 때문에 국가가 과학 기술 개발을 위하여 투자하는 규모와 밀접한 관련이 있다.

앞으로 정보기술(Information Technology)의 추가적 발달, 생명공학기술(Bio Tecnology), 우주항공기술(Space Technology), 초정밀 원자기술(Nano Technology), 로봇 기술(Robot Technology), 환경 기술(Environment Technology) 등에 기초한 첨단산업의 발전이 새로운 상품 개발로 이어지게 되고 이러한 상품이 국제시장에서 차지하는 비율이 대폭적으로 확대될 예정임에 따라 첨단기술의 개발 능력이 곧 국가 경제력으로 연결될 것으로 예상할 수 있기 때문이다.

미국의 2014년도 과학기술 개발비는 세계전체 연구개발비 약 1조 5천억 달러의 약 31%에 해당하고 전체 GDP의 2.8%를 차지하는 4,650억 달러인 데 비하여 중국의 2014년도 연구개발비는 세계전체 연구개발비의 17.5%를 차지하는 약 2,600억 달러로서 미국 연구개발비의 약 56%에 해당한다.[214]

그러나 중국의 과학기술 연구개발비의 증가 속도를 미국의 그것과 비교할 때 미국의 2011년도 과학 기술 연구 개발비는 세계전체 연구개발비 약 1조 2000억 달러의 3분의 1에 해당하는 4,016억 달러로서 중국의 2011년도 연구개발비 1,043억 달러에 비하여 약 4배에 해당하였다는 점을 고려한다면 중국의 과학기술 연구 개발비에 투자하는 액수의 증가 추세는 중국과 미국 간의 국방비 증액 추세 이상으로 빠르게 증가되고 있음을 알 수 있다.

중국과 미국의 현재와 미래의 경제력과 군사력이 최근의 추세로 증가하여 나간다면 장래에는 중국의 군사력과 경제력이 미국의 그것

---

214) Joseph S. Nye, Jr., *Is the American century over?* (Polity Press, Maiden USA, 2015) p.80

을 추월할 시기가 올 수도 있을 것이다.

　다음으로 미국과 중국의 형상화하지 않은 힘, 즉 국가의 통치역량의 효율성 계수와 국민의 의지를 동일한 방향으로 결집시킬 수 있는 결집성계수 등의 측면에서 통합된 힘으로서의 국력을 비교하면 중국의 국력이 미국의 국력을 추월하기가 어렵다.

　중국의 통치전략이 다른 나라의 통치전략과 비교하여 얼마나 효율적인가 하는 것은 중국의 통치 권력의 주체가 국가를 발전시키는 데 얼마나 효율적으로 기여하는가 하는 것을 말한다. 중국은 공산당이 통치 권력을 독점적으로 행사하고 있다는 점이 서구의 민주주의 국가와 크게 다른 점이다.

　1917년 러시아 혁명으로 시작된 공산주의는 약 80년 동안 자유민주주의 국가들과 대립하여 오다가 1980년대 말 그들 스스로 공산주의 이념과 제도로는 자유민주주의 국가들과 국가발전의 경쟁에서 이길 수 없다고 판단하고 대부분 자유민주주의 국가로 변화하였다.

　그러나 중국은 과거 공산주의 국가이었으나 자유민주주의의 이념을 수용하지 않고 중국식 사회주의를 표방하면서 시장경제제도를 수용하고 중국 전체 인구의 약 6%에 해당하는 8천만 당원으로 구성된 공산당을 중심으로 권력을 행사하고 있다.

　중국이 전국적 조직망을 가지는 공산당을 중심으로 통치 권력을 행사하고 있는 것은 중국 내부로부터의 분열을 방지하고 중앙정부의 통치행위가 지방에까지 효과적으로 미칠 수 있는 전국적 규모의 조직망을 가질 필요가 있기 때문이다.

　그러나 중국이 내부분열을 방지하기 위하여 공산당이 통치 권력을 독점하여 행사하는 것은 아래와 같은 이유로 통치의 효율성을 저하하는 근본적 원인이 되어 미국의 국력을 능가하기 어렵게 된다.

첫째, 국력의 기본이 되는 자원의 효율적 배분을 억제하게 된다.

공산당 중심의 국정운영은 공산당 당원이 아닌 자들에게 국정에 참여할 기회를 박탈하고 공산당 중심의 통치에 반대하는 자들이나 개인의 정치적 자유를 요구하는 자들에 대한 감시와 통제를 위하여 국가권력을 행사하는 데 커다란 비용을 지출하지 않을 수 없으므로 전체적으로 국력이 낭비를 초래한다. 또한 소수민족의 정치적 자유를 억압하기 위하여도 막대한 국가 자원을 소모하게 된다.

중국은 현재에도 중국 영토 전체의 약 3분의 1을 차지하는 티베트와 위구르 지역의 소수민족인 이민족은 독립을 요구하는 항쟁을 벌이고 있어 중국 정부는 이러한 독립요구를 조기에 진압시키는 것이 최대의 국가정책이다. 중국공산당은 중국의 분열을 방지하면서 광대한 영역을 통치하기 위하여 효율적인 전국적 조직망을 가지고 이들의 독립 움직임을 사전에 차단하기 위하여 막대한 비용을 지출하고 있는데, 이는 결국 국력의 기초가 되는 자원을 효과적으로 활용하지 못하는 결과가 된다.

이에 비하여 미국은 아프리카, 스페인, 아시아계 등 소수민족들의 정치참여를 개방하고 기회의 균등과 능력에 따른 대우를 받을 수 있는 정치체제를 유지함으로써 전 세계의 각 분야에서 우수한 인재를 유치하고 이들이 미국의 국력 증진에 기여할 수 있는 기회를 제공하고 있어서 국력유입이라는 측면에서 중국과 다른 유리한 조건을 가진다.

둘째, 공산당 중심의 통치는 최선의 통치방안을 모색하는 것을 어렵게 한다.

중국의 공산당이 통치 권력을 독점적으로 행사하는 정당성의 근거는 중국이 가지고 있는 소수민족의 분리운동에 대한 효율적 저지 등

역사적 환경에 기인하는 것이나 공산당의 통치 권력의 독점은 결국 공산당 내부조직의 위계질서가 엄격히 유지되는 한 최고지도자에 의하여 국민 생활의 안정을 도모하기 위한 대내적 민생정책보다 대외적 과시(demonstrative) 정책을 더 선호하게 되는 경향이 있다.

정책 결정 과정에서도 제시된 정책의 집행상 나타날 수 있는 문제점을 충분히 검토하지 않은 채 동일한 가치관을 가진 내부의 정책 참여자들에 의한 단선적單線的인 의견수렴 과정을 거칠 뿐 가치관을 달리하는 다양한 의견 제시와 토론을 통한 여과된 정책 결정 과정을 택하기 어렵다. 따라서 이러한 과정을 거쳐 채택되는 정책은 국가 이익에 최선의 정책이 아닌 최고지도자의 권위를 유지하는 데 가장 유리한 정책이 채택되는 결과가 된다.

마오쩌둥 시대에 두드러지게 나타났듯이 공산당 내부의 정책 결정은 공산당 내부에서 비록 민주 집중제를 시행한다고 하더라도 최고권력자가 막강한 인사권과 내부통제권을 보유하게 되는 현실에 비추어 공산당 내에서 최고 권력자의 의지와 다른 견해를 표명하는 것은 매우 위험한 대가를 감수하여야 할 가능성이 크므로 국가정책은 결국 공산당 내의 최고 권력자의 뜻에 추종할 수밖에 없는 제도적 제한을 가지게 되었다.

그러나 국가의 정책은 다양한 대안이 제시된 후 최종 결정 전에 야당이나 자유로운 언론과 같은 비판세력으로부터 견제와 균형을 받는 제도적 장치에 의하여 검증을 받는 과정을 거침으로써 시행의 오류에 빠지지 않을 최선의 정책이 채택될 수 있다.

또한 공산당의 권력 독점은 국민으로부터 선거를 통하여 권력을 위임받은 것이 아니기 때문에 통치 행위에 대한 국민의 심판을 의식하기보다 당의 내부에서 권력을 쟁취하는 것을 더 중요시하게 되기 때문에 당 내부에서 파벌을 형성하여 상호 투쟁을 유발할 가능성이 크며 국민의 의사를 존중하는 정책보다 당의 대외 과시용 정책을 채택하고 실천에 무리가 따르더라도 정책결정자의 위신을 고려하여 이를 무리하게 집행하려고 할 때 이에 대한 견제수단이 결여되어 국가이익에 역행하는 정책이 지속될 가능성이 크다.215)

이에 비하여 미국의 정치제도는 일반대중의 지지를 바탕으로 권력을 행사하고 정치실행 과정에서 자유로운 비판을 허용하는 제도를 가지기 때문에 정책 결정 과정에서 비교적 다양한 의견이 제기되고 검토된다. 따라서 국민적 공감을 얻을 수 있는 정책이 마련될 수 있고 정책시행 대상 간의 불필요한 갈등을 사전에 방지함으로써 결국 국력지출의 낭비를 억제할 수 있다는 측면에서 중국보다 유리하다.

셋째, 공산당 중심의 국정운영은 결국 공산당 내부의 부정과 부패를 방지하는 것을 어렵게 한다.

공산당의 권력 독점 체제는 결국 공산당 내부의 부패를 효과적으로 차단하기 어렵고 공산당 내부의 권력 투쟁이 있을 경우 이를 제도적으로 해결하려고 시도하지 않고 당시의 중국 권력 내부의 투쟁을 통하여 해결하려고 하기 때문에 자칫 국가 전체를 혼란에 빠뜨릴 수 있는 위험 요소를 내포하고 결과에 대한 예측 가능성을 떨어뜨린다.

중국의 최고 집권자는 국민의 선거가 아닌 공산당 내의 권력투쟁을 통하여 권력을 장악하기 때문에 공산당 내의 권력집단 간의 파벌이 형성되고 이들 파벌 간의 투쟁이 격심할 경우 문제의 해결이 법률과 같은 객관적 기준을 적용하여 해결하기보다 권력집단 내부의 이해관계에 의한 대립에서 승리한 측의 판단에 따라 해결될 가능성이 크다.

---

215) 과거 마오쩌둥 시대의 인민공사, 대약진운동, 문화대혁명이 모두 이러한 과정을 겪은 것이었다.

최근에도 중국 정치에서 나타난 권력집단 간의 투쟁은 1995년 베이징 시의 천시통陳希同 당 서기 사건, 2008년 상하이 시 당서기 천량위陳良于 사건이나 2012년 보시라이薄熙來 사건도 중국 내부 권력 파벌 간의 권력 투쟁의 측면이 매우 강하며 문제를 제도적 장치에 의하여 해결하기보다 권력을 행사하는 집단의 이해관계에 따라 해결하려고 하는 경향이 강하여 객관적 기준에 따른 정치의 합리화와 안정화를 기하기가 어렵다는 것을 보여 주고 있다.

이에 비하여 미국은 자유로운 언론과 재판의 독립을 보장함으로써 부정부패의 노출과 관리를 객관적 기준에 따르도록 하는 제도가 마련되어 있어서 부정부패로 인한 국력의 소모를 줄인다는 측면에서 상대적으로 중국보다 더 합리적인 통치가 가능하다.

다음으로 국력을 측정하는 데 있어서 국가가 추구하는 발전의 방향으로 국민의 일반의지를 얼마나 효율적으로 결집시킬 수 있는가의 측면을 살펴본다면 우선 적극적으로 중국이 오늘날 인민의 의지를 동일한 방향으로 결집할 수 있는 정신적 요소가 무엇인가의 문제와 소극적인 측면에서 인민 의지의 결집을 저해하는 요소를 제어할 수 있는 방안이 무엇인지를 나누어 살펴보아야 한다.

먼저 중국인민들의 의지를 결집할 수 있는 가장 유력한 종교나 사상이 무엇인가와 관련하여 앞에서 언급한 바와 같이 중국이 1970년대 말 개혁과 개방을 단행하여 '중국식 사회주의'를 표방하고 역대 지도자가 그 구체적 내용을 정리하여 왔으나 2000년대 초반에 사회주의를 지향하는 방향을 변경하여 사실상의 자본주의제도를 채택함으로써 중국 내부의 정부 관료나 학자들 사이에 사회주의에 대체하여 인민의 의지를 결집할 수 있는 새로운 사상을 제시하기 위하여 노력하여 왔다.

마르크스주의, 레닌주의나 마오쩌둥 사상은 더 이상 국가주도형 자본주의의 내용으로는 타당하지 않게 됨에 따라 중국의 일부 정치가와 학자가 유가사상을 새로이 해석하여 이를 중국인민의 의지를 집결하는 방안을 강구하기도 하나 유가사상은 아편전쟁 이후 이미 중국지식인들 사이에 비판의 대상이 되어 왔으며 특히 1919년 5.4운동을 주도한 지식인들이 중국의 발전을 위하여 더 이상 유가사상에 의존할 수 없다는 것을 인식한 사상이다.

5.4운동의 주요인물 중 한 사람이었던 구어모루어郭沫若는 가정을 운영하는 원리齊家가 국가를 다스리는 원리治國에 선행되어야 한다는 유가사상이 근본적으로 잘못되었다고 주장하고 유가사상을 정치원리로 수용하려면 이러한 사상을 배척하여야 한다고 주장하였다.216) 유가사상은 원래 저우周라는 통치범위가 매우 제한된 도시국가 시대에 창시된 것이며 한漢나라 이후 통일국가에서 통치원리로 채택되었으나 이는 농경생활 위주의 정착생활을 하는 집단이 황제지배 제도 하에서 황제에게 부모와 같은 충성을 구현할 수 있도록 하는 데 유리한 사상이었다.

그러나 오늘날과 같이 자본주의 체제에서 개인의 능력과 창의를 통한 국가경쟁의 확보가 가장 중요한 요소로 인식되고 있는 시대에 유가사상을 다시 통치원리로 수용하는 것은 시대적 상황에 맞지 않는다고 볼 수 있다.

중국이 유가사상을 정치원리로 수용하지 못할 경우 인민의 의지를 집결시킬 수 있는 가장 쉬운 사상은 전통적인 중화사상中華思想인데, 이는 일종의 중국 민족주의로서 중국이 중화사상을 바탕으로 인민의

---

216) Xiaoming Chen, *From the May Fourth Movement to Communist Revolution*(State University of New York Press, 2007) p.5-6

의지를 결집시키고자 한다면 중국과 이해관계를 달리하는 국가들도 그들의 민족주의를 활용하고자 할 것이므로 중국과 이들 국가 간의 관계가 급속도로 악화될 가능성이 있다.

다음으로 중국은 인민 의지의 결집을 저해하는 요소를 제어할 수 있는 효과적 방안을 강구하는 것이 국민의지를 결집하는 데 매우 중요한 문제로 인식되고 있다. 중국에는 현재에도 티베트나 위구르의 소수민족이 불교나 이슬람교의 교리에 기초하여 자신들의 독자적인 삶을 추구하는 독립 항쟁을 계속하고 있으며 도시와 농촌 간의 빈부 격차로 인하여 국가발전 방향에 대하여 부유층과 빈곤층 사이의 갈등이 국력형성에 부정적으로 작용한다는 점을 고려하여야 한다.

중국의 급격한 경제발전은 자본주의 국가보다도 더 심한 소득 격차를 발생하게 하여 현재 중국의 상위 10%의 부유층 소득은 하위 10% 소득보다 23배나 더 많으며 매년 약 15만 건의 전국적인 항의, 데모 등 소요사태가 발생하고 있다.

또한 국민 일인당 소득 5천 달러를 초과하는 경제발전을 달성하자 소위 '중진국 함정' 현상, 즉 경제적으로 안정되면 더 많은 정치적 자유를 추구한다는 현상이 중국에도 나타나고 있다.

중국 정부는 이러한 국민의 정치적 자유 요구를 통제하고 있으나 중국 내부에서도 정보기술이 보편화되어 보다 많은 정치적 자유를 요구하는 여론의 형성이 용이하게 되고 정치적 자유를 요구하는 방법이 점차로 과감해지고 있어서 국민의 일반의지를 동일한 방향으로 결집할 수 있는 힘은 자유민주주의 체제를 신봉하면서 언론의 자유를 인정하고 독립적 사법제도를 유지하여 국민의 불만을 해소할 수 있는 미국에 비하여 약하다고 보지 않을 수 없다.

이러한 점을 종합하여 보면 앞으로 새로운 세계질서를 형성하여 나가는 데 미국이 유일 강대국의 위상을 가지고 단독으로 주도적 역할을 하기는 어려울 것이나 중국이 미국보다 더 강한 국력을 배양하기도 어려울 것이므로 미국과 중국은 각각 유사한 가치관을 가진 국가와 힘을 합쳐 세력권을 형성하여 이들 세력권이 각각 그들의 가치관이 반영되는 새로운 세계질서를 수립하려고 노력하게 될 것이다. 미국은 앞으로 아시아 태평양지역에서 세력권의 변화가 미국의 이해관계에 핵심적 역할을 할 것으로 보고 아시아 중시정책을 취하고 있으며 특히 중국이 이 지역에서 패권적 지위를 갖는 것을 적극 경계하고 있다.

미국은 아시아에서 중국의 부상을 가장 경계하는 일본과 전통적으로 미국에 우호적인 호주와 연대하여 중국이 아시아에서 패권적 지위를 차지하는 것을 방지하려고 하며 중국은 미국의 이러한 노력에 대응하여 러시아와의 연대를 모색하고 있다. 그러나 이러한 과정에서 미국과 중국은 상호 양보할 수 없는 핵심적 이해관계의 충돌이 아니라면 정면 대립하는 것보다 협조를 통하여 공동이익을 추구하는 것이 유리, 만약 상호 대립. 충돌하게 된다면 양국은 물론 세계 전체가 어려움을 겪게 되는 상황이 발생할 것이다.

이러한 점에 비추어 볼 때 키신저(Henry Kissinger)가 국제금융위기 후 〈새로운 국제질서의 기회(The chance for a new world order)〉라는 기고에서 앞으로 수년 간 세계경제질서는 중국과 미국의 협상에 크게 의존할 것이며 중국과 미국이 상호 협조하지 않을 경우 세계는 위험한 지역별 경쟁체제로 돌입하게 될 것이라고 예고하고 태평양 사이의 관계가 과거의 대서양 사이의 관계만큼 중요하게 되었다는 견해를 표명하였음[217]은 참고할 만하다.

---

217) Henry Kissinger, 'Après le déluge, The chance for a new world order', The International Herald Tribune, January 13, 2009

제19장 중국식 사회주의와 서구의 자유민주주의는 대립(confront)할 것인가 수렴(converge)할 것인가

중국이 1970년대 말 개혁개방을 단행할 당시에는 사회주의 체제의 기본을 유지하면서 제한된 범위 내에서 시장경제제도를 수용한다는 입장이었으며 시장경제제도의 수용으로 인하여 사회주의체제가 붕괴될지 모른다는 국민의 불안감을 불식하기 위하여 1992년 덩샤오핑 자신이 남방순화南方巡話를 통하여 자본주의가 계획경제를 할 수 있는 것과 마찬가지로 사회주의도 시장경제를 채택할 수 있음을 강조하였다.

중국이 시장경제를 수용하고 세계 각국으로부터 자본이 유입되어 제조업이 크게 발달하고 수출이 급속하게 증대되어온 후 연 10%가 넘는 경제성장을 이룩하게 되자 중국은 자본주의 국가들과 같은 조건하에서 경쟁을 통한 경제발전을 한다는 목표하에 1992년 주식시장을 개방하기 시작하여 중국의 중요 국유기업의 주식을 뉴욕과 홍콩의 주식시장에 상장하고 2001년에는 세계무역기구(WTO)에도 가입하였다.

중국의 이와 같은 경제정책의 변화로 인하여 중국이 개혁개방 당시 구상하였던 중국식 사회주의는 사실상 '중국식 자본주의'로 변질

되었으며 서구 자본주의와 다른 점은 토지소유권을 원칙적으로 국가가 보유하고 중요기업을 국유로 하며 통화와 금융 등 중요 경제정책 결정에 국가가 적극적으로 개입하는 권한을 유보한 국가주도형 자본주의라는 특색이 있을 뿐이다.

중국의 이러한 경제정책의 변화에 따라 중국은 오늘날 1인당 GDP가 6,000달러 이상이 되어 새로운 세계질서를 형성하는 데 중요한 역할을 할 수 있는 상황을 이룩하였다. 그러나 중국이 앞으로도 계속적으로 국력을 증강시켜 미국을 능가하는 국력을 유지하고 유럽과 미국을 중심으로 이룩된 국제질서를 중국의 가치관에 따라 변화시킬 수 있을 것인가.

중국이 국가주도형 자본주의체제를 유지하고 시장경제체제를 수용하면서 서구의 자유민주주의 사상을 배척하고 중국 독자적인 가치관을 기초로 중국식 사회주의를 표방하고 있음에 비추어 앞으로 중국식 사회주의와 서구의 자유민주주의가 동일한 시장경제체제를 통하여 서로 다른 가치관이 대립할 것인가 수렴되어질 것인가의 문제가 야기된다.

서구 자유민주주의를 바탕으로 하는 시장경제체제는 개인의 자유와 창의를 바탕으로 경쟁의 원리에 입각하여 생산의 효율성을 최대한 발휘할 것을 지향하는 데 비하여 중국의 전통적 가치관에 기초하는 시장경제체제는 개인의 자유와 창의를 우선시하는 개인주의보다 전체의 조화와 질서를 더욱 강조하는 사회주의의 요소를 중요시한다.

서구식 시장경제체제는 자본가들이 정치에 강한 영향력을 행사하게 되는 금권정치(plutocracy)의 폐해현상이 나타나는 한편 중국식 시장경제체제는 국가 중요기업이 사실상 정치인의 소유가 되는 정치인

기업(politico entrepreneur)이 발생하게 되었다.

중국식 시장경제체제는 국민의 경제 수준이 높아짐에 따라 개인의 자유와 인권 보장의 확대를 요구하는 중국 내부로부터 강한 욕구에 당면하지 않을 수 없을 것이며 중국이 국제사회에서 지도력을 발휘하려면 중국의 특수상황 하에서 발전된 중국식 사회주의를 운영하는 데 있어서 개인에게 보다 많은 자유와 인권을 허용하여야 한다는 국제여론의 압박을 받고 있다.

서구식 시장경제체제는 개인의 자유와 창의를 존중하는 가치관을 가지고 개인소유 기업들의 경쟁을 통한 발전에 매우 유리한 제도이지만 2008년 미국 발 금융위기가 세계경제에 커다란 충격을 주게 되자 개인의 자유와 창의에 기초하는 경제체제에 문제점이 있음을 인식하게 되었다.

또한 서구에서 발달한 가치관인 자유민주주의를 역사와 종교를 달리하는 국민에게 동일하게 적용할 수 있겠는가 하는 문제점도 부각되었다.

미국은 2001년 발생한 9·11사태를 겪게 되자 '테러와의 전쟁'이란 구호를 내걸고 2001년 10월에 NATO군과 함께 아프가니스탄을 침입하였으며 2003년 3월에는 이라크를 침공하여 이라크의 사담 후세인(Saddam Hussein)을 생포하여 처형하였다.

그러나 그동안 미국은 대 아프가니스탄 전쟁에서 2,800명의 사망자를 발생하게 하였고 이라크와의 전쟁에서 4,800명의 인명 손실을 입었으며 두 전쟁에서 약 4조 달러의 전비를 지출하고도 아직도 중동문제를 해결할 전망이 밝지 못하다는 점을 감안한다면 앞으로 새로운 국제질서를 창조하여 나가는 데 미국이 독자적으로 할 수 있는 능력에는 한계가 있다는 것을 인식하게 된다.

개인의 자유와 인권의 존중이 인류 보편적 가치관이라고 보고 어느 국가도 이러한 가치관을 부정할 경우 국제사회가 이를 제재하여야 한다는 사상과 개인의 자유와 인권보다 전체의 질서와 조화가 더 중요하다고 보는 가치관이 상호 대립할 수 있다.

그러나 앞으로 세계는 개인의 자유를 바탕으로 한 시장경제 체제로 통일되고 통신기술이 더욱 발달하고 가치관을 달리하는 국민 간의 교류가 중대될 경우 이러한 가치관의 차이점이 상호 이해를 통하여 점차 감소될 수 있을 것이다.

중국식 사회주의와 서구 자유민주주의는 상호 발전이라는 공동의 목표를 달성하기 위하여 노력한다면 아래와 같은 이유로 결국 점차 서구 자유민주주의 방향으로 수렴하는 경향을 보일 것이다.

첫째, 중국식 사회주의와 서구식 자유민주주의가 시장경제체제를 공유하고 있는데 이러한 시장경제 체제는 서구에서 발달한 사상, 제도와 관습을 기초로 이루어져 있기 때문이다. 시장경제 체제의 소프트웨어는 서구의 가치관을 토대로 설치되어 있으며 중국은 그러한 소프트웨어를 활용하지 않을 수 없어서 중국이 점차로 소프트웨어를 설치한 사람들의 가치관을 수용하게 된다는 점이다.

둘째, 중국 스스로 개혁을 하고자 하는 방안이 결국 자유민주주의를 신봉하는 서구문화가 이룩하여 놓은 방안과 거의 일치하기 때문이다. 앞에서 언급한 중국공산당 제18차 대회에서 밝힌 개혁 내용의 대부분은 이미 서구사회가 이룩한 제도를 답습하는 내용이며 중국이 추진하고 있는 자본시장 개혁과 금융의 개혁 방안도 서구의 제도를 수용하는 개혁이다. 이러한 과정을 진행하는 동안 결국 서구 자유민주주의 가치관을 수용하는 것이 중국의 개혁을 효율적으로 이룩할 수 있다는 것을 인식하게 될 것이기 때문이다.

셋째, 역사적 관점에서 보더라도 이념은 생활양식에서 나오는 것인데 농경사회에서는 사람들이 군집 생활을 하게 되어 사회전체 구성원 간의 평등이 개개인의 자유보다 더 중요시되나 시장경제체제에서는 개인 간의 경쟁이 불가피하여 개인의 자유와 창의가 평등보다 더 중요시된다. 중국이 시장경제체제를 수용하고 국가주도형 자본주의를 채택하여 세계적 위상을 제고하려고 하는 이상, 시장경제체제에 적합한 정치형태인 자유민주주의를 실현하는 방향으로 나아갈 수밖에 없을 것이며 중국이 주장하는 '중국식 사회주의'는 그 과도적 이념이 될 가능성이 크다.

그러나 중국이 정치적 이유로 서구식 자유민주주의의 수용을 거부하고 중국식 사회주의를 내세우면서 그 사상적 기반을 전통적 가치관에서 찾으려고 노력하고 있는 반면에 서구에서 발달한 자유민주주의는 기독교 사상, 그 중에서도 특히 칼뱅주의에서 나오는 신교도사상을 정신적 기반으로 하고 있어서 이들 사이의 단층(fault line)을 극복하기까지에는 매우 오랜 시간이 소요될 것이다.

이러한 가치관의 차이로 인하여 나타나는 대표적인 사고방식의 차이로서 중국사람들은 우주에 근본적인 이치가 있으며 이러한 이치에 근거하여 세상의 현상을 음陰과 양陽으로 나누려고 하고[218] 개인을 전체의 일부로 파악하여 전체적인 것을 상정한 후에 개별적인 것을 그 부분으로 생각하는 경향이 강한 반면에, 서구사람들의 기본적 사고방식은 우주의 근본원리를 지배하는 인격신을 상정하여 세상에서 일어나는 현상을 선(good)과 악(evil)으로 구분하려는 생각이 강하며[219] 개인이 전체보다 더 중요하다고 생각하여 개별적인 것을 먼저

---

218) 한의학(漢醫學)에서 말하는 사상체질론(四象體質論)은 사람의 체질을 태음(太陰), 태양(太陽), 소음(小陰), 소양(小陽)으로 구분하는 것이다.

생각하고 전체적인 것을 나중에 생각하는 경향이 있다.[220]

　중국 사람들과 서구 사람들 간의 이러한 사고방식의 차이는 구체적인 사안을 해결하는 기본입장의 차이로도 나타나 중국 사람들은 문제가 되는 사안을 개별적으로 해결하려고 하기보다 관련사항과 인간관계의 전체적인 측면을 고려하여 해결하려고 하기 때문에 대체로 구체적 타당성이 있는 해결방안을 조속히 마련하기가 어려워 시장경제체제에서의 효율성의 저하를 가져오지 않을 수 없다.

　이러한 관점에서 본다면 중국이 시장에서의 경쟁을 통하여 국가발전을 도모하고자하는 시장경제체제를 수용한 이상 중국인의 사고방식도 점차로 시장원리에 효율적인 방향으로 변하여나갈 것이므로 중국식 사회주의와 서구식 자유민주주의는 단기적으로 대립할 수 있으나 장기적으로는 중국인의 사고방식이 시장 친화적으로 변하여 나가면서 서구문화의 근간이 된 자유민주주의 사상도 수용하게 되는 방향으로 나갈 가능성이 크다.

---

219) 미국의 대통령 조지 W. 부시는 2002년 1월 29일에 열린 연례 일반교서에서 이란, 이라크, 북한을 테러를 지원하는 정권(regimes that sponsor terror)으로서 '악의 축(Axis of evil)'이라고 하였다.

220) 중국의 전통적 가치관과 서구의 기독교 사이에 단층이 있는 또 다른 예는 서구 기독교 사회에서는 성경(특히 구약의 레위기와 신명기에 기술된 것)을 인간의 행동 기준으로 생각하는 데 비하여 중국에서는 전통사상인 논어나 맹자 같은 유가사상에 근거하여 행동의 기준으로 삼는다는 점이다. 이와 같은 차이로 인하여, 예를 들면 기독교 사회에서는 사실(facts)에 반하는 언급은 '거짓말'로 보고 중대한 귀책사유로 삼는 데 비하여 중국에서는 교언영색(巧言令色)이라 하여 다른 사람의 판단을 흐리게 하는 언급을 하는 것을 강하게 금하고 사실에 반한다고 하더라도 그 자체가 사회질서를 교란하는 것이 아닌 언급은 용인하는 경향을 보여 왔다는 것은 중국이 고대로부터 일상 언어에 과장법이 많다는 것을 보아도 알 수 있다. 중국 사람들과 서구 기독교 전통을 가진 사람들과의 사고방식와 행동양식에 나타나는 또 다른 차이는 기독교 사회에서 몸에서 배출되는 것이 악(evil)이라는 성경 레위기의 기술에 따라 입에 들어간 음식물이나 침을 뱉는 것을 매우 조심스럽게 하는 데 비하여 중국 사람들은 그러한 행동을 매우 심각하게 생각하지는 않는다.

제20장 중국의 장래

'중국식 사회주의'는 중국의 오랜 역사에서 하나의 전기를 마련한 획기적인 사상이며 이러한 사상을 바탕으로 중국은 국제질서에서 새로운 지위를 차지하였다.

앞으로 중국이 '중국식 사회주의'의 기치하에 중국 전통 사상에 기초하고 있는 가치관을 유지하면서 지속적으로 발전함으로써 중국의 가치관이 세계 보편적 가치관의 하나가 되거나 중국인민들이 다른 가치관에 우선한다는 확신을 가지는 가치관으로 승격시킬 수 있을 것인가.

그렇지 않다면 중국도 결국 서구사회에서 발전한 자유민주주의 가치관을 수용하여 개인의 정치적 자유를 중요한 가치관으로 인정하여 중국인들이 그들의 최고지도자를 선거로 선택하고 실질적인 복수정당을 인정하여 야당이 정부정책을 비판할 수 있고 자유스러운 언론이 여론을 지도할 수 있도록 함으로써 공산당을 통한 관리 차원이 아닌 법의 지배로서 해결할 수 있는 제도로의 정치적 변혁을 이룩할 것인가.

이와 같은 문제의 해답은 결국 중국전통사상에 기초한 가치관과 자유민주주의 가치관 중 어느 것이 국가발전에 더 효율적이고 인류가 수용하는 데 보다 더 보편성을 가지느냐의 문제로 귀결된다.

중국이 오늘날 '중국식 사회주의'를 내세우면서 전통적 가치관을 고수하면서 실천하고 있는 제도는 실질적으로 '국가주도형 자본주의'라고 볼 수 있고 자유민주주의 가치를 지향하면서 실시하는 제도는 서구에서 발달한 '개인 주도형 자본주의'라고 할 수 있다면 국가주도형 자본주의와 개인주도형 자본주의중 어느 것이 더 국가발전에 효율적이며 인류에 더 보편적인 것인가와 국제사회에서 두 가지의 자본주의가 양립되어 나갈 수 있을 것인가가 핵심문제가 된다.

중국공산당 전국인민대표대회 상임위원인 우방구어吳邦國은 2011년도에 "중국은 다당제나 삼권분립, 양원제, 사유화 등 서방이 어떠한 제도도 도입하지 않을 것임을 엄숙히 선언"하면서 "중국식 사회주의 체제가 동요하면 이룩한 성과도 잃고 내란의 심연에 빠질 위험도 있다"고 하고 "우리는 중국식 사회주의의 법률체제와 국가 근본제도를 영원히 간직해 나갈 것이다"라고 하였다.[221]

마우쩌둥毛澤東은 1940년에 강연한 '신민주주의론'에서 혁명역량을 가진 인민들의 대표자들로 구성된 집단에 의한 정치를 '신민주주의新民主主義'라고 하고 이들 인민들이 구성하는 정부가 민주집중제民主集中制 정부라고 하였는데, 이러한 민주집중제는 결국 공산당 내부에서의 민주주의 실현을 의미한다.

이러한 중국 지도자들의 언급과 중국이 오늘날까지 추구해온 정책에서 유추할 수 있는 것은 중국이 공산당 내부에서 민주주의를 실현하는 것은 민주주의가 통치원리로서 적합한 제도임을 인정하나 중국이 서구에서 발달한 전체 인민을 대상으로 하는 자유민주주의를 수용할 수 없는 것은 이를 수용하였을 경우 중국 내부 분열과 혼란을

---

221) 조선일보, 2011. 3. 11, A20,

초래할 가능성을 우려하기 때문이라고 해석할 수 있다.[222]

중국은 1980년 세계통화기금(IMF)과 세계은행(IBRD)에 대만을 대신하여 중국 대표 자격을 취득하여 이들 국제기구의 당사국이 되었으며 2001년 세계무역기구(WTO)에도 가입하여 국제적으로 시장경제 체제하의 규범에 따라 다른 자본주의 국가와 경쟁을 하겠다는 의지를 천명하였다.

중국이 중국식 사회주의라는 이념하에 경제적으로는 서구 자본주의가 수립한 국제 경제질서를 수용하고 지속적인 경제발전을 시도하는 것은 결국 국가가 주도하여 기존 국제 경제질서 내에서 서구 자본주의 국가와 경제발전의 경쟁을 하겠다는 의미이다.

중국이 현 체제를 유지하면서 서구 자본주의를 능가하는 경제발전을 지속할 것인가는 결국 중국의 국가주도형 자본주의가 서구의 개인주도형 자본주의와 비교하여 생산성과 국제사회에서의 경쟁력측면에서 우위를 점할 수 있다는 자신감을 반영하는 것이나 중국의 국가주도형 자본주의가 성공할 수 있을 것인가에 대한 해답을 찾으려면 아래와 같은 문제점에 대한 검토가 필요할 것이다.

먼저 중국의 국가주도형 자본주의의 실천이 궁극적으로 중국인들의 가치관에 미칠 영향을 살펴볼 필요가 있다.

앞에서 언급한 바와 같이 중국식 사회주의는 실질적으로 국가주도형 자본주의이며 이는 중국이 역사 이래 간직하여왔던 사농공상士農工商의 가치관에서 사상공농士商工農의 가치관으로 변화하게 됨을 의

---

222) 중국공산당 기관지 紅旗文庫는 2014년 9월호에서 李萬長 주 세르비아 중국대사의 기고문을 통하여 중국이 다당제를 실시할 경우 중국경제가 20년은 후퇴하고 30여 개국의 소국으로 분열될 것이며 각 지역과 민족의 이익을 대변하는 정당이 난립하고 무력충돌이 발생하여 1300만 명이 사망할 것이라고 주장하였다. 2014. 9. 6. 조선일보 A 18면 참조

미한다.

중국인들은 앞으로 지속적으로 겪게 될 이러한 의식구조의 변화 과정에서 이에 수반되는 아래와 같이 중국전통의 가치관과 생활양식의 변화를 가져오게 될 것이다.

첫째, 중국에서의 국가주도형 자본주의도 결국 자본주의적 요소를 내포하는데, 자본주의의 발달은 결국 사회 전체에서 개인주의의 발달을 불가피하게 한다. 왜냐하면 자본주의는 기본적으로 개인의 능력에 따른 부富의 집적 현상을 용인하고 장려하는 제도인데, 이러한 제도는 중국이 전통적인 농경사회에서 집단이 공동 노력하여 그 결과를 집단원 간에 분배하는 제도와 근본적으로 다르기 때문이다.

중국에서 개인주의가 발달하게 되면 집단이익을 개인이익보다 우선시하던 전통적 가치관에 근본적인 변화를 가져올 것이며 개인 간에 이루어지는 관계를 종합적인 인간관계의 일부로 생각하기보다 사안별(case by case) 권리. 의무 관계로 파악하게 되는 경향으로 발전하게 될 것이다. 이러한 결과로 사회에서 '관계關係'의 중요성이 퇴색하고 인간관계에서 투명성과 사안별 합리성을 추구하는 방향으로 가치관이 바뀌게 될 것이다.223)

---

223) '관계(關係)'를 중시하는 문화는 농경사회에서 토지에 정착되어 집단생활을 하는 사람들 사이에 발전한 동질성의 정서에 기인하는 것이나 개개인의 능력이 중요시되는 경쟁의 원리가 적용되는 자본주의 사회에서는 적합하지 않다. 그 구체적인 예로서 현재 중국에서 부유층들이 관계를 유지하기 위하여 자주 가지는 연회에서 버리는 음식이 중국 빈곤층이 먹을 수 있는 식사량을 초과한다고 하며 중국 국민의 축구에 대한 열정에 비하여 중국 국가대표 축구팀이 세계대회에서 우수한 성적을 나타내지 못하는 주된 원인이 전국에서 가장 우수한 축구선수를 객관적인 기준으로 선발하지 못하고 주관적인 여러 가지 관계를 고려하여 가장 우수하지 않더라도 대표선수로 선발하는 관행 때문이 아닌가 한다. 또한 한국의 관행에서 유추할 수 있을 것으로 보이는 바, 대학에서 교수를 채용하는 과정에서도 후보 교수들 중 객관적으로 가장 우수하다고 인정되는 교수를 채용하지 못하고 교수 채용권을 가진 자와의 개별적 '관계'나 학연 등을 고려하여 채용하는 관행이 잔존한다면 결국 그 대학의 경쟁력이 떨어지는 주요 원인이 되어 발전의 장애요소가 되는 것과 같다.

둘째, 국가에서 아무리 전통사상을 강조한다 하더라도 자본주의 속성에 맞지 않는 가치관은 점차로 퇴색되어 나갈 것인데, 중국의 전통적 가치관인 유가사상도 점차로 중국 사람들의 관심에서 멀어질 가능성이 높다.

유가사상은 기본적으로 농경사회가 유지되고 통치자와 피통치자 사이에 인간적인 신뢰관계가 존속할 수 있는 동질성의 소규모 사회에 적용될 수 있는 가치관이어서 상호 이질적인 집단 구성원 간의 이해관계가 중요시되는 자본주의사회에서는 적용하기 어려운 가치관이다.224) 자본주의사회에서 이질적인 집단 간의 교류를 불가피하게 하므로 인간 간의 관계를 지도자의 덕德으로 규율하는 것은 불가능하고 객관적인 기준이 되는 법法으로 규율할 수밖에 없을 것이다.

셋째, 자본주의제도에서는 농경사회와 달리 여성의 사회적 진출을 용이하게 하여 여성의 지위가 꾸준히 향상될 것이며 이에 따라 사회의 의식구조에 커다란 변화가 수반될 것이다. 중국의 부계父系 중심의 전통적 가족제도는 중국의 전통적 가치관인 음양사상에 기초하여 여성의 희생이 강요되었던 제도이나 자본주의 발달로 여성들이 더 이상 희생을 수용하지 않으려 할 것이므로 중국의 전통적 가족제도가 점차 붕괴되고 더욱 빠른 속도로 핵가족화가 진행될 것이다. 또한

---

224) 유가사상은 기본적으로 국가에 대한 책무보다 가정의 윤리를 우선시하므로, 예를 들면 병사가 전쟁에서 싸울 때 전쟁의 승패가 어떻게 결정되던 전쟁이 빨리 끝나고 고향으로 돌아가 가정을 돌보아야 한다는 생각이 앞서거나 국가의 중책을 맡은 자가 주어진 책무를 충실히 한다는 생각보다 귀향하여 노부모를 모시겠다는 생각이 윤리적으로 높이 평가받는 결과가 된다. 중국 역사상 한족漢族 지식층들이 이민족의 지배를 받는 어려운 시기를 당할 경우 그들과 대항하여 투쟁할 생각보다 그들의 가족을 데리고 산간지역이나 해외로 이주를 떠나는 경우가 많았는데 이러한 행동의 배경에는 유가사상이 있다고 볼 수 있다. 동남아를 비롯한 세계 각 지역에 흩어져 있는 약 8000만 명으로 추산되는 객가(客家: 그들은 자신들을 Hakka라고 부름)들이 이러한 부류들이다.

중국 사회도 그 동안의 인구증가를 억제해온 정부 정책과 여성의 사회적 지위 상승에 맞물려 저출산과 고령화 사회로 빠르게 이전되는 경향이므로 노인문제, 의료문제 등에서 국가가 대처하기 어려운 속도로 심각한 사회문제를 야기할 가능성이 크다.

다음으로 중국의 국가주도형 자본주의의 효율성 측면에서 검토할 필요가 있다.

중국의 국가주도형자본주의체제는 서구에서 발달된 자본주의 운영 방식과 달리 국가가 경제 전체를 통괄하여 관리하기 때문에 국가 경제 전체를 거시적으로 볼 때는 매우 효율적인 운용으로 보이나 경제주체별로 분석하여 미시적 측면에서 보면 각 경제주체별 운용의 비효율성을 내포하고 있어서 전체적인 경제 운용의 효율성이 있느냐를 종합적으로 판별하여야 한다.

거시적 측면에서 본다면 중국은 석유, 화학, 철강 등 주요 기간산업을 국가가 소유하고 4조 달러에 이르는 외환 보유고를 활용하여 국가가 직접 국제자본시장에 투자를 하고, 국가의 강력한 환율정책을 통하여 자국 통화의 환율 변동 폭을 엄격히 통제함으로써 국제경제에서 경쟁력을 제고할 수 있는 장점을 가지고 있다.

그러나 중국경제의 운영방식을 경제주체별로 분석하여 미시적으로 관찰한다면 국가부채가 28조 달러에 달하고[225] 약 15만5천 개에 달하는 국유기업체는 효율성이 낮고 운영을 방만하게 하여 국가경제 발전에 장애요소가 되고 있다.

2013년 11월 민간자본이 국유기업에 투자하여 혼합소유권(mixed ownership)제도로 변경할 수 있게 하였으나 이러한 변경은 민간자본

---

225) Joe Nocera는 *"The man who got China right"*(International New York Times 2015. 8. 26. p.7, 매일경제 2015. 8. 27. A.10

이 국유기업을 매수하는 것을 허용 하는 것이 아니라 국유기업이 운영하는 새로운 사업을 위한 자산의 지분에 투자할 수 있도록 할 뿐이어서 실제로는 국유기업의 확장에 기여할 뿐이었다.[226]

또한 중국이 국가 중요산업을 국영으로 운영하면서 공산당 간부와 그들의 친인척이 국영기업의 요직을 점하고 있는 한 기업의 이익에 앞서 공산당의 집단 이익을 고려하게 되고 정치와 경제가 유착됨으로서 발생하는 부정부패 문제를 근본적으로 치유하는 데 구조적 어려움을 피할 수 없을 것이기 때문에 그 기업의 생산성이 국제경쟁력을 확보하기 어려울 것이다.

중국의 민간 연구자(杜相忠律師)가 발표한 바에 의하면 2013년도 중국 국유기업이 관여된 형사사건 81건 중 부패로 인한 건수가 73.6%에 달하였고 형사사건에 연루된 96명 중 75%가 부패혐의이었음에 비하여 민간기업의 경우 형사사건 95건 중 부패 문제로 인한 사건은 49.4%이었으며 관련 인사 117명 중 부패 혐의로 관련된 것은 24.7%라고 하였다.[227]

중국 국유기업의 국제경쟁력에 비하여 중국 내의 텐센트騰訊, 알리바바阿里巴巴, 바이두百度)와 같은 일부 개인 기업은 단기간 내에 세계적 기업으로 성장한 사례에 비추어볼 때 중국에서 앞으로 국유기업의 민영화를 요구하는 여론이 더욱 강하여질 것이며 중국 정부는 이러한 여론을 외면하기 어려울 것이다.

이러한 문제를 근원적으로 해결하려면 결국 국가경제 운영을 공산당원이 독점하지 않고 각 분야에 걸쳐 가장 우수한 인재를 발굴하여

---

226) *Ibid.*, p.17-18
227) 新浪博客, 企業家腐敗犯罪的統計特征(2014-08-07)
    http://blog.sina.com.cn/s/blog_612dc5c60102uzaj.html 2015. 9. 14. 검색

그들로 하여금 세계시장에서 경쟁력을 확보하는 방안밖에 없다는 것을 중국인민이 인식하게 되면 중국의 정치체제에 근본적인 변화가 나타나게 될 것이다.

마지막으로 중국의 국가주도형 자본주의가 중국인민들의 자유화 요구와 부합하는지를 살펴보아야한다.

중국 역사에 비추어 볼 때 1860년대의 양무운동洋務運動, 1890년대 말의 유신혁명운동(維新革命運動:變法自强運動), 1911년 신해혁명, 1915년 이래의 신문화운동, 1919년의 5.4운동, 1989년 티엔안먼天安門사태 등에서 나타난 공통점은 중국의 전통적 가치관을 반성하고 외래의 문물과 사상을 수용하는 정치적 변화를 추구하는 것이었다.228)

이러한 과정에서 중요한 점은 20세기에 들어와서 중국 역사상 처음으로 학생과 지식인, 상공업자 및 노동자계층이 새로운 사회세력으로 등장하고 이들이 정치적 변화를 추구하는 주체세력이 되었다는 점이다.

1911년 신해혁명은 중국 역사상 2000년이나 계속되어온 황제지배제도를 무너뜨리고 민주혁명을 이끌어낸 것이었다. 그러나 이 혁명은 곧 보수반동 군벌에게 정권을 넘겨주는 결과가 되었고229) 1915년 이래의 신문화운동은 지식인들이 주동이 되어 중국의 전통적 가치관인 유가사상을 부정하고 개인의 자유를 찾고 국가를 구한다는 계몽주의적 철학에 기초한 것이었는데, 그후 지식층 사이에 자신들의 이상을 공산주의를 통하여 얻을 수 있다고 생각하는 자들과 공산주

---

228) 徐中約은 中國近代史(下册)에서 1861년에서 1895년까지를 自强運動시대, 1898년부터 1912년까지를 變法과 革命의 시대, 1917년부터 1923년까지를 中國傳統思想覺醒과 西方化로의 變轉時代로 구분하고 있다. 徐中約, *中國近代史(下册)*, 中文大學出版社(2002) p.511
229) 신해혁명을 주도한 쑨원(孫文)은 1925년 임종 시 "혁명은 아직 성공하지 못하였다(革命尙未成功)"라는 말을 남겼다.

를 반대하는 자들 간의 분열이 일어나고 결국 공산주의를 택한 자들이 승리함으로써 중국이 공산화되었던 것이다.[230]

오늘날 중국이 사실상 공산주의 노선을 폐기하고 국가 주도형 자본주의 노선을 택하였음에도 불구하고 정치는 공산당 중심으로 행하여지고 있으며 인민들에게 보다 광범위한 정치적 자유를 허여하는 개혁은 이루어지지 않고 있다.

중국인민들의 대규모 자유화 운동은 1989년 발생한 티엔안먼天安門사태 이래 나타나지 않고 있으나, 이러한 자유화 운동은 중국인민들 사이에 잠재되어 있어서 중국 내의 상황 변화에 따라 언제든지 재발할 수 있다는 것은 과거 자유화 운동을 돌이켜보면 짐작하기 쉬운 일이다.

중국인민들의 자유화 운동은 마오쩌둥 통치시대의 말기부터 시작되었다.

마오쩌둥 시대의 저우언라이 총리는 문화대혁명으로 숙청되었던 덩샤오핑鄧小平을 차기 지도자로 주목하고 1974년 그를 복권시켜 부총리 직책을 맡겼는데, 그의 이러한 구상은 마오쩌둥을 지지하는 그의 반대파들로부터 정치적 공격을 당하는 계기가 되었다.

1976년 1월 저우언라이가 병사한 후 그 해 1월 15일에 거행되었던 저우언라이 추도회 이래 덩샤오핑은 공공장소에 모습을 나타내지 않았으며 2월 7일 중국 정부는 당시 부총리겸 공안부장인 화구어펑華國鋒이 임시총리로 임명되었다고 발표하였다. 그 후 4월 5일 티엔안먼天安門 광장에 수십만 명의 군중이 모여 "친쓰황秦始皇시대가 다시 돌아올 수 없다"는 구호를 외치며 저우언라이와 덩샤오핑을 지지하는 표어를 내걸고 이들을 찬양하는 사건이 발생하였다. 이 사건으로

230) Xiaoming Chen, op. cit., p.1-10

덩샤오핑은 당 내외 일체의 공직에서 사임하고 화구어펑이 정식 총리가 되었다.[231]

1976년 9월 마오쩌둥이 사망한 후 1977년 7월 덩샤오핑이 재차 복권되어 개혁 개방 정책을 단행한 이후 지식인들이 사회정치문제에 그들의 의견을 제시하기 시작하자, 공산당은 이들을 통제하여 공산당의 통치행위에 도전하지 않고 절대 복종하도록 하는 조치를 취하게 되었다.

이들 지식인들이 민주화를 요구하는 자기들의 주장을 적어 주요 건물의 담벼락에 붙이는 운동(민주장운동: 民主牆運動)을 전개하자, 공산당은 이를 막기 위하여 이러한 행위를 불법으로 규정하고 위반할 경우 중형에 처하도록 하였는데, 1979년 10월 웨이징썽魏京生이 민주화를 요구하는 벽보를 붙이는 행위를 주도하자, 그가 반정부활동을 하였다는 혐의로 체포하여 재판 결과 15년형의 판결이 나왔다. 1980년 12월 덩샤오핑은 지식인들의 민주화운동을 '자산계급민주화' 및 '반혁명'이라고 규정하고, 이에 반대하는 운동을 전개하였으며, 1982년에는 고도의 사회주의 정신문명을 건설할 필요성을 강조하였으며 1983년 10월에는 정신오염을 청산하는 운동을 전개하였다.

1986년 4, 5월 정치체제 개혁의 요구와 지식인들의 민주화운동이 전개되어 허페이合肥 과기대학 부총장이며 천체물리학자인 팡리즈方勵之, 중국 작가협회 부주석 리우빈옌劉賓雁 등은 법치, 언론자유 허용 등 전반적인 서구화를 위한 체제개혁을 요구하였고, 12월에는 허페이合肥, 상하이上海, 우한武漢, 난징南京, 청두成都, 시안西安, 티엔진天津, 창사長沙 등의 학생들이 자유와 민주를 요구하는 가두시위를 벌였다. 이 사태로 1987년 1월 후야오방胡耀邦은 당 총서기직을 물러나고 짜

231) 徐中約, 中國近代史(下册), 中文大學出版社, (香港 :2002) pp.788-789

오쯔양趙紫陽이 임시 총서기가 되었으며 팡리즈方勵之, 리우빈옌劉賓雁은 직책을 박탈당하였다.[232]

1989년은 중화인민공화국 정부 수립 40주년과 5.4운동 70주년이 되는 해이었는데, 동년 1월 팡리즈方勵之가 덩샤오핑에게 웨이징썽魏京生을 포함한 정치범의 석방을 요구하는 공개서한을 보냈으며, 이 서한에 외국에 체류하는 중국인 학자 51명과 중국 국내 지식인 39명이 이에 동조하는 서명을 하였다. 2월 하순에는 미국의 부시(George Bush) 대통령이 베이징을 방문하여 팡리즈 부처를 포함한 중국의 자유운동가 4명을 만찬에 초대하여 이들이 중국의 개혁을 적극 지지한다고 언급하였으며 2, 3월간에는 시장(西藏: 티베트)에 계엄령이 선포되어 국제조직과 국내 지식인들이 이에 항의하는 사태가 발생하였다.[233]

4월 8일 후야오방이 지병인 심장병으로 사망하자 베이징의 각 학교 학생들이 후야오방을 추도하는 가두시위를 벌였으며, 5월 13일에는 약 2,000명의 대학생들이 단식하는 사건이 발생하고 5월 19일 이후에는 학생 5만 명을 포함한 각계각층 인사 약 10만 명이 티엔안먼天安門 광장에 집결하여 민주화, 관료부패 척결, 지도급 인사와의 대화를 요구하고 리펑李鵬 총리의 퇴임과 덩샤오핑 중앙 군사위 주석의 은퇴를 요구하는 시위를 전개하였다.

이러한 사태에 처하여 중국 정부는 5월 20일 리펑 총리 명의로 베이징 시에 계엄을 선포하고 6월 3일 군사위 주석 덩샤오핑과 국가 주석 양상쿤楊尙昆이 주도하여 전국의 10개 군軍에서 30만 군대와 장갑차, 낙하산 부대, 특수부대 등을 베이징 교외에 소집시켜 정변 가능

---

232) 張玉法, *增訂版 中國現代史*, 東洋書局 (臺北: 2001) p.822-823
233) 徐中約, 上揭書, p.962

성에 대비하도록 하는 한편, 자정 무렵에 두 대의 장갑차가 티엔안먼 광장을 질주하여 시민에게 경고한 후, 6월 4일 이른 아침에 35대의 탱크를 동원하여 데모대를 진압하였다.

이때 팡리즈 부처는 베이징주재 미국대사관으로 피신하였으며 서방언론에 의하면 이 사태로 3천 명이 사망하고 1만 명이 부상을 당하였다고 하였으나, 중국 정부 대변인은 23명의 학생이 광장에서 사망하고 군인 5천 명이 부상을 당하였으며, 그 중 150명이 사망하였다고 6월 16일 발표하였다.[234] 베이징 시에서 이러한 사태가 벌어지는 동안 우한武漢, 상하이上海, 난징南京, 항저우杭州, 창사長沙에서도 유사한 사태가 발생하였다.[235]

짜오쯔양趙紫陽 당 총서기는 4월 24일 당초 계획에 따라 북한 방문을 시작하여 4월 30일 베이징에 도착하였는데, 그는 5월 16일 학생들의 시위 사태에 대하여 애국 열정에 기인하는 것이라는 긍정적 평가를 하였다. 이러한 그의 발언을 문책하기 위하여 5월 21일 개최된 공산당 중앙위는 군사위 주석인 덩샤오핑이 짜오쯔양趙紫陽 당 총서기의 경질을 제안하고 천원陳雲이 후임 총서기에 장쩌민江澤民을 건의하여 6월 23일 개최된 공산당 중앙위원회에서 짜오쯔양을 모든 공직에서 퇴임하게 하고 장쩌민을 당 총서기로 결정하였다.[236]

이러한 과거의 사례에 비추어 볼 때 중국 내부에서 공산당 중심의 통치가 정치적, 경제적으로 어려운 국면을 맞이하여 국민이 통치체제에 대한 불만을 표출하는 대규모 소요사태가 일어날 수 있고 정부가 이러한 소요사태에 효과적으로 대처하지 못할 경우에 근본적인

---

234) 徐中約, 上揭書, p.969-972
235) 張玉法, 上揭書, p.824-825
236) 上揭書, pp.828-829

정치개혁을 하게 되는 상황으로 발전될 수 있을 것이다.

중국대륙에서 정치적 개혁은 중국 내부에서 공산당 중심의 통치가 정치적 경제적으로 어려운 국면을 맞이하여 국민이 통치체제에 대한 불만을 표출하는 대규모 소요사태를 일으키고 정부가 이러한 소요사태에 효과적으로 대처하지 못할 경우에 나타날 수 있다.

이러한 소요사태는 부동산 가격의 거품붕괴, 수출의 부진 등으로 경제성장률이 급격하게 저하하고 국가채무가 급격히 증대하고 실업자가 격증하여 국민 대부분이 정부에 대하여 불만을 표출하거나, 2013년 말 이미 2억 5000만 명에 달하고[237] 지금도 일 년에 1천8백만 명 정도 늘어나는 농민공(農民工: 농촌에서 도시로 이주한 근로자)들이 빈부격차에 대한 집단적 시위현상으로 나타날 수도 있으며[238] 대학생이 주동이 된 학생 봉기형태나 서구에서 유학한 경험이 있는 지식인들의 집단행동으로 촉발될 수도 있을 것이다.

다음으로 중국의 통치방식의 특수성이 장래에도 지속될 수 있을 것인가를 검토할 필요가 있다.

역사적으로 볼 때 중국은 소수의 특권계층이 다수의 인민들을 지배하여 왔는데 이러한 지배구조가 가능한 것은 다수의 피지배층이 이러한 구조를 당연시하지 않을 수 없기 때문이었다. 중국에서 1949년 공산주의 정권수립 이래 현재 중국 전체 인민의 약 6%의 공산당원들이 지배층을 이루고 있는데 이는 공산주의 정권수립이전에 전체

---

237) 조선일보 2013. 11. 9. A14면 기사 참조
238) 베이징대학교 중국사회과학 조사센터가 발표한 자료에 의하면 중국의 자산 상위 1% 가구가 국내자산 3분의 1을 보유하는 반면 중국인구 25%에 달하는 3억2천만 명에 달하는 하위 25% 가구가 보유하는 자산은 국내자산의 1%에 불과하다고 하며 자산 불균형 정도를 나타내는 중국가구의 '순자산 지니(GINI)계수는 1995년 0.45에서 2012년 0.73으로 높아져 이 수치는 청나라 말기의 태평천국의 난 당시와 비슷한 수준이라고 2013. 7. 28. 조선일보 A16면이 보도한 바 있다.

인민의 80% 이상이 문자를 해독하기 어려운 문맹자들이었으며 20% 미만의 문자해독자 중 과거시험 등으로 국가 관료가 된 자들만이 국가 운영에 관여할 수 있는 능력을 가질 수 있었던 것과 비교가 된다.

중국은 역사적으로 전체 인구의 10% 미만에 해당하는 소수층이 국가의 운영에 주체적으로 참여할 수 있는 신분을 가지고 나머지 90%의 인구는 피지배층의 신분을 감수하여 왔으며 평화적 방법에 의하여 피지배층이 지배층으로 신분이 변경될 여지가 없었다. 신분상의 특권을 가진 소수집단만이 국정운영에 참여할 수 있게 되면 이 소수 집단은 국가 전체의 이익보다 그들이 소속한 집단의 이익을 우선시하게 되어 다수의 피지배층은 그들의 불만이 견딜 수 없을 정도로 커지면 폭동적인 세력으로 변한다.

중국 역사에서 황제와 황제에 충성을 하는 일부 집단에 의하여 국가가 운영되어 왔으며 그들의 국정운영의 가장 큰 관심은 황실의 안위에 있었기 때문에 현명하지 못한 황제가 출현하면 결국 피지배층에서 반란이 일어나 왕조가 바뀌는 결과를 자초하였다.

중국대륙에서 1911년 신해혁명으로 왕조 정권이 무너지고 교육이 전체 국민에게 보급되었으며 특히 1958년 공산당 정권이 문자 개혁을 하고 전 국민을 대상으로 교육을 강화함에 따라 오늘날은 대부분의 인민들이 문자를 해독할 수 있게 되었는 바,[239] 최근에 정보전달 수단의 발달로 인하여 이제 더 이상 국가정보를 독점하는 계층은 사라지게 되어 다수의 피지배층이 소수에 의한 지배를 당연시하지 않는 상황이 되었다. 이러한 상황에서 현재 전체 인민의 약 6%에 해당

---

239) 중국 교육부가 발표한 자료에 의하면 중국의 15세 이상 국민 중 문자 해독자가 1950년에는 20%에 불과하였으나 2010년에는 94%로 증가하였다고 한다 Plafker, Ted. "China's Long—but Uneven—March to Literacy". International Herald Tribune. 12 February 2001. Retrieved 22 December 2012.

하는 공산당원만이 국가 운영의 지배계층으로 존립하는 상황이 계속되려면 공산당 중심의 국가운영이 가장 효율적이라는 점을 인민들이 인정할 수 있어야 한다.

그러나 덩샤오핑이 주장하였던 중국식 사회주의는 사회주의에서도 시장경제를 채택할 수 있다고 하는 시회주의의 근간을 유지하면서 가능한 범위에서 시장경제원리를 수용한다는 소극적 자본주의이었으나 오늘날 중국식 사회주의는 실질적으로 국가, 더 정확하게 말하면 공산당이 적극적으로 주도하는 자본주의로 변모되었다.

중국이 공산주의를 포기하고 자본주의를 수용하면서 자본주의를 통하여 세계의 강국으로 발전하려고 하면서 공산주의 이념으로 결성된 공산당이 자본주의를 운영하여 나가면서 국가의 주요산업을 국유로 하고 그 국유사업을 대부분 공산당 간부가 운영하고 있다. 중국의 통치자들이 국민에게 공산당의 가장 중요한 존재 이유가 소수 민족의 이탈을 효율적으로 봉쇄하여 중국의 분열을 방지하고 통일된 위대한 중국의 건설에 있다고 설득하면서 내부적으로 공산당원이 이권에 개입하여 국부國富의 대부분을 차지한다면 중국공산당이 더 이상이념집단이 아니라 기득권 수호를 위한 이익 집단화하는 내재적 모순을 가지게 된다.

또한 소수집단인 공산당원만이 국정 운영에 참여하는 제도하에서는 국정 운영의 가장 큰 관심사는 공산당 체제유지에 있게 되고 국정 운영의 효과를 대외적으로 과시하기 위한 대규모 프로젝트를 개발하고 대외적 권위를 증대하는 데 두고 국내 피지배층 생활의 어려움을 개선하려는 노력은 상대적으로 등한시하게 될 가능성이 크다.

중국은 현재 대외적으로 중국의 위상을 높이기 위하여 중앙아시아와 유럽을 잇는 육상 실크로드(一帶)와 동남아시아와 유럽, 아프리카를 연결하는 해상 실크로드(一路)인 일대일로一帶一路 구상을 추진하고 아시아 인프라투자은행(AIIB)과 신개발은행(NDB)등을 중국이 주도하여 설립하려고 하고 있다. 그러나 중국 내에는 아직도 약 2억 명의 극빈층이 있으며 농촌에서 도시로 유입되는 농민공農民工들의 숫자가 폭발적으로 늘어나 이들의 생활을 보장하는 효과적인 방안의 마련이 어렵다는 취약점을 가지고 있다.

세계가 시장이 지배하는 구조로 변하고 있는 상황에서는 국력을 증가할 수 있는 효과적 방안이 시장원리를 통한 경쟁에서 이기기 위한 효율성의 증대에 있다.

이러한 효율성의 증대는 궁극적으로 개인의 자유와 창의성을 존중하여야 하며 특수집단의 이익을 중요시하는 제도는 결국 시장원리에 대응하는 데 비효율적인 제도라는 것을 대부분의 국민이 인식하는 시기가 도래할 경우 중국의 정치체제는 근본적인 개혁을 하지 않을 수 없을 것이다.

중국의 장래문제에서 검토하여야할 중요한 사안으로서 중국의 통일문제가 있다.

중국공산당 정부가 계획하고 있는 '중국의 꿈(中國的夢)'을 실현하는 중대한 목표의 하나는 2049년 중화인민공화국 수립 100주년이 되는 때까지 대만과 홍콩, 마카오를 포함하여 중국대륙 전체를 사회주의 체제로 통일시킨다는 것인데 중국이 현재의 정치제도를 유지하면서 이러한 목표를 달성할 수 있을 것인가.

중국공산당이 개혁개방 정책을 택한 1978년 12월 제11기 중국공산당 전국대표대회 제3차 회의를 전후하여 중국은 대만을 통일하기 위한 기본정책으로 '일국양제一國兩制'의 방침을 수립하였다.

이러한 방침하에 1981년 9월 예지엔잉葉劍英 전국인민대회 위원장이 신화사新華社 기자와의 담화에서 "중국의 통일 실현 후 대만은 특별행정구역으로서 고도의 자치를 향유하고 군대를 보유할 수도 있다." "대만은 현행의 사회, 경제제도, 생활방식 등을 변경하지 않고, 외국과의 경제관계, 문화관계, 개인재산, 건물, 토지, 기업소유권, 상속권, 해외투자 등에 있어서 침해를 받지 않는다"고 하였다.

덩샤오핑은 1982년 1월 담화를 발표하여 중국은 통일을 전제로 국가의 주체는 사회주의제도를 실현하고 대만은 자본주의제도를 실행하는 '일개국가, 양종제도一個國家, 兩種制度'가 되는 것이라고 설명하였다. 중국의 통일과 관련한 이러한 방침을 헌법에 반영하여 1982년 12월에 개최된 제5기 전국인민 대표대회 제5차 회의에서 헌법31조에 "국가는 필요 시 특별행정구역을 설치하고 특별행정구역 실행제도는 구체적 상황을 감안하여 전국인민대표대회에서 법률로 정한다"는 규정을 삽입하였다.[240]

중국이 통일정책으로 일국양제를 채택하기로 결정한 것은 다음과 같은 이유 때문이다.

첫째, '일개 중국'을 주장함으로써 중화인민공화국의 정통성을 유지하고 대만, 홍콩, 마카오를 중국의 불가분의 구성요소임을 확실히 하는 효과를 고려한다.

둘째, '양종제도兩種制度'를 인정하여 대만, 홍콩, 마카오가 자본주의제도를 유지하면서 상호 평화공존, 지원, 공동발전을 기할 수 있다.

셋째, 대만, 홍콩, 마카오를 특별행정구역으로 정하여 고도의 자치권을 부여하여 외교, 국방을 제외하고 행정관리권, 입법권, 사법권과 함께 대만의 경우 독자적 군대의 보유도 허용하도록 하는 특별행정

240) 張豊之, 楊先才 공편(2002), p.406-407.

구역법을 시행함으로써 어떠한 반란이나 국가분열, 반란선동, 중앙 정부 전복 활동이나 국가기밀 절취 등을 금지하여 국가질서를 평화 적으로 유지하는 데 기여할 수 있다고 판단하였다.[241]

이러한 일국양제를 실현하는 방법에 있어서 대만을 홍콩, 마카오 와 다르게 취급한 것은 중국이 대만을 통일하는 것은 중국 내정 문제 라고 인식하는 반면 홍콩, 마카오를 통일하는 것은 중국 주권행사의 회복이라고 보기 때문이다.[242]

중국이 일국양제의 구상하에 통일을 실현하는 노력은 영국으로부 터 홍콩을 반환받는 작업부터 시작되었다. 홍콩은 중국이 영국과의 아편전쟁의 결과 난징조약 등으로 영국에 1898년부터 99년간 조차租 借해주기로 약속하였는데, 그 기간이 1997년에 만기될 예정이어서 1983년 6월 덩샤오핑은 영국에게 홍콩반환문제에 대해 협상할 것을 제의하고 영국이 협상에 응하지 않을 경우 중국이 독자적 행동을 취 하겠다고 발표하였다.

이러한 중국의 태도에 따라 1983년 7월부터 1984년 9월까지 양측 이 22차에 걸친 회담을 하여 1984년 12월 양측이 연합성명을 발표하 였는데, 동 내용의 요지는 1997년 7월 1일을 기하여 홍콩을 중국에 반환하여 중국이 동 지역에 대한 주권을 회복하되 중국은 홍콩을 특 별행정구역으로 정하고 홍콩의 사회경제제도와 생활방식을 50년간 변경하지 않도록 한다는 것이었다.

1985년 4월 제6기 전국인민대표대회 제5차 회의에서 위의 연합성 명을 비준하였으며 1990년 4월 개최된 제7기 전국인민대표대회 제3차 회의에서 '홍콩특별행정구기본법'을 통과시켰다.[243] 영국은 1992년

---

241) 張豊之, 楊先才 공편(2002), p.407.
242) 張豊之, 楊先才 공편(2002), p.407-408.

7월 마지막 주 홍콩 총독으로 크리스토퍼 패튼(Christopher Francis Patten 중국명: 彭定康)을 파견하여 홍콩의 중국반환에 관한 실무절차를 진행하도록 하였으며 중국은 1993년 7월 홍콩특별행정구 준비위원회 예비 공작위원회工作委員會를 구성하였다.

1994년 8월 영국정부가 구성한 홍콩의 입법국立法局, 시정국施政局 등 조직이 중국이 구상하는 홍콩의 행정조직안과 부합하지 않는다는 이유로 거부하고 영국정부의 조직을 1997년 6월 30일까지 폐쇄할 것을 요구하였다.

중국은 이어서 1996년 1월에는 홍콩특별행정구 준비위원회를 발족시켰으며 1997년 12월 홍콩특별행정구 입법회의의 60명 의원을 선거를 통하여 선출하고 1997년 7월 1일을 기하여 영국으로부터 홍콩을 정식으로 반환받고 홍콩특별행정구 행정장관으로 동지엔화董建華를 임명하였다.[244]

마카오는 1887년 중국과 포르투갈의 리스본 조약으로 포르투갈이 마카오를 영구히 관리하는 데 합의하였으나, 1979년 중국과 포르투갈과의 국교수립 시 포르투갈 측이 마카오가 중국의 영토임을 확인하고 1986년부터 중국에 마카오를 반환하는 교섭이 시작되어 1987년 4월 중국과 포르투갈은 1999년 12월 20일자로 중국이 마카오에 대한 주권을 회복하되 마카오의 사회경제제도와 생활방식을 50년간 인정한다는 내용의 합의를 하였다.

이리하여 중국은 1993년 3월에 개최된 제8기 전국인민대표대회 제1차 회의에서 '중화인민공화국 마카오 특별행정구기본법(澳門特別行政區基本法)'을 통과시키고 1999년 12월 예정대로 마카오를 포르투

---

243) 張豊之, 楊先才 공편(2002), p.408-409.
244) 張豊之, 楊先才 공편(2002), p.466-469.

갈로부터 반환받았다.[245] 현재의 마카오는 일국양제를 정한 기본법에 의해 2049년까지 현재의 자본주의 사회·경제 체제를 지속하는 것이 보장되고 있다.

홍콩이나 마카오를 반환받는 문제는 중국이 영국과 포르투갈과의 협상으로 이루어지는 문제였으나 대만을 흡수하여 중국의 통일을 완수하는 문제는 중국 내란을 종결하는 것을 의미한다. 따라서 중국대륙과 대만이 새로이 무력으로 이 문제를 해결하려고 시도하지 않는 한 협상을 통하여 이루어져야 할 문제인데, 대만은 비록 1971년 유엔에서의 대표권을 상실하였고 1979년 미국이 중국과 수교하면서 대만과 단교하지 않을 수 없었으나, 대만은 아직까지 독립적으로 국가 통치행위를 하고 22개국과 수교를 유지하고 있는 점을 감안할 때 중국이 대만을 평화적으로 흡수하여 통일하는 것은 대만인들이 중국의 통치체제를 수용하지 않는 한 매우 어렵다고 할 수 있다.[246]

대만 정부는 중국 정부가 대만정부의 합법성(legitimacy)을 부정하는 것은 수락할 수 없기 때문에 중국 정부가 대만을 "일국양제"의 이론으로 흡수통일하려고 하는 정책에 대하여 대만 정부가 강력히 저항하고 있다.

중국대륙 정부는 개혁개방 정책을 택한 이후 양안문제를 대만과 협상을 통하여 해결하기 위하여 1988년 10월 국무원 소속하에 '대만사무 판공실'을 설치하고 1991년 12월에 '해협양안관계협회海峽兩岸關係協會'를 구성하여 대만당국과 관계개선을 위한 협의를 하려고 하였으며 대만은 1988년 8월 대륙 관련 사무를 협의하기 위한 기구로서 '대륙공작회보大陸工作會報'를 구성하였고 1990년 10월에는

---

245) 張岱之, 楊先才 공편(2002), p.409.
246) 蘇起, 『危險邊緣; 從兩國論到一邊一國』(天下文化書坊, 台北: 2004),p.5

'국가통일위원회'를 총통부에 설치하였으며 1991년 1월에는 행정원 소속하에 '대륙 위원회'를 설치하고 동 기구의 실무적인 업무를 담당하기 위하여 1991년 2월에 '재단법인 해협교류기금회海峽交流基金會'를 구성하도록 하였다.

양안 간의 교섭은 1990년 12월부터 1992년 8월까지 양측의 밀사들이 9차례에 걸쳐 상대방에게 파견하였으며[247] 중국대륙의 해협양안관계협회(약칭: 해협회)와 대만의 해협교류기금회(약칭: 해기회)는 각각 국가기관인 대만사무 판공실과 대류위원회의 지시를 받는 민간단체로서 양안 간의 문제 해결을 위한 접촉창구가 되었다.

해협회와 해기회는 1992년 3월 북경에서, 1992년 8월 홍콩에서 양안 간의 문서검증에 관한 문제, 등기우편 조회 문제 등을 협의하였으나 '일개중국의 원칙'을 두고 양측 간 의견일치를 보지 못하여 양측은 구두로 "일개중국의 원칙은 인정하되 그 구체적 내용은 각자의 해석에 맡긴다(一個中國, 各自表述)"는 선에서 타협하였다.

대만의 국가통일위원회는 1992년 "하나의 중국 원칙에 관한 결의"를 통하여 "대륙과 대만이 각각 중국의 일부"라고 한 데 대하여 중국대륙 측은 1992년 10월 제14기 중국공산당 전국대표대회에서 장쩌민 총서기의 보고를 통하여 "두 개의 중국이나 하나의 중국, 하나의 대만은 절대 용인할 수 없다고 하면서 중국공산당과 국민당 간의 협의에 의하여 양안 간의 적대관계를 종식하고 점진적으로 평화통일을 이룩할 것을 제의하였다.

해협회와 해기회 간의 접촉은 1995년 6월 리덩후이李登輝 당시 대만 총통이 자신의 모교인 미국 코넬대학(Cornell University)에서 연설하면서 '대만중화민국(Republic China on Taiwan)'이라는 용어를 사용하

247) 蘇起, (2004), pp.10-12

여 상호간 교섭이 중단되었으며 그 후 1998년 4월 교섭이 재개되었으나, 1999년 7월 리덩후이 총통이 독일의 도이체 벨레(Deutche Welle) 방송기자와 회견하면서 "양안관계는 하나의 중국 내의 합법정부와 비합법 정부 간의 관계가 아니라 국가 대 국가의 관계 또는 적어도 특수국가 간의 관계"라고 언급하여 양안 간의 접촉이 다시 중단되었다.[248]

대만에서 2000년 5월 천수이볜陳水扁이 이끄는 민진당民進黨이 집권하면서 대만의 독립주장을 할 것으로 우려되었으나, 천 총통은 취임사를 통하여 중국대륙이 대만에 대하여 무력을 행사하지 않는다면 자신의 총통 임기 내에 대만의 독립을 선포하지 않고, 국호를 변경하지 않으며 양국론兩國論에 기초한 헌법 개정을 하지 않으며 통일이냐 독립이냐에 관한 국민투표를 하지 않을 것이며 국가통일강령이나 국가통일위원회의 폐지도 없을 것이라고 하여 양안관계에서 일종의 현상유지정책을 고수할 뜻을 표명하였다.

그러나 민진당은 1999년 5월 '대만전도결의문臺灣前途決議文'을 채택하였는데 동 내용은 중화민국이라는 명칭 사용을 승인하고 대만은 일개 독립국가이며 대만 독립에 관한 어떠한 변화도 대만인의 국민투표에 따른다는 것을 분명히 하였다.

2004년 총통 선거에서 재당선된 천수이볜은 5월의 취임사에서 "중국은 하나의 중국 원칙을 버리고 2천3백만 대만인의 존재를 인정하고 대만과 협력 호혜 관계를 발전시켜 나가야 한다"고 하고 "자신의 임기 중 국가주권, 영토변경, 독립과 통일과 같은 주제가 포함된 헌법제정은 하지 않을 것"이라고 하였다.

---

248) Richard C. Bush, *Untying the Knot, Making Peace in the Taiwan Strait* (Brookings, Washington, DC : 2005) pp.39-51

중국의 후진타오 당시 총서기는 2005년 3월 '새로운 정세하에서 양안관계 발전을 위한 4개항의 의견'을 발표하였는데, 그 내용의 요지는 일개중국 원칙은 절대 변경될 수 없다. 평화통일을 쟁취하는 노력은 절대 포기하지 않는다. 대만인들의 희망을 관철시킨다는 방침은 절대 변하지 않는다. 대만 독립 분열 활동을 반대하며 절대 타협하지 않는다는 것이다.

중국은 또한 2005년 4월 제10기 전국인민대표대회에서 반국가분열법反國家分裂法을 채택하였는데, 동 주요 내용은 2005년 3월에 개최된 2차 전체회의에서 설명한 초안 내용과 같은 아래 요지이다.[249]

- 중국의 대 대만 정책의 기본원칙으로 대륙과 대만은 하나의 중국에 속한다는 것을 고수한다.
- 대만 문제의 해결은 중국 내부 문제이다.
- 중국대륙과 대만의 통일은 양 동포 간의 근본 이익과 최대한 부합이 되도록 국가가 성의를 가지고 노력하여야 하며 통일이 달성될 경우 대만에게 대륙의 제도와 다른 제도의 실행과 대만에 고도의 자치를 허용할 수 있다. 대만과의 협상과 담판은 단계적으로 할 수 있다.
- 양안의 적대 상태의 정식 종결과 양안관계를 발전시키는 기획을 포함한 평화통일을 실현시키는 것과 관련된 기타 어떤 문제도 협의대상이 될 수 있다.
- 대만 독립 분열 세력이 어떠한 명의, 어떠한 방식으로라도 대만을 중국으로부터 분열시키려고 하는 사실이 있거나, 대만이 중국으로부터 분열되는 중대한 사변이 발생하거나 평화통일의 가능성이 완전 상실된 경우에는 국가가 비평화적 방식 및 기타 필요

---

249) 中國時報, 草案內容 "反分裂法十一條 反獨三條", 2005. 3. 9. A3

한 조치를 취하여 국가주권과 영토의 보존을 하여야 한다.

- 비평화적 방식이나 기타 필요한 조치를 취할 경우에는 국무원을 거쳐 중앙군사위원회가 결정하여 조직하고 실시하여 적시에 전 국인민대표대회에 보고한다.

중국은 대만과의 통일을 민간교류로부터 시작하는 것을 정책으로 삼아 1979년부터 통우(通郵: 우편교류), 통항(通港:물적, 인적교류), 통상(通商: 직교역) 등 이른바 3통三通을 제의하였으며 대만도 중국과 불접촉不接觸, 불담판不談判, 불타협不妥協의 3불정책三不政策을 포기하고 1987년에 현직 군인과 공직자를 제외하고 대륙에 있는 친척을 방문할 수 있도록 허용하여 1989년부터 1994년 사이에 대만에 사는 대륙 출신자(약 200만 명) 중 약 5만 명이 비공식으로 대륙을 방문하였다.[250] 2008년 이래 현재까지 대륙 사람 연인원 1400만 명이 대만을 방문하였고 2014년도 1년 동안 약400만 명의 대륙 사람이 대만을 방문하였으며 약 500만 명의 대만 사람이 중국대륙을 방문하는 것으로 나타나고 있다.

또한 1979년 이래 대륙과 대만 간의 교역 규모도 점차 증대되어 1988년에는 약 24억 불 정도가 되었으며 2004년에는 약 826억 불, 2014년에는 1252억4천만 불에 달하였으며[251] 대만인들의 대륙에 대한 투자도 1993년 말까지 200억불, 2004년까지 누계 1000억 불 이상이었으며 2014년도에만 약 100억 불에 달하였다.

2008년 5월, 대만의 마잉지우馬英九 국민당 대표가 대만 총통으로 당선된 후 대만과 양안관계 교류는 더욱 활발하여졌으며 2010년 6월에는 대만의 해기회 대표와 중국대륙의 해협회 대표 간에 경제협력

---

250) 張豈之, 楊先才 共編(2002), p.410., 매일경제, 2010. 6. 29. A3
251) 臺灣關稅總局 發表, (2015. 5. 4. 中商情報网訊, 百度檢索)

기본협정(ECFA)을 체결하여 양측 간의 상품무역에서 806개의 조기수확품목에 대하여 단계적으로 관세를 인하하고 면제하기로 하였다.[252]

후진타오 중국공산당 총서기는 2011년 7월 1일 중국공산당 창당 90주년 기념행사에서의 연설을 통하여 중국은 양안관계의 평화로운 발전을 변함없는 과제로 여기고 양안 교류합작을 전면적으로 심화하고 양안 각 계층의 왕래를 확대하며 '대만 독립'의 분열활동을 양안 동포의 행복을 도모하고 중화민족의 장래를 위하여 공동으로 반대하고 억제한다고 하였다.

중국대륙의 대만 통일 노력은 양측 간의 교류와 협력을 강화하여 나감으로써 새로운 국면을 맞이하게 되었으나 대만인들은 북경정부가 그들의 지도자를 임명하는 홍콩과 같은 운명이 되는 일국양제 안은 완강히 거부하고 있으므로 중국대륙과 대만 간의 관계 발전이 어떠한 형태로 귀결될지는 예측하기 어려운 문제라고 할 수 있다.

중국은 대만을 흡수하기 위한 방안으로서 일국양제—國兩制의 개념을 만들어 우선 홍콩과 마카오를 반환받을 때 동 원칙을 적용하였으나 그 기간을 50년으로 정하였으므로 홍콩의 경우 2047년, 마카오의 경우 2049년에 그 기간이 만료되므로, 그 후에는 홍콩과 마카오에도 사회주의를 실시할 수 있는 법적 근거가 생긴다.

대만은 중국이 제시하는 홍콩과 유사한 일국양제로 중국대륙에 흡수되는 것을 완강히 거부하고 있고, 중국이 대만을 무력으로 합병하려고 시도할 경우 미국과 일본이 군사적으로 개입할 수 있는 법적 근거를 마련하고 있음에 비추어, 현 상황에서 중국이 대만을 무력으로 통일하려고 시도하는 것은 막대한 대가를 각오하지 않을 수 없다. 왜냐하면 대만은 물론, 홍콩 마카오의 주민들도 현재의 자유체제를 포

---

252) 매일경제신문, "중. 대만 사실상 경제통합… 오늘 ECFA 체결" 2010. 6. 29. A3

기하고 공산당 중심의 중국식 사회주의 체제 내에서 자유가 제한당하는 것을 두려워하기 때문이다.

자유주의 체제를 향유해본 사람들은 자유가 박탈되는 것에 대하여 생명을 걸고 투쟁하려는 강력한 의지를 갖게 되어 비록 다시 독재체제로의 회귀가 되더라도 언젠가 자유를 찾기 위한 투쟁을 계속하게 된다는 것이 역사적 교훈이다. 이러한 현상이 일어나는 것은 독재체제와 자유체제 사이에는 궁극적으로 비가역성非可逆性을 가지기 때문이다. 중국이 만약 홍콩, 마카오, 대만을 공산당이 지배하는 사회주의 체제로 흡수한다면 이들 지역에서 자유를 향유하였던 사람들이 추후 중국의 정치체제를 자유민주주의로 변질시키는 데 중심역할을 할 가능성이 크다.

이러한 점을 감안한다면 중국이 앞으로 세계일류국가가 되는 중국의 꿈을 실현하여 국제사회에서의 영향력을 증대하려면 공산당 내부의 민주주의의 실현만이 아니라 언젠가는 전 국민의 결속과 전체 인민에 의한 민주주의를 실현하는 방향으로 나아가지 않을 수 없을 것이다.

제21장 새로운 세계질서

새로운 세계질서가 어떠한 방향으로 발전될 것인가의 문제를 파악하려면 아래 네 가지 문제에 대한 검토가 있어야 한다.

첫째, 현재 세계질서는 어떻게 형성되어 있으며 이제까지의 세계질서는 누구에 의하여 주도되어 온 것인가?

둘째, 앞으로의 세계평화 질서를 유지하는 데 어떠한 문제점이 있으며 이러한 문제점의 발생 원인은 무엇이고 어떻게 해결될 수 있는가?

셋째, 새로운 세계질서를 형성하는 데 각 국가가 당면한 우선적으로 중요한 이슈는 무엇인가?

넷째, 중국의 국제사회에서의 부상으로 중국이 앞으로 세계질서를 창조하여 나가는 데 어떠한 역할을 하게 될 것인가?

다섯째, 분단국가로서 아직 통일을 이룩하지 못하고 있으며 미국과 중국이 모두 강력한 영향력을 행사하는 남북한의 관계가 어떻게 발전할 것인지와 동북아시아에서의 미국, 중국, 러시아, 일본의 상호관계가 어떻게 발전할 것인가 등에 대한 검토가 필요하다.

우선 첫째 문제와 관련하여 인류역사를 돌이켜 볼 때 서구에서의 문명의 기원은 그리스·로마 문명인데 서로마제국이 망하고 게르만족이 과거 로마 문명 지역으로 이동하여 로마 가톨릭교와 제휴하여 이 지역을 지배하면서 유럽 세계가 로마 가톨릭교화하여 중세 봉건 사회로 이어지게 되었다. 이어 로마 가톨릭의 교리가 정신세계를 지배하던 중세가 르네상스 운동에 의하여 종식되고 유럽인들이 지리상의 발견을 통하여 전 세계로 그들의 영향력을 증대하면서 세계역사의 주된 역할을 담당하게 되었다.

이러한 역할은 그 후 종교개혁과 구교도와의 싸움을 통하여 승리함으로써 유럽의 새로운 정신적 지주가 된 신교도, 특히 칼벵파 신교도들이 담당하게 되었다.

칼벵파들은 1648년 베스트팔렌 조약으로 루터파와 함께 로마 가톨릭교와 동등한 지위가 인정되었으며 그들의 한 분파인 청교도들이 영국과 미국에서, 위그노(Huguenots)파들이 프랑스에서, 고이젠(Geusen)파들이 네덜란드에서, 독일의 루터교 신도들과 함께 세계질서를 정치적으로는 자유민주주의, 경제적으로는 시장경제를 바탕으로 하는 자본주의체제로 형성하는 데 주된 역할을 하였다.253)

그 이후의 세계질서는 자유민주주의와 자본주의 세력을 이룩한 중심세력과 이들 세력에 도전하는 새로운 세력 사이의 도전挑戰과 응전應戰254)의 과정을 거치면서 형성되어 왔다. 신구교도 간 투쟁에 의한 30년 전쟁의 결과 이루어진 베스트팔렌(Westfalen) 체제, 나폴레옹 전쟁 이후 성립된 빈(Wien) 체제, 제1차 세계대전 이후 성립된 베르사이

---

253) 칼벵파들이 세계 역사 발전에 크게 기여할 수 있었던 사상이 예정설(predestination) 인데, 이 사상의 핵심은 칼벵파 교도들로 하여금 "지상에서 맡은 바 직분에 충실하는 자들이 신의 선택을 받은 자"라고 한 데 있으며 이러한 교리는 이슬람교도들이 "모든 결정은 알라신의 뜻이다"라고 하거나 중국의 천명사상이 "우주만물의 원리는 하늘 (天)의 뜻이 반영된 것이다"라는 것보다 개개인으로 하여금 사회적 업무 활동을 적극 적이고 성실하고 근면하게 하도록 격려하는 것이었다.

254) 역사를 도전과 응전(challenge and response)의 과정으로 해석하는 것은 Arnold J. Toynbee, *A Study of History*의 중심사상이다.

유(Versailles) 체제, 제2차 세계대전 이후의 국제연합(UN) 체제와 이와 병존하였던 냉전(cold war) 체제, 냉전 종식 후 범세계적인 시장경제 체제 등의 형성 과정에서 현재의 세계질서는 자유민주주의 사상과 시장경제 체제를 유지하려는 세력이 이러한 세력에 대항하여 새로운 질서를 형성하려는 세력과의 투쟁의 결과로 형성되었다.

이러한 투쟁으로 1970년대 말 중국이 개혁개방을 주창하면서 시장경제 체제를 수용하고 1980년대 말 소연방이 붕괴됨으로써 경제적으로 시장경제 체제로의 통일은 이룩하였으나 아직 정치적인 자유민주주의로의 통일은 이룩되지 않고 있다.

세계가 시장 경제체제로 통일됨으로써 서구의 역사에서 중세시대에 국가와 교회가 병존하면서 국가와 더불어 교회가 서구인들의 행동규범을 결정하는 데 중요한 역할을 한 것과 유사하게 오늘날은 국가와 더불어 시장이 세계 전체 사람들의 행동규범을 결정하는 중요한 주체가 되었다.

근대국가의 성립 이래 오늘날 세계질서가 형성되기까지의 과정은 자유민주주의와 자본주의를 발전시킨 국가들이 주도하여 왔기 때문에 특정 국가의 전통적 가치관과 행동양식이 자유민주주의와 자본주의를 실천하는 국가의 가치관과 행동양식과 얼마나 용이하게 결합할 수 있느냐에 따라서 그 국가의 발전이 용이하였는가 또는 어려움을 겪게 되는가와 밀접한 관련을 가지게 되었다.

예를 들면 아시아의 유가사상을 전통적 가치관으로 가지고 있는 국가들은 자유민주주의 사상과 자본주의 사상을 비교적 용이하게 수용할 수 있었기 때문에255) 정치적으로 자유민주주의와 경제적으로

---

255) 유가사상은 궁극적인 실체를 이치(理致)로 생각하고 신(神)을 상정하는 것이 아니기 때문에 자본주의를 발전시킨 국가들의 기독교 사상과 정면으로 배치되지 않았으며

자본주의를 채택한 후 빠른 발전을 이룩할 수 있었던 반면에, 이슬람교 교리를 전통적 가치관으로 하거나 개인주의를 수용하기 어려운 전체주의 체제하의 국가들은 자유민주주의와 자본주의를 수용하는 과정에서 혼란을 초래하여 국가 발전에 어려움을 겪게 되었다.

앞으로 형성될 새로운 세계질서가 어떤 모습을 보일 것인가는 기존의 자유민주주의와 시장경제 체제를 주도하여 온 세력이 어떠한 새로운 세력에 의하여 도전을 받고 그러한 도전의 결과가 어떻게 될 것인가와 밀접한 관련을 가질 것이다.

앞에서 언급한 바와 같이 현재의 자유민주주의와 자본주의를 주도하여 온 세력은 유럽의 신교도 정신을 가진 자들이었으며, 유럽대륙에서 발생한 1, 2차 세계대전으로 인하여 유럽 전체의 힘이 약화되고 신교도들이 중심이 되어 건설된 미국이 자유민주주의와 자본주의를 신봉하는 세력의 중심역할을 하였으며 제1차 세계대전 중인 1917년 공산주의 혁명에 의하여 탄생한 소련과 소련의 영향력하에 공산주의 체제를 선택한 동유럽 세력과 대항하는 냉전의 시대를 맞이하게 되었다.

냉전이 종식된 후 한 때 미국이 주도하여 1991년 이라크의 쿠웨이트 침공 문제를 해결하고 1999년 발칸반도에서 신 유고연방으로부터의 분리·독립을 요구하는 알바니아계 코소보 주민에 대하여 세르비아 정부군이 무차별 학살함으로써 발생한 코소보사태를 해결함으로써 미국 주도의 세계평화질서(Pax Americana)가 올 것처럼 보이기도

유가사상을 가진 국가들은 한자 문화권에 속하여 문자를 해득하는 데 장기간의 집중 노력을 하여야 하며 문자해득이 되는 자와 그렇지 못한 자 사이의 신분상의 격차로 인하여 교육을 생존만큼 중요시하는 의식구조가 형성되었고 효(孝)를 중시하는 사상으로 가족 구성원이 가정의 행복을 위하여 희생하는 것을 인용하는 의식을 가져 자본주의와 쉽게 결합할 수 있었다.

하였다.

그러나 그후 미국이 환경문제나 인도적 문제와 관련된 세계질서를 수립하려는 국제적 노력에 대하여 미국의 예외주의(exceptionalism)와 미국 일방주의(unilateralism)를 주장함으로써 국제사회로부터 미국의 리더십에 대한 회의를 가지게 하였으며 2001년 9·11 사태에 대한 미국의 처리 과정이나 2007년 미국 발 금융위기가 전 세계로 확산됨으로써 국제사회는 미국 주도의 세계 평화 질서 수립이 매우 어렵다는 것을 인식하게 되었다.

이러한 상황에 비추어 볼 때 앞으로의 세계질서는 미국이 독자적으로 새로운 질서형성을 주도하지 못하고 유사한 목적과 가치관으로 국민의 의지를 집결할 수 있는 세력들 간의 세력균형을 이루는 질서가 될 것이다. 이러한 점에서 볼 때 오늘날의 세계질서는 미국이 주도하는 질서에 대신할 수 있는 새로운 세계질서의 태동을 기다리는 유동적(fluid)질서라고 볼 수 있다.

둘째, 앞으로의 세계평화 질서를 유지하는 데 있어서 가장 중요한 문제점은 가치관을 서로 달리하는 집단 간의 대립을 어떻게 조정해 나가느냐의 문제이다.

국가의 힘을 구성하는 중요한 구성 요소로서 국민의 의지를 결집하는 데 가장 효과적인 방법은 국민이 용이하게 수용할 수 있는 전통적 가치를 활용하는 것이고, 가치관을 서로 같이하는 집단은 주로 종교적 신념을 같이하는 민족들이다.

이러한 점을 감안한다면, 앞으로의 세계질서는 기독교의 가치관을 가진 유럽과 미국을 중심으로 이들에 동조적인 세력이 기존질서를 옹호하려고 하는 노력을 하는 세력과 이러한 세력에 맞서 전통가치관을 모색하면서 새로운 세계질서를 구축하려고 하는 중국세력과 정신적으로 그리스 정교를 수용한 동로마제국의 후계자로 인식하고 있는 러시아 세력 및 이슬람교의 가치관을 기초로 연합할 수 있는 아랍권세력들이 서로 자기 세력에 유리한 새로운 세계질서를 수립하려고 노력하면서 힘을 다투는 과정에서 형성될 것이다.

오늘날 종교상 교리를 달리하기 때문에 격렬한 투쟁을 하고 있는 것은 기독교 문화와 아랍의 이슬람 문화권이다. 서구 기독교 국가와 아랍 국가들의 갈등의 배경은 아랍권 국민의 의지를 통합시키고 있는 이슬람교의 발생과 발전 경위에 있다.

이 지역에서 이슬람교와 기독교, 유대교 간의 격렬한 분쟁이 생기는 근원은 종교 교리가 다르기 때문인데 이슬람교는 이브라힘과 모세와 예수의 존재를 인정하는 유대교, 기독교와 같은 뿌리를 가지나 유대교가 유대 민족만이 신의 선택을 받았다는 주장을 배격할 뿐만 아니라 기독교의 삼위일체설을 부정하고 무함마드가 예수 다음의 마지막 예언자임을 주장한다. 이슬람교의 경전인 쿠란에서는 이슬람교를 믿지 않은 자들을 올바른 길을 벗어나 방황하는 사람들이라고 표현하고 구약성서에서는 그들의 신인 여호와를 믿지 않는 자들을 올바른 길을 벗어난 자들이라고 하고 있다.

이러한 교리상의 근본적인 차이로 인하여 11세기부터 13세기까지 십자군 전쟁이 치러졌으며 제2차 세계대전이 끝난 이후 유대민족들이 연합국의 도움을 받아 2000년 전에 떠났던 팔레스타인 땅에 예루살렘을 중심으로 그들의 국가를 새로 건립하자 이 지역에 살던 300만 명의 팔레스타인 민족이 그 지역을 떠나지 않을 수 없었던 때로부터 유대민족과 이슬람교도들의 싸움이 시작되었다.

20세기에 들어와서 1948년부터 1973년까지 네 차례에 걸친 중동전쟁이 발생하였고, 1958년부터 레바논에서 이슬람교도와 기독교도

간에 발생한 내란에 미국, 이스라엘, 시리아가 관여하여 국제전으로 확대되었다. 이스라엘과 팔레스타인 간에는 1993년과 1995년 두 차례에 걸쳐 영토와 평화를 교환하는 오슬로 협정이 합의되었고 2003년에는 미국이 개입하여 이스라엘과 팔레스타인 간의 중동평화로드맵이 작성되었으나 이러한 합의가 모두 제대로 실천되지 못하고 있으며 2011년에 발생한 시리아 내전에는 미국, 러시아, 유럽연합 등이 각기 상이한 이해관계를 가지고 개입함으로써 4년이 지난 오늘날에도 분쟁이 종식되지 않고 있다. 중동에서 발생하는 분쟁의 근본원인은 이슬람교와 기독교 간의 종교 교리의 상이함으로 인하여 양자 간의 공존이 어렵다는 점에 있다. 또한 이 지역에서 이슬람교도들 간에도 격렬한 분쟁이 일어나고 있는데, 근본적인 원인은 이슬람교는 종교와 정치가 분리되지 않는 경향이 강하여 종교지도자가 쉽게 정치지도자가 된다는 것이다.

아라비아의 메카와 리아드에서 활동한 무함마드가 사망한 후 그의 후계자들은 칼리프라는 칭호를 사용하면서 알라의 가르침을 전 세계에 전파하고자 하여 8세기까지 팔레스타인, 시리아, 페르시아, 이집트, 이베리아 반도, 인도, 인도네시아까지 이슬람권으로 만드는 데 성공하였다. 이러한 과정에서 이슬람교의 통치 지배권은 다마스쿠스, 바그다드, 카이로를 거친 후 이스탄불을 중심으로 터키인들이 이슬람의 지배권을 행사하면서 그 지배자의 호칭을 술탄으로 바꾸었는데 이들의 통치는 종교와 정치를 함께 관장하는 정교일치의 신정神政정치였다.

이슬람권의 신정정치의 전통은 1979년 이란에서 민중혁명으로 팔레비 왕조가 붕괴되자 호메이니라는 종교지도자가 정권을 잡는 과정에서도 나타났다. 이라크의 사담 후세인은 이란의 종교 세력이 정치

세력화하는 것에 대하여 위협을 느껴 1980년 이란과의 전쟁을 일으켜 이 전쟁이 1988년까지 계속되었다. 정교일치의 전통을 가진 이슬람 세계에서 종교가 정치 세력화하는 것을 저지할 수 있는 힘으로서 군사세력이 쉽게 정치세력화하여 군사 지도자가 종교 지도자에 대체하여 정권을 잡는 경향이 나타난다.

이슬람권 내에서의 정치 형태는 국왕이나 종교 지도자 또는 군사 지도자들이 독재 권력을 행사하고 있는 것이 일반적인데, 2010년 12월 튀니지에서 민주혁명운동이 일어나고 그 다음 해 초부터 혁명의 기운이 주변의 알제리, 요르단, 이집트, 예멘으로 확산되는 사태가 발생하였다.

이슬람권에서의 이러한 민주화운동은 집권층의 강력한 대처로 인하여 성공을 거두지 못하였다. 그러나 앞으로 이슬람권 내에서 일어날 민주화운동은 앞으로 이 지역의 민주화가 실현 가능성이 현실화된다면 아랍. 이슬람권이 국제사회에서의 중요한 역할을 할 수 있음을 염두에 두어야 한다.

2011년 이집트의 민중혁명으로 군인 정치가이었던 무바라크(Hosni Mubarak)가 물러나자 임시 군사정부가 들어선 후 정권이 무르시(Mohamed Morsy) 민선 대통령에게 이양되자 이슬람교 종파가 정치에 깊이 관여하게 되었으며 2014년에 정권이 다시 군사 지도자에게 복귀되었음은 이러한 성향을 반영한다.

이슬람교도들은 시아파와 수니파로 나누어져 양파 간의 대립이 지속되고 있는데 이러한 대립이 격화되어 온 주된 이유 또한 종교 지도자의 분파 대립이 바로 정치 권력의 대립으로 연결되기 때문이라고 할 수 있다.

중동 이슬람교도들이 서구 기독교 국가에 대하여 과격테러행위를 함으로써 국제적 불안을 야기시키고 있는 근본 이유는 이슬람교도들이 중심이 된 아랍인들이 과거의 영광에 대한 자긍심과 제1차 세계대전 이후 서구 강대국으로부터 받은 피해에 대한 분노를 가지고 있기 때문이다.

역사적으로 이슬람 문화권은 7, 8세기 경 세계에서 가장 높은 수준을 자랑하는 신학과 법학, 과학을 발전시키고 그리스·로마 문화를 보존하여 이를 서구의 근세문화로 승계하도록 하는 데 크게 기여하였다. 그 후 이슬람 세계에서 주도적 역할을 하게 된 터키인들은 11세기에는 셀주크족 터키인들이 천산산맥天山山脈에서 지중해에 이르는 대제국을 건설하고 200년 동안 기독교도들이 조직한 십자군에 맞서 우세한 싸움을 하였다.

셀주크 터키를 멸망시키고 건국된 오스만족 터키는 15세기 중엽 동로마제국을 멸망시키고 유럽과 아시아에 걸친 대제국을 이룩하였다. 그러나 오스만 제국은 17세기부터 쇠퇴하기 시작하였고 제1차 세계대전에 독일 측에 가담하였다가 패하게 되자 발칸반도에서 여러 나라가 독립하였으며 팔레스타인, 메소포타미아, 아라비아, 시리아 지방은 영국의 보호국 또는 위임통치 지역이 되었다.

제1차 세계대전의 연합국이었던 영국, 프랑스 러시아 등 강대국들 간의 협상을 통하여 이 지역에서 1920년대에서 제2차 세계대전이 끝나기 전까지 다수의 국가들이 독립하게 되었는데 강대국들은 자국 이해관계를 중심으로 국경선을 확정하여 새로운 국가들을 탄생시킴으로써 이들 지역에서 분쟁이 발생하는 소지를 남기게 되었다.

그 결과 이 지역에서 살아왔던 약 2천5백만 명이나 되는 쿠르드족(Kurds)은 그들의 독립 국가를 가지지 못한 채 이란·이라크·터키·시리아·구소련 등 여러 나라에 흩어져 살게 되어 쿠르드족이 거주하는 국가들의 불안 요소가 되고 있으며 이라크가 1990년 쿠웨이트를 공격하면서 쿠웨이트가 원래 이라크 영토이었다고 주장한 것은 그들 영토 경계선 획정의 정당성을 부정하는 행위였다.

오늘날 이슬람 극단주의자들의 과격한 테러 행위는 그들의 과거의 영광과 오늘날 현실의 격차에서 오는 좌절감과 분노의 표출이라고 해석할 수 있다. 알카에다 조직이 미국을 상대로 2001년 9·11 대규모 테러행위를 자행한 것은 미국의 대중동 정책에 대한 이슬람교도들의 불만을 표출한 것으로 해석할 수 있으며 이 사건을 계기로 2003년 미국이 주도하여 이라크를 무력 침공한 데 대하여 이슬람 국가들은 오늘날에도 강한 불만을 가지고 있다. 미국이 이라크에서 약 4조 달러를 쓰고도 이라크의 재건에 성공하지 못한 근본 이유도 이라크인들의 이러한 정서와 관련이 있다.

중동지역에서의 종교적, 인종적 갈등은 중동 지역의 석유자원을 위요하고 주요 강대국들이 자기들의 이해관계와 얽혀 분쟁의 해결 방안에 대한 의견의 일치를 보지 못하는 있는데, 이는 2011년부터 시작되어 15만 명 이상의 사상자를 내고 있는 시리아 내전의 해결 방안을 두고 미국, 영국, 프랑스, 러시아가 각기 다른 주장을 하고 있는데에도 여실히 나타나고 있다.

이슬람권은 기독교권과 투쟁을 하는 동시에 자체 내의 집단 간에도 격렬하게 주도권 다툼을 하고 있다. 모하메드의 사후 이슬람교의 지도자를 칼리프(calif)라고 칭하여 이슬람교도들의 정치 지도자를 겸하게 되었으며 아랍인들을 이슬람교도로 만들면서 팔레스타인, 시리아, 페르시아를 멸망시키고 북아프리카와 유럽대륙을 침입하였다.

이 과정에서 이슬람교도들은 이슬람교의 교리를 기록한 코란(Quran)의 순수성을 유지하여야 하며 모하메드의 혈통을 이어받은 자만이 칼리프가 될 수 있다고 하는 시아파(Shiites)와 코란에 구두로 전해 내려오는 내용을 추가할 수 있으며 모하메드의 혈통을 가지지 않은 자도 칼리프가 될 수 있다고 주장하는 수니파(Sunnites)로 나누어져 상호간 갈등을 일으켰다.

오늘날 시아파가 다수인 국가는 이란, 이라크, 레바논이며, 그 밖의 이슬람권은 대게 수니파가 다수를 차지하고 있는데 역사적으로 이슬람의 주도권이 사우디의 메카와 리아드를 거쳐 시리아의 다마스쿠스와 이라크 바그다드의 차례로 중심이 옮겨간 이후 셀주크 터키와 오스만 터키로 이동하였다. 이슬람권은 유대교도들인 이스라엘이 1948년 팔레스타인 지방을 차지하여 그 지역에 살고 있던 팔레스타인들이 대규모로 이웃 국가로 흩어지는 난민이 된 후 이스라엘과 팔레스타인 간의 분쟁을 해결하는 문제가 쉽게 해결되지 않고 있으며, 이슬람권 내부에서 수니파와 시아파 간의 격렬한 대립 양상을 보이고 있다.

이슬람권 국가들은 종교, 인종에 따른 분쟁뿐만 아니라 그들 내부의 독재체제에 대한 민중들의 불만도 표출하는 등 자체 내에서 해결하여야 할 문제가 매우 복잡하여 이슬람 세력이 새로운 세계질서의 형성을 위한 중심세력이 되기는 어려울 것으로 예상된다. 그러나 그들의 종교적 신념은 다른 어떠한 종교집단보다 강하며 그들의 인구 성장률이 다른 종교 집단의 성장률보다 높은 점에 비추어 새로운 국제질서를 수립하는 데 주된 역할을 하게 될 어떤 세력들도 이들의 세력을 무시할 수 없을 것이다.

앞으로도 이슬람교도들과 기독교 세력과의 투쟁은 쉽게 그치지 않을 것이나 이슬람권 내에서 주도적 역할을 할 가능성이 큰 사우디아라비아, 이란, 터키 중 어느 국가가 이슬람교의 중심세력이 되느냐에 따라 이슬람권이 새로운 국제질서 형성에 미칠 영향이 달라질 수 있다.

20세기 초 중동지역에 많은 석유 매장량이 있다는 것이 알려지자 중동지역은 강대국의 이해관계와 직결되었으며 이 지역에서 종교와 인종 간의 갈등에 강대국이 개입하여 사태의 해결을 더욱 어렵게 하고 있다.

앞으로 형성될 새로운 세계질서가 평화로운 질서로 정착되려면 이러한 기독교도와 이슬람교도들의 갈등을 해소할 수 있는 근본적인 방안을 마련하여야 할 것인데, 그 방안은 궁극적으로 이들이 가지고 있는 종교 교리에서 도그마적인 요소를 극복하는 것이다. 즉 그들이 신봉하는 신神이 자신들만을 선택하여 보호한다는 사상에서 탈피하고 다른 종교사상을 가지는 사람들을 이해하고 새로운 공동의 이념을 추구하여 나감으로써 공동의 발전을 모색하는 것이다.

세계역사에서 상호 이질적인 문화가 공존하면서 발전할 수 있었던 대표적 시기는 8세기 말에서 9세기 초엽이었는데, 이 시기에는 탕나라의 창안長安. 동로마제국의 콘스탄티노플(Constantinople), 이라크의 바그다드(Baghdad)가 세계에서 가장 번창하였던 3개의 도시이었다. 이 시기에는 탕나라와 동로마제국과 이슬람권이 서로의 문화를 존중하면서 전체적인 평화질서를 유지할 수 있었음에 비추어 볼 때 앞으로 평화적인 세계질서를 유지하려면 우선 이질적인 문화권 사이의 상호 가치관 존중이 우선적으로 고려되어야 할 것이다.

셋째, 새로운 세계질서를 형성하는 데 각 국가가 당면한 중요한 이슈로서 경제적 민주주의 실현 문제나 환경보호 문제 등이 가장 중요한 이슈로 등장하고 있다.

1970년대 후반부터 중국이 개혁개방 정책을 택하면서 시장경제

체제를 수용하고 1990년대부터 국제 자본주의 규범을 준수할 것을 약속함으로써 사실상 국가주도형 자본주의를 실천하여 세계 전체가 시장경체 체제로 통일되었으나 오늘날 자본주의하에서 빈부격차 문제에 대한 해결과 경제적 민주주의에 대한 욕구가 강하여짐으로써 자본주의의 질적 변화를 추구하는 움직임이 강하다.

경제적 민주주의는 경제 질서에서의 정의(justice), 경제적인 공평성(economic fairness), 경제 질서의 효율(efficiency), 경제적 자유(economic freedom and economic liberty). 기업경영의 독자성(authority within firms) 인정 등을 추구한다.[256]

경제적 민주주의 실천에서 가장 어려운 부분은 자원을 배분하는 과정에서 경제적 정의를 실현하는 제도를 수립하는 것이다. 즉 배분적 정의(distributive justice)를 실현하는 정치적 형평성이 작동되도록 하는 것이다.[257]

시장경제 체제라는 것은 경제 활동에 시장의 원리가 지배하도록 하는 제도인데, 시장은 재화의 수요와 공급 법칙에 따라 가격이 결정되는 추상적인 공간이며 시장원리에 따를 경우 시장에서 재화로 인정될 수 있는 자산을 가진 자만이 부를 창출할 기회를 가지기 때문에 자산이 새로운 자산을 창출할 수 있도록 하나, 시장은 자산의 많고 적은 자를 구별하여 형평에 맞게 재분배하는 기능은 없다.

따라서 시장경제 체제에서는 빈부격차가 점점 심하여지는 경향이 나타나는 것이 불가피한데, 이러한 빈부격차의 심화는 국가 간에서도 발생하고 한 국가 내의 사회구성원 사이에도 발생하여 가진 자와

---

256) Robert A. Dahl, *A Preface to Economic Democracy* (University of California Press, 1985)
257) *Ibid.*, p.85

가지지 못한 자 사이의 갈등을 유발하는 원인이 된다.

오늘날 이러한 갈등이 세계적으로 더욱 부각되는 원인은 과거에는 가지지 못한 자가 가지지 못한 원인을 수용함으로써 이들의 불만이 표출되지 못한 계층이 있었으나, 오늘날은 이러한 계층이 사라지고 가지지 못한 자들의 모두가 가지지 못한 원인에 불만을 가지고 이러한 불만을 해소할 수 있는 방안을 강구할 것을 요구하기 때문이다.

과거 제국주의 시대의 피식민지 국가나 전쟁에 패한 국가의 국민은 자기들의 국가가 수탈을 당하거나 과도한 전쟁 배상금을 지불하지 않을 수 없어서 가지지 못하게 된 원인을 인용할 수밖에 없었으며, 국내에서 엄격한 신분사회가 유지되는 국가에서는 타고난 신분상의 불이익을 제거할 수 있는 방안이 없어서 불만을 표출하지 못하였다.

또한 교육의 기회가 특수층에만 제공되는 국가에서는 교육을 받지 못한 자들은 가지지 못한 데 대한 불만을 표출할 수 있는 방안을 강구하는 능력 자체가 결여되어 빈부격차를 당연한 것으로 인정하는 경우도 있었으나, 오늘날은 이러한 상황이 바뀌어 빈부격차의 심화 자체를 제도의 모순이라고 보고 국제사회나 국가가 이러한 제도를 시정할 것을 강력하게 요구하고 있다.

앞으로의 세계질서는 한편으로는 시장원리에 따라 부를 창출할 수 있는 능력이 강한 국가에 의하여 주도되는 상황이 지속될 것이나, 다른 한편으로는 합리적인 부의 재분배를 통하여 가진 자와 가지지 못한 자 사이의 형평을 유지하여 가지지 못한 자들의 합리적인 불만을 해소함으로써 이들의 불만이 사회문제화하는 것을 최소화하기 위한 노력이 병행되어 나갈 것이다.

환경보호 문제는 인류 전체의 존망이 달려있는 중요한 문제이다.

그러나 환경 문제는 지구상 모든 국가의 공동 노력이 필요하고 기후 변화 방지를 위하여 온실효과의 야기로 지구 온도의 상승을 유발하는 탄소배출량을 감소하려면 자국의 산업 발전에 부정적 영향을 미치기 때문에 범세계적인 강력한 조치가 강구되지 않으면 실질적 효과를 얻기가 어려운 문제이다. 국제연합에서 주도하여 '지속 가능한 개발(sustainable development)'을 실천하도록 하는 운동은 새로운 세계질서 수립에 우선적으로 요구되는 명제이다.

새로운 세계질서 수립에 주도적 역할을 하려면 이러한 환경보호 문제를 해결하기 위한 노력에 앞장서야 할 것이나, 환경을 보호하기 위하여 탄소 배출량을 감소하는 것은 자국 산업발전을 위축하게 되는 결과가 생기기 때문에 세계 각국은 환경보호단체의 요구와 산업계의 서로 다른 요구를 동시에 만족시킬 방안을 모색하여야 하는 어려운 과제를 안고 있다.

넷째, 중국의 국제사회에서의 부상으로 중국이 앞으로 새로운 세계질서를 형성하는데 어떠한 역할을 할 것인가는 결국 중국식 사회주의가 과연 성공할 것이냐의 문제에 귀착한다. 중국이 시장경제 체제와 자본주의의 규범을 받아들인 이후 비약적인 발전을 이룩하면서 이러한 제도를 탄생시킨 서구의 정치적 이념인 자유민주주의의 수용을 거부하고 기존의 시장경제 체제에 중국의 영향력을 강화하려는 움직임을 보이고 있어서 이러한 움직임이 앞으로 국제질서에 어떠한 영향을 미칠 것인가가 새로운 국제질서 형성의 중요한 요인으로 작용하고 있다.

중국은 국가주도형 자본주의를 채택하고 제2차 세계대전 이후에 서구가 주동이 되어 창설된 브레튼 우즈 체제(Bretton Woods system)를 변화시켜 중국이 국제경제 제도에서 차지하는 위상을 높이려고 하고 있다. 브레튼 우즈 체제의 금융질서인 국제통화기금(IMF)에서 중국의 지분을 확대하고 아시아인프라투자은행(AIIB: Asian Infrastructure Investment Bank)이나 개도국 중심의 새로운 국제개발은행(NDB: New Development Bank)을 창설하려고 하고 있다.

또한 중국은 국제 통상 분야에서도 중국의 위상을 제고하려고 하여 미국이 주도하는 새로운 무역기구인 환태평양경제동반자협력체제(TPP: Trans-Pacific Partnership)를 창설하려는 움직임에 맞서 아세안 10개국과 아세안과 자유무역협정을 가진 중국, 일본, 한국, 호주, 인도, 뉴질랜드 등 6개국이 추진 중인 역내포괄적 경제동반자협정(RCEP: Regional Comprehensive Economic Partnership) 체제를 구축하여 동 체제 내에서 주도적 역할을 하려고 노력하고 있다.

이러한 중국의 노력이 성공할 것인가는 앞으로의 새로운 세계질서 형성에 주요한 변수가 될 것이다.

미국과 중국의 관계 발전 전망에 관하여 헨리 키신저(Henry Kissinger) 박사는 미국과 중국은 앞으로 군사적 경쟁보다도 경제적, 문화적 경쟁을 할 것이며 미국은 역사적으로 그들의 이상(ideals)을 전파하려고 애써온 반면, 중국은 그들의 문화를 세계에 침투시키려고 노력하였다고 하고 현재 미국과 중국은 제1차 세계대전 전의 영국과 독일이 대립하였던 것과 유사하게 대립하고 있다. 하지만 양측은 모두 세계의 영구적 평화를 가져오기 위하여 노력하여야 할 것이라고 언급하고 있음을 참고할 만하다.258)

다섯째, 앞으로 남북한 관계가 어떻게 발전될 것인가 하는 것도 새로운 세계질서 형성의 주요 변수가 된다. 즉, 제2차 세계대전 이후 분단된 국가 중 아직도 통일을 이룩하지 못한 한반도의 장래가 어떻

---

258) Henry Kissinger, *On China*, (Penguin Group, New York, NY : 2011). pp.514-530

게 변화할 것인가가 새로운 국제 질서 형성의 방향을 결정하는 하나의 요인이 될 수 있다.

한반도의 장래를 결정하는 가장 중요한 두 가지 요소는 첫째, 한반도의 통일이 실현될 것인가와 실현된다면 그 시기가 언제일 것인가와 둘째, 한국의 주변국과의 관계 특히 한국의 미국과 중국과의 관계가 어떻게 변화할 것인가라고 할 수 있다.

먼저 한반도의 통일 문제를 살펴본다면 먼저 한반도의 통일이 이루어지지 않고 있는 근본적인 원인을 살펴볼 필요가 있다.

한반도의 분단은 제2차 세계대전 이후의 동서냉전으로 야기되었는데, 냉전이 종료된 지 반세기 가까이 지난 오늘날 아직도 유일하게 남북한이 분단 상태로 남아있는 가장 중요한 이유는 일제로부터 해방된 이후 남북한 정권이 독립적으로 성립하여 서로 이념을 달리하는 길로 나아갔기 때문이다.

한반도는 역사적으로 동질성을 가지는 민족이 절대 왕권이 지배하는 체제하에 있다가 일본에 합병된 이후 일본의 강압적인 식민통치를 받고서 해방된 이후 남북한이 각각 미국과 소련의 통치체제에서 상호 상이한 가치관과 이념을 가지게 되었다. 이로 인하여 북한정권은 소련식의 전제정치와 전통적인 민족주의가 결합한 강압적인 통치체제를 유지하였으며 남한은 미국식의 정치체제를 수용하고 자유민주주의 이념을 구현하려고 하였으나 한국인의 전통적인 가치관이 자유민주주의 이념과 상이한 점이 많아 시행착오를 겪으면서 발전하지 않을 수 없었다.

한반도에서 남북한이 서로 상이한 체제를 유지하면서 70년이 경과한 오늘날 한국은 자유민주주의와 시장경제 체제하에서 새로운 세계질서를 창조하는 데 중요한 역할을 할 수 있는 지위를 가진 데 비하여 북한은 세계의 보편적 질서에서 고립하여 독자적인 생존방식을 추구하고 있다. 이러한 점을 감안한다면 한반도 전체 주민이 통일을 이룩하여 새로운 세계질서를 형성하는 데 동참하려면 현재의 세계질서의 흐름과 같은 방향으로 나아갈 수 있는 체제를 북한 주민들이 수용하도록 하는 것이 관건이다.

한국은 헌법 제4조에서 "자유민주적 기본질서에 입각한 평화적 통일정책을 수립하고 이를 추진한다."고 규정하고 있는 데 반하여 북한의 헌법은 헌법의 명칭 자체를 '사회주의 헌법'이라고 규정하고 북한 헌법 제5조는 "북반부에서 사회주의의 완전한 승리를 이룩하며 전국적 범위에서 외세를 물리치고 민주주의적 기초 위에서 조국을 평화적으로 통일하며 완전한 민족적 독립을 이룩하기 위하여 투쟁한다."라고 규정하고 있다.

또한 북한의 조선 노동당 규약은 "조선 로동당의 당면 목적은 공화국 북반부에서 사회주의의 완전한 승리를 이룩하며 전국적 범위에서 민족해방과 인민민주주의의 혁명의 과업을 수행하는 데 있으며 최종 목적은 온 사회를 주체사상화하며 공산주의 사회를 건설하는 데 있다."라고 규정하고 있는 데서 보듯이 사회주의 통일을 지향하고 있다.

한국과 북한의 통일을 지향하는 방향이 서로 다른 원인을 역사적으로 살핀다면 한국인들의 전통적인 의식구조의 형성 과정에서 찾을 수 있다. 한반도는 고대로부터 중국대륙의 영향을 강하게 받아 한반도에 거주한 사람들의 의식구조는 우리의 고유한 사상과 중국대륙에서 전래된 사상이 결합하여 전통사상이 되어왔다.

그중에서도 특히 고려 말에 당시 중국대륙의 위엔元시대에 전래된 성리학은 성리학의 창시자가 사망한 지 약 1세기가 지난 후 유입된 사상이었으나 조선시대에 와서 이 사상을 통치 철학으로 수용함으로써 사람들의 의식구조에 매우 강력한 영향을 주었다.

그러나 성리학이 인성人性에 대한 심오한 철학적 내용이어서 인간 경제생활의 향상에 크게 기여하지 못한다는 것을 자각하여 이에 대한 비판적인 학문으로서 실학實學이 발생하였으나 조선에서의 이러한 실학의 대두도 중국대륙에서 일어난 실학운동보다 약 1세기 후이었다.

조선이 중국으로부터 받아들인 유가사상은 조선시대 사람들의 의지를 결집할 수 있는 대표적 사상이었으나 조선시대의 유학자들이 공리공론空理空論적 경향이 강한 이 사상에 지나치게 몰입함으로써 실생활에 도움이 되는 학문의 발전을 저해하게 되었다. 또한 조선의 정치제도는 중국의 제도를 모방한 국왕중심의 중앙집권제 이어서 국제적 변화의 움직임을 파악하고 이에 대처하는 노력을 거부하였고 일반 민중의 의사를 파악하는 것을 소홀히 함으로써 국운이 급격히 쇠퇴하는 상황을 맞이하게 되었다.

조선은 칭나라가 서양 열강의 반식민지 상태가 된 이후에 일본세력에 눌려 강화도 조약을 체결한(1876) 후 일본의 영향력이 강하여지자, 칭나라세력에 의존하려는 수구파와 일본세력에 의존하려는 개화파로 나누어져 국론이 분열되었다. 개화파의 주장으로 일본의 제도에 다른 군사훈련에 수구파가 반발하여 발생한 임오군란(1881)으로 칭의 군대가 조선에 들어오게 되자 조선에서 칭의 간섭이 강화되었다.

그 결과 칭의 제도를 모방하여 관제를 개혁하였으며 리훙짱의 주선으로 중국인과 독일인의 외교 고문을 두고 군대조직도 중국제도를 모방하여 친군영親軍營을 설치하였는데 그 지휘권을 위안스카이袁世

凱가 맡아 서구열강에 의하여 반식민지가 된 칭나라가 조선에서는 외교, 내정, 군사에 대한 간섭이 강화되었고[259] 위엔쓰카이는 조선에서 막강한 권력을 행사하였다.

이후 조선에서는 일본의 문물을 받아들여 개혁을 이룩하려는 개화파가 갑신정변을 일으켰으나(1884) 민비를 중심으로 한 수구파들의 반발로 3일 만에 실패하였다.

이러한 사태를 겪은 후 조선 조정은 갑오개혁(1895), 을미개혁(1896), 광무개혁(1897)등 수차례 개혁노력을 하였으나 여론의 분열과 파벌간의 대립으로 모두 성공하지 못하고 중국과 일본과 러시아의 조선반도에 대한 영향력을 증대하려는 쟁탈전에 효과적으로 대항할 능력을 상실하여 결국 명치유신明治維新이라는 근본적인 정치개혁을 통하여 서구문물을 적극 수용하고 제1차 세계대전을 전후하여 급격히 경제발전을 이룩한 후 서구열강의 제국주의를 답습한 일본의 식민지가 되는 운명에 처하게 되었다.

한국은 오랜 역사에서 정치제도와 사상 모두 중국의 영향을 매우 강하게 받아 서구가 르네상스 이후 이룩한 종교, 과학, 정치, 경제 등 각 방면의 혁명적인 발전을 이룩하는 동안 중앙집중적 왕권정치와 농업 위주의 생산 활동을 지속하다가 서구열강과 19세기 중반 이래 서구의 문물을 흡수한 일본에게 침략 당하게 되었다.

조선에서 1884년 김옥균金玉均을 비롯한 개화파들이 주동이 되어 정치개혁을 시도한 갑신정변이 있었으나 민비를 중심으로 한 집권세력에게 밀려 3일 만에 실패한 것은 칭나라에서 광쒸디光緒帝가 캉여우웨이康有爲의 건의를 받아들여 1898년 입헌군주국으로 제도를 개혁하려고 한 무술정변이 있었으나 시타이허우西太后의 세력에 밀려

---

259) 邊太燮, 上揭書, p.438

100일 만에 실패한 것과 그 성격이 유사하다.

1908년 조선에서 최남선崔南善이 소년들에게 새로운 사상을 고취하기 위하여 '소년少年'이라는 잡지를 간행한 것과 유사하게 중국에서 천두시우陳獨秀가 1915년 신문화운동을 일으키고 중국 청년들에게 새로운 사상을 고취시키고자 '신 청년新靑年'이란 잡지를 발간하였다. 또한 조선에서 일본의 압박에서 벗어나기 위하여 1919년 3.1운동이 일어난 때에 칭나라에서는 일본의 이권획득을 위한 무리한 요구를 배격하고자 하는 5.4운동이 있었다.

이러한 사건들은 모두 조선과 중국이 서구와 같은 개혁을 이룩하지 못하고 전통적인 제도와 사상에 얽매어 있다가 서구열강과 서구 문물을 빨리 흡수한 일본으로부터의 무력 침입에 대항하기 위한 공통된 노력의 일환이라고 해석할 수 있다.

제2차 세계대전 이후 한반도가 일제의 식민지에서 벗어났으나 남북한으로 갈려 미 군정하에 있게 된 남한에는 서구식 자유민주주의가 도입되었고 소련군정하에 있게 된 북한은 소련식 공산주의를 수용하였으며 남북한이 각각 독립정부를 수립한 후 한국정부는 미국의 영향력하에 자유민주주의를 지향한 반면에 북한은 사회주의와 강력한 민족주의를 국민의 의지를 집결하는 사상으로 발전시켰던 것이다.

한국의 통일방향이 자유민주주의를 지향하는 통일이고 북한이 지향하는 통일 방향이 사회주의 통일인데, 서구가 세계 역사의 주역이 된 이래 세계 질서는 자유민주주의 사상과 시장경제 체제를 채택하는 나라들에 의하여 주도되어 왔기 때문에 이러한 제도를 수용하지 않으면 세계질서를 형성하는 주역에서 도태되지 않을 수 없다.

이러한 역사의 흐름에 비추어 볼 때 한반도의 통일은 자유민주주의를 지향하는 통일이 될 수밖에 없으며 한반도가 자유민주주의를 지향하는 통일을 이룩하려면 우선 남한에서 자유민주주의를 지향하는 세력이 절대적으로 우세하여야 한다. 이를 수학적으로 말한다면 현재 한국이 지향하는 통일의 방향과 북한이 추구하는 통일의 방향이 서로 다르기 때문에 한반도의 통일이 이룩되려면 한국이 지향하는 통일 방향의 벡터(vector)량과 북한이 지향하는 통일방향의 벡터량을 합성하였을 경우 나타나는 합 벡터량이 한반도의 통일을 이룩하는 데 필요할 만큼 충분하지 않으면 안 된다.

남북한의 오랜 대치로 인하여 남한에서도 순수한 자유민주주의 이념과 차이를 나타내는 좌익세력이 있고 북한에서도 자유민주주의를 지향하는 세력이 있을 수 있다. 남한은 자유민주주의를 지향하는 것이 주류라면 남한 내의 좌익 세력이 자유민주주의세력에 어떠한 영향을 미치는가는 이들 좌익세력의 이념이 순순한 자유민주주의와 차이를 나타내는 정도에 따라 달리 계산하여야 할 것이다.

이들 좌익세력의 이념이 순수자유민주주의와 비교하여 차이를 나타내는 정도를 수학적인 각도로 추론하여 그러한 좌익세력의 수치에 그 각도의 코사인(cosine) 값을 곱한다면 순수 자유민주주의 세력으로 환산되어 남한에서 순수 자유민주주의 세력을 계산할 수 있을 것이다.

예를 들면 남한에서 100이라는 좌익세력의 이념이 순수 자유민주주의 이념과 60도만큼 차이가 난다면 그들의 세력을 순수 자유민주주의 세력으로 환산할 경우 50의 힘으로 계산할 수 있으며 동일한 방법으로 남한 내에서 전체 자유민주주의 세력을 합산할 수 있을 것이다. 마찬가지로 북한 내에서도 자유민주주의를 지향하는 세력이 있을 것으로 본다면 이러한 세력을 순수 사회주의 세력으로 환산할 수 있을 것이다.

이러한 환산 후 남한의 순수 자유민주주의를 지향하는 세력과 북한의 순수 사회주의를 지향하는 세력을 벡터량으로 보고 합성할 때 합성된 벡터량이 자유민주주의를 지향하는 벡터량이 더 크고 그 차이가 통일을 이룩하는 데 충분한 역량이 될 경우 한반도가 전체 자유민주주의를 추구하는 국가로 통일될 수 있을 것이다.

한반도 전체에서 자유민주주의를 지향하는 세력이 더욱 강하게 되려면 우선 남한 내에서 자유민주주의에 대한 확고한 신념과 자유민주주의 제도가 건전하게 발달하여야 한다. 남한에서의 자유민주주의 제도는 1945년 일본으로부터 해방된 이후 미 군정을 통하여 이식되었으나 실질적으로 자유민주주의가 정착된 것은 1980년대 후반 민주화운동이 성공한 이후부터라고 할 수 있다.

자유민주주의의 실현에 오랜 시일이 소요된 중요한 이유는 한국민이 가지고 있는 전통적 가치관과 생활양식이 서구에서 발달한 가치관과 생활양식을 수용하는 데 시간이 필요하였기 때문이다. 한국은 역사적으로 오랜 기간 농경생활을 하면서 혈연과 지연을 중심으로 군집생활을 하면서 유가사상을 전통적 가치관으로 수용하였다. 이러한 생활양식으로 인하여 개관적인 법에 의한 통치보다 지도자의 주관적 판단에 복종하도록 함으로서 집단의 질서를 유지하려는 경향이 강하여 개인주의를 바탕으로 개관적인 법의 지배를 우선시하면서 발달한 서구 자본주의의 제도와 관행에 적응하는 것이 용이하지 않았다.

법적 측면에서 본다면 한국이 일본의 사례를 참고삼아 서구에서 발전한 대륙법과 영미법의 법원칙을 선별적으로 수용하고 한국인의 전통적 가치관을 고려하여 한국의 법제도를 명문화하였으나 서구의 법이 개인주의를 바탕으로 하고 있는 데 비하여 우리사회에서는 아직도 농경사회의 집단생활을 할 때 지도자의 권위에 복종하고 지도자는 집단구성원 간의 형평을 중시함으로써 집단의 질서를 유지하여 온 관행이 잔존하고 있어서 법제도와 국민의식이 괴리를 나타내는 경우가 많다.

특히 한국 민법 중 친족 상속 편은 한국사회가 자본주의 사회로 발전함으로 나타나는 의식구조가 전통적 가치관과 차이가 커짐에 따라 법제도를 국민의식의 변화에 맞추어 개정하여 왔으나 아직도 현대사회가 요구하는 법질서와 전통적 가치관과의 괴리로 인한 갈등이 지속되고 있다.

한국민법은 1960년부터 시행되어 현재까지 9차에 걸쳐 개정되었으며 그 중 다섯 차례의 개정이 친족과 상속 편에 관한 것이었는데 개정 사유의 대부분은 한국사회가 농경사회에서 자본주의사회로 변화하면서 개인주의가 발달한 것에 기인하는 것이다.

그 결과 개인의 자유와 남녀평등의 사상이 반영되어 친족의 범위가 축소되고 상속에서 배우자의 권리가 크게 신장되었으며 호주제도가 폐지되고 상속에서 남녀평등의 원칙과 여성의 출가出嫁 여부에 따른 상속분의 차별을 폐지한 것등은 우리나라가 남성위주의 대가족제도를 유지하였던 농경사회에서 여성권리의 신장과 함께 소가족제도와 자본주의 사회로 변화하여 개인의 자유 평등을 존중하는 가치관이 법제도에 반영된 것을 의미한다.

이와 같이 한국의 법제도가 국민 의식수준의 변화에 맞추어 변경되어 왔음에도 불구하고 아직도 한국사회에서는 과거 농경사회에서 군집생활을 하던 영향이 강하게 남아 있어서 집단 구성원 개인의 능력과 노력에 따른 실적에 기초한 부의 분배에 익숙하지 않고 집단구성원 전체의 형평적 배분을 요구하는 정서가 강하게 작용하고 있으며 집단의 지도자가 권위주의로 집단의 질서를 유지하려는 경향이 남아있어서 법의 정신에 따른 구체적 정의가 실현되기 어려운 경우가 자주 발생한다.

서구에서 발달한 법의 정신은 개인 간의 분쟁이 발생하였을 경우 법의 집행자는 사건 당사자 개인의 자유의사를 최대한 존중하여 사건 당사자의 진술을 기초로 공평한 제3자로서의 판단을 제시하는 것이나 한국에서는 법 집행자가 권위의식을 가지고 자기의 주관적 정서에 기초한 판단을 당사자에게 주입하려는 경향이 있다. 이러한 점은 한국의 재판과정과 서구의 재판과정을 비교할 때 단적으로 드러나는 현상이다.

한국사회에서는 오랜 농경생활에서 오는 군집생활의 습속으로 인하여 오늘날에도 사회구성원들이 다른 선진국 사회에 비하여 더 강한 혈연, 지연, 학연 등 연고주의(cronyism)와 정치, 행정, 언론, 노동, 사법 등 각 분야에 걸쳐 법치주의를 위협할 정도의 집단 이기주의(collective egotism)로 자유민주주의의 건전한 발전을 위협하고 있음이 현실이다. 이러한 현상은 아직도 우리사회가 농경문화에서 군집생활을 하던 우리의 전통적 생활방식이 개인주의를 바탕으로 발전해 온 자본주의체제로 이행하는 과정에 있기 때문이라고 볼 수 있다.

연고주의는 국가가 가지고 있는 인적 물적 자원의 효율적인 배분을 저해하여 전체의 생산성을 저하시키고 집단이기주의는 집단구성원이 합동으로 비리를 자행하고 비리가 사회에 부각되면 집단구성원 전체이름으로 항거하여 법에 따른 처리를 방해함으로써 사회의 부정과 부패의 차단을 어렵게 한다.

한국사회에서 강하게 남아있는 연고주의와 집단이기주의는 자본주의의 기본 전제조건인 공평한 기회가 주어진 상황에서 경쟁 (competition), 개인 간의 거래 내용에 대한 투명성(transparency), 경제 활동 결과에 대한 예측성(expectancy)이 제대로 작동하지 못하게 함으로써 경제발전에 장애요소로 작용한다.

이러한 점에 비추어 볼 때 만약 한국사회가 건전한 자유민주주의 실현을 위한 노력을 하는 것을 게을리 한다면 북한주민들은 한국의 체제를 받아들일 경우 그들이 남한사람과 동등하게 자유민주주의의 혜택을 받을 수 있을 것인가에 대한 회의를 없애기 어려울 것이며 그만큼 한반도의 통일이 어려워질 것이다.

다음으로 한국은 역사적으로 중국의 영향을 가장 많이 받은 나라임을 감안하여 중국의 개혁방안이 어떻게 실천되고 그것이 가져올 파급효과를 가장 면밀하게 검토하여야할 것이다.

중국이 '중국식 사회주의'를 유지하면서 지속적으로 발전할 경우 중국이 국제사회에서 차지하는 위상이 크게 변화하면서 한반도에 미치는 영향에도 큰 변화를 가져올 것이다. 중국이 경제적, 군사적으로 미국에 필적할 수 있는 시기가 도래하고 세력 범위를 확장시켜서 '중국식 사회주의'의 가치관을 그 세력 범위 내에 전파시키려고 한다면 한반도는 과거 청과 일본, 일본과 러시아가 대립하는 현장이 되었던 역사에 비추어 또다시 대륙세력과 해양세력 간의 세력 다툼의 장場이 될 가능성이 있다.[260]

앞으로의 국제질서에서 미국과 중국이 상호 대립할 경우 한국은 세계 각국 중 중국과 미국 중 어느 국가와 더 밀접한 관계를 유지할 것인가에 대한 선택의 압력을 가장 강하게 받을 수 있는 국가이다. 한국이 미국과 더욱 밀접한 관계를 발전시킨다면 한국은 서구식 자

---

260) 김세형, "중국이 세계를 지배하는 날이면", 매일경제신문 2010.12.30 A33 참조

유주의를 지향하고 중국식 사회주의의 발전이 올바른 방향이 아니라는 것을 한국이 인정하는 결과가 될 것이며, 한국이 미국보다 중국과 더욱 밀접한 관계를 유지하게 된다면 한국에서 서구식 자유주의 이념이 중국식 사회주의에 의하여 퇴색되고 있다는 증거를 세계에 보여주는 결과가 될 것이다.

한국이 중국식 사회주의에 동조할 것인가 서구식 자유민주주의를 지향할 것인가는 한국 스스로의 발전에 어느 가치관이 더 유리한가를 판별하여 결정하여야 한다.

한국이 일본의 식민지를 벗어난 후 오늘날 세계 10위의 경제대국으로 발전할 수 있었던 주요한 원인은 한국이 서구의 자유민주주의 사상을 받아들이고 시장경제 체제를 선택하였기 때문이다. 특히 한국 기업과 한국 상품이 세계시장에서 경쟁력을 확보할 수 있었던 것은 한국이 서구 자유민주주의를 바탕으로 한 국제 경제질서의 혜택을 받을 수 있었던 것이 중요한 요인이었음을 인식하여야 한다.

그러나 다른 한편으로는 중국이 1970년대 후반 개혁과 개방을 단행하고 시장경제 체제를 수용한 이래 경제대국으로 발전하여 오늘날 중국이 한국의 최대 무역 대상국이 될 만큼 한국과 중국의 경제적 관계가 밀접하게 된 사실에 비추어 볼 때 한국이 앞으로 중국과의 정치적 관계를 어떻게 발전시켜 나갈 것인가가 한국의 장래에 지대한 영향을 미칠 수 있게 되었다.

동북아시아 지역에서 미국, 중국, 일본, 러시아 간의 세력 변화가 새로운 국제질서의 중요한 변수가 될 것인데, 이 지역에서 대립이 일어나는 가장 큰 원인은 일본이 1868년 명치유신明治維新을 단행한 이후 서양문물을 적극 수용하고 서구열강과 같이 제국주의를 실시하여 주변국을 침략한 사실과 중국의 부상과 함께 중화사상이 새롭게 대두되고 있는 현실에 기인한다.

　일본은 서구열강 중심으로 이룩된 시장경제 체제와 자유민주주의를 수용하였으나 바로 군국주의로 변신하여 주변국을 침략하면서 태평양전쟁을 일으키고 제2차 세계대전 후 자유민주주의 체제로 변화하였다. 동북아시아에서의 현재의 대립의 주된 원인은 일본이 서구열강의 전례에 따라 주변국을 침략한 결과가 서구열강이 아프리카, 남미, 태평양, 아시아의 국가들을 침략한 결과와 같지 않은 데 있다.

　서구열강과 그들이 제국주의를 실시하여 침략한 국가와의 관계는 상호간에 문명의 교류가 없던 국가 간에 서구열강이 식민지를 개척하고 이 지역에서 힘에 의한 통치를 하면서 그 지역에서 서구 문화를 이식한 데 비하여 일본이 침략한 주변 국가는 수천 년간 상호교류가 있었으며 한 때는 일본이 이들 국가로부터 일본보다 높은 수준의 문화를 받아들인 역사적 사실에 비추어 일본이 서구열강의 흉내를 내어 이들 국가를 침략하여 서구열강과 같은 잔혹한 통치를 한 데 대하여 주변국가가 인내하기 어렵기 때문이다.

　일본은 오랜 역사에서 상호 문물을 교환하고 문화적 유대관계가 밀접하였던 인접 국가를 침략하여 이들 국가에게 피해를 준 데 대하여 독일이 인근국가에 피해를 준 것을 반성하는 것과는 달리 일본의 인극 국가에 피해를 준 데 대하여 반성하지 못하는 근본 이유는, 일본은 독일과 달리 인근 국가에서 이룩하지 못한 근대화를 달성하였으며 일본의 인근 국가에 대한 피해는 이들 국가가 근대화하지 못한 대가로 간주하는 경향이 있기 때문이다.

　일본의 이러한 생각은 피해 당사국인 인근 국가로서는 수용하기 어렵기 때문에 일본과 일본이 침략한 인근 국가와의 관계에서는 일본 침략의 결과로 파생하는 문제에 대한 완전한 해결이 매우 어려

워 이 문제가 동북아에서의 새로운 평화질서 수립에 장애요소로
남아있다.

한편 중국은 개혁개방 이래 괄목할만한 경제성장과 국제사회에서
의 발언권이 강화된 것을 기화로 중국이 아편전쟁 이전에 향유하였
던 국제적 위상을 회복한다는 것을 요지로 하는 '중국의 꿈(中國的
夢)'을 실현한다는 목표를 설정하고 있다.

만약 중국이 이러한 목표를 실현하는 과정에서 기존의 국제질서를
무시하고 중화사상에 입각한 중국의 일방적인 입장을 국제사회에 강
요하려 한다면 기존의 국제질서를 유지하려고 하는 세력과의 충돌을
야기할 수도 있을 것이다.

중국은 오늘날의 국제법이 서구열강이 일방적으로 그들의 이해관
계를 기준으로 제정된 것이라고 보고 중국의 위상에 맞는 새로운 국
제질서의 수립을 주창하면서 2013년 1월에는 지도상 남중국해의 대
부분을 포함하는 해역 외곽에 10개의 짧은 선(dash)으로 연결하고 이
를 중국의 '국계(國界: national boundary)'라는 주장을 하였으며 최근
에는 주변국과 영유권 분쟁이 있는 남사군도南沙群島에 인공 섬을 건
설하여 여기에 무기를 반입하였다.

중국의 이러한 움직임은 1982년 유엔 해양법과 같은 기존의 국제
법 질서가 서구국가중심으로 형성되었다고 보고 이러한 국제질서에
대체하여 중국이 주변국가로부터 조공을 받던 아편전쟁 전의 중국의
위상이 고려된 새로운 법질서를 창설할 것을 주장하는 것으로 간주
할 수 있다.

이러한 중국의 주장은 기존의 국제질서의 창설에 중심역할을 하였
던 미국을 중심으로 한 서구 국가가 강력히 반대할 뿐만 아니라 중국
이 아시아 태평양 지역에서 패권적인 지위를 차지할 가능성에 강한

우려감을 나타내는 일본이 미국과 연대하여 중국의 의도를 저지하려 하고 있다.

또한 남중국해의 도서 영유권과 해양경계획정에 관하여 중국과 갈등을 보이고 있는 중국 주변 국가인 베트남, 필리핀, 타이완, 말레이시아 등도 중국의 주장에 대하여 강하게 항의하고 있는 만큼 중국이 앞으로도 남중국해에서서 중국의 입장을 관철하려고 무력행사까지 시도한다면 이 지역에서 중국과 다른 이해당사국 간의 무력충돌이 야기될 가능성도 있다.

만일 앞으로 남중국해에서 무력 충돌이 발생한다면 그 무력 충돌의 결과가 새로운 국제질서 형성의 방향을 결정하는 데 중대한 영향을 미치게 될 것이다.

제22장 결론

    기록에 의하여 인류 역사를 추적할 수 있는 시기는 대략 기원전 3000년부터이라고 하는데, 이러한 기간은 우주가 약 137억 년 전에 형성되었고 지구가 약 45억 년 전에 탄생하였으며 지구에 인류가 나타난 것이 약 200만 년 전이라고 하는 과학의 학설에 비추어 본다면 인간의 문명 역사는 아직도 지극히 짧은 기간에 불과하다.

    기록으로 추적할 수 있는 약 5천 년의 기간 중 사람들은 많은 변화와 발전을 이룩하였는데 이러한 변화와 발전은 시대별로 단절되어서 이룩되어진 것이 아니라 전 시대를 통틀어 상호 연관성을 가지고 이루어진 것이므로 오늘날의 상황을 이해하고 장래의 발전 방향을 전망하려면 전 시대에 걸쳐 이루어진 변화와 발전의 연관성을 파악하여야 한다.

    인류역사는 사람의 행위에 의하여 이루어진 것이며 사람의 행위는 사고과정을 거쳐 나타나는 것이므로 역사를 이해하려면 역사를 이룩한 사람들의 생각을 알아야 한다. 사람들의 생각은 경험과 학습을 통하여 얻게 되나, 사람들의 일생 동안 경험할 수 있는 일이 극히 제한되어 있어서 스스로의 경험보다도 다른 사람으로부터 배우거나 다른 사람의 말을 믿거나 하여 이루어진다.

사람들의 생각은 사람들의 생활양태와 밀접한 관계를 가지게 되는데, 주로 농경생활을 해온 사람들은 특정 토지에 정착하여 집단을 이루고 생활하여 그 집단의 질서유지가 가장 우선적인 과제이었다. 그리고 그 집단 내에서 학식이나 경험이 많다고 생각되는 자를 지도자로 선정하여 질서유지의 권한을 그 집단의 지도자에게 위임하는 경향이 강하다. 이에 비하여 유목생활이나 이질적인 집단과의 교역을 생활수단으로 삼는 경우에는 물리적인 힘이 강한 자가 집단을 통솔하면서 객관적인 규범을 정하고 규범을 통하여 상호 관계를 정립하려는 경향이 강하였다.

인류역사에 가장 큰 영향을 미친 문명은 중국 문명과 그리스 · 로마 문명이었는데 중국 문명은 강 유역에서 농경생활을 하면서 발달한 문명이고 그리스 · 로마 문명은 지중해라는 바다를 중심으로 이웃나라 사람들과 교역을 하면서 발달한 문명이었다.

인류 문명의 시작 이래 약 5천 년 동안 인류는 개개 인간이 어디에서 와서 죽은 후에 어디로 가는지에 대한 의문과 죽음의 공포를 가지고 살아왔는데 이러한 문제에 대한 해답을 얻기 위하여 종교와 사상에 의존하게 되었다. 인류는 그동안 인간이 가진 이성理性의 고귀함을 깨닫고 이성에 의한 인지 작용을 넓혀 고도의 과학발전을 이룩하여 오늘날 극대분야에서 우주 생성의 내막을 탐구하고 극소분야인 양자역학에서 물질 구성분자의 최소단위를 파악하는 성과를 이룩하였다.

우주 내에서 일어나는 모든 현상은 인간이 알아낸 극소분야의 단위조직들이 극대분야에까지 이르는 전 영역에서 상호작용과 그러한 작용 간의 인과관계에 의하여 일어나며 이러한 상호작용과 인과관계로 인하여 우주의 현상은 전체로서의 조화로운 질서(cosmos)를 유지한다고 해석할 수 있을 것이나, 인간 능력의 한계로 인하여 이러한 과정을 과학적인 증명을 통하여 인식하지 못하기 때문에 신神의 개념을 만들어 신의 의지에 의하여 결과가 만들어진다고 믿는 것이 종교이다.

또한 오늘날의 과학도 인간의 삶의 방법을 제시하거나 영혼과 죽음의 문제에 대한 명쾌한 해답을 주지는 못하기 때문에 사람들은 자신이 가진 종교와 사상에 따라 생활하는데, 이에 따라 종교와 사상을 달리하는 집단 간의 갈등이 유발되기도 하고 있다.

1970년대 초 중국에서 발견한 유적으로 중국대륙에서 한족漢族들은 황허 유역에서 밭농사를 시작한 때로부터 이미 약 2000년 전에 이미 그 남쪽인 창장長江 유역에서 계절풍의 영향으로 강우량이 특정기간에 집중되어 논에 물을 저장하여 농사를 짓는 방식으로 벼농사를 한 것이 알려졌는데, 벼농사를 하는 사람들은 관개시설을 공동으로 유지하여야 하는 특성으로 토지에 정착하여 집단을 이루어 서로 협조하면서 살아가기 때문에 인구중가율이 다른 지역보다 높다.

이들 한족들은 농사에 절대적으로 영향을 주는 하늘天이 이치理致를 가지고 만물을 관장하며 자신들을 통치하는 통치자는 하늘의 뜻에 따라 통치행위를 하는 것이며 자신들의 집단의 질서를 유지하는 것을 가장 중요하게 여기고 이를 위하여 집단 구성원들은 지도자의 가르침을 잘 따라야 한다고 생각하였다.

이들은 기원전 6세기의 공쯔孔子가 제창한 유가사상儒家思想을 사회생활과 국정의 기본 이념으로 삼고 서북부지역의 유목민과 대치하면서 살았는데 그들은 토지를 중심으로 정착생활을 하여 전통문화를 계승 발전시켜 왔기 때문에 그들의 역사 중 약 절반의 기간은 주변의 이민족인 유목민이나 삼림족에 의하여 지배를 받거나 이들과 분할하여 지배하지 않을 수 없었으나 이민족이 지배하더라도 그들의 전통 문화가 수용되고 계승되었다.

그리스·로마인들은 그들의 운명에 영향을 미치는 인간과 같은 감정을 가지는 신神의 존재에 의한 것으로 믿고 그들이 접촉하여야 하는 이질적인 사람들과의 관계를 객관적인 법률로서 규정하려고 하는 경향이 강하였다. 로마 통치시대에 유대민족에 의하여 기독교가 탄생하였으며 로마가 게르만족에게 멸망당하고 게르만족이 대거 유럽지역에 이주하여 새로운 왕국을 세우고 과거 로마가 지배하였던 지역을 다스리는 데 기독교를 활용하는 것이 효과적이라는 것을 느끼게 되어 그들 자신이 기독교도가 되고 기독교를 전 유럽에 보급시켰다.

이후 유럽에 약 1000년간 국가와 교회가 함께 지배하는 중세 봉건사회가 유지되면서 왕족과 왕이 임명하는 기사계급과 기독교의 신부계급이 유럽의 평민들을 지배하게 되었다. 그러나 중세시대에 도시의 상공업자들과 자유직업에 종사하는 지식인들이 모여 자본가 계급(부르주아지)을 형성하여 나중에 자본주의로 발전할 수 있는 기틀을 마련하였다.

이 사이 사우디아라비아 반도에서 생겨난 이슬람교는 기독교의 삼위일체설을 부정하고 알라신의 뜻을 지상에 전달하는 예언자 무함마드를 믿고 기독교 교리에 정면 대결함으로써 이슬람교와 기독교가 성지탈환 문제를 위요하고 2세기에 걸친 전쟁을 하게 되었으며, 이 전쟁을 통하여 유럽의 기독교도들이 자신들보다 문화수준이 높은 이슬람 문화와 동로마제국에 자극을 받아 인간중심으로 돌아가자는 문예부흥(Renaissance) 운동과 이어서 종교개혁 운동이 일어났다. 종교개혁자 중 스위스의 칼뱅은 "신의 은총을 받는 자는 자기가 지상에서 맡은 바 소임에 충실한 자"라는 새로운 윤리관을 제시하였다.

이러한 신교도 정신을 중세에 생긴 도시 자본가 계급이 수용하여 자본주의가 발달하게 되었으며, 17세기 과학혁명과 18세기 산업혁명을 이룩하였고 계몽주의 철학자들이 개인의 자유의지를 존중할 것과 개인들의 자유의지가 모여 일반의지를 이루며 왕의 통치행위의 근거는 일반의지가 그 통치행위를 위임한 데 불과하다는 이론을 제시하여 이러한 이론이 19세기의 시민혁명으로 나타나게 되어 현대 민주국가가 탄생되는 원동력이 되었다.

유럽대륙에서 이러한 다양한 변화가 이루어지고 있는 기간에 중국 대륙에서는 황제지배제도와 이를 뒷받침하는 천명사상天命思想이 유지되면서 현명한 황제가 통치할 시기에는 국가의 번영을 가져왔으나 황제와 황제를 보좌하는 집권층이 황제지배제도 유지를 최우선의 정책 목표로 하였기 때문에 통치 계급과 피통치 계급 사이에 소통의 단절이 생기고 황제의 통치력이 지방에 미치지 못하여 유능하지 못한 황제가 출현하였을 경우 외환과 민란을 유발하여 결국 왕조가 바뀌는 과정을 되풀이하였으며 황제지배 제도에 관한 근본적인 정치개혁이 이루어지지 않았다.

국력을 이루는 요소는 국토나 인구의 크기, 경제력, 군사력과 같은 형상화된 역량 이외에 효율적인 통치를 하는 역량과 국민의 의지를 동일한 방향으로 집결시킬 수 있는 형상화되지 않는 역량도 중요하다.

서구에서는 그리스·로마시대부터 국가권력이 침범하지 못하고 국가권력으로 보호하여야 할 개인의 권리가 있음이 인정되었고 이러한 사상이 근대의 계몽사상이나 시민혁명을 통하여 발현됨으로써 정치적으로 자유민주주의 제도를 발전시키면서 경제적으로는 자본주의를 채택하여 나가는 과정으로 발전하였다.

중국대륙에서는 황제지배제도와 과거제도를 통하여 지식층을 황제지배제도권 내로 흡수하고 일반백성老百姓들은 통치행위에 간여할 수 있는 방안이 봉쇄되어 있어서 서구열강의 침략에 대하여 전 국민의 항거를 유도하지 못하고 19세기 중엽 아편 전쟁이후 유럽열강의 반식민지가 되고 19세기 말엽 일본과의 싸움에서도 패하게 되었다.

밍나라 말기부터 서양문물이 중국에 소개됨에 따라 중국의 학자들이 중심이 되어 중국의 개혁을 단행할 것을 수차례 주장하였으나 통치권자들은 개혁논의가 중국의 황제지배의 통치체제를 위협하는 것이라고 보고 수용하지 않다가 결국 신해혁명으로 청조가 무너지게 되었으며 신해혁명 자체도 보수 반동 세력에게 주도권이 넘어가자 지식인들이 5.4운동으로 중국을 개혁하고자 하다가 주류세력이 그당시 일어난 국제 공산주의 운동에 동참하여 중국공산당이 창설되고 공산당이 국민당과의 내란에 승리하여 공산주의 정권을 수립하였다.

마오쩌둥이 절대 권력을 행사하면서 추진한 대약진운동이나 인민공사운동이 실패하자 당내의 반발을 무마하기 위하여 문화대혁명이라는 민중운동을 전개하였고 마오쩌둥의 사후 복권된 덩샤오핑을 중심으로 개혁과 개방을 단행하고 시장경제체제를 수용하였으며 2000년대 초 국가주도형 자본주의 체제를 수용하여 급속한 경제발전을 이룩하는 데 성공하였다. 이러한 발전을 기초로 중화인민공화국 수립 100주년이 되는 2049년 이전에 중국을 아편전쟁 이전에 차지하였던 위상을 회복하고자 하는 '중국의 꿈(中國的夢)'을 실현시킨다는 목표를 설정하고 있다.

중국이 '중국의 꿈'을 실현하려면 경제력이나 군사력과 같은 형상화된 역량 이외에 국가의 효율적 운영역량과 국민의지를 결집하는 역량이 필요한데, 자본주의를 택하면서 국가운영방식을 사회주의적으로 하는 것이 효율성이 있을 것인가와 공산주의 노선을 벗어난 이후에 중국인민들의 의지를 결집할 수 있는 사상이 무엇인가가 문제가 된다.

유가사상을 새로운 정치이론으로 도입하려는 학자들의 시도도 있으나 유가사상은 원래 농경사회를 유지하면서 도시국가이었던 저우周나라에서 가정의 윤리를 확대하여 국가 통치원리로 삼으려는 이상적인 사상이었으며 중국의 전통적인 황제지배제도를 유지하는 데 유익한 사상이었으나, 오늘날 중국이 자본주의 체제를 수용하여 국민의 생활 양태가 자본주의에 적응하여 개인주의로 변하고 있는 상황에 비추어 볼 때 이러한 사상이 중국인민의 의지를 결집할 수 있을지는 의문이다.

만약 중국 통치자가 중국인민들의 의지를 결집하는 사상으로 중화사상을 원용하여 기존의 국제질서를 무시하고 중국주도의 새로운 질서를 수립하고자 한다면 기존질서를 수호하려는 세력과의 충돌이 야기될 수 있을 것이다.

냉전 종식 이후 미국이 주도하는 세계평화질서의 수립 시도가 새로운 국제규범을 만드는 과정에서 미국이 보여준 도덕적 해이, 2001년 9.11 사태의 처리 과정, 2007년 이후의 미국 발 세계금융질서의 교란 등으로 실패로 끝나자, 오늘날 세계는 새로운 질서 수립을 위하여 가치관을 같이하는 국가군이 서로 연합세력을 형성하여 자기들의 가치관을 새로운 국제질서 수립의 기준으로 하려고 하고 있다.

그러나 오늘날 세계가 시장경제 체제를 수용하고 있는 만큼 장기적으로 볼 때 새로운 국제질서는 결국 시장원리에 충실한 가치관이 새로운 국제질서 수립에 주도적 역할을 하여나갈 것이며 과학의 지속적인 발전에 힘입어 세계 각 민족의 서로 다른 종교와 사상에서 도그마(dogma)적 요소가 사라지고 시장의 원리에 따른 공정한 거래가 이루어지며 상호협조를 통한 공동발전을 추구한다면 세계의 평화질서가 구축될 수 있을 것이다.

한국도 새로운 국제질서 수립에 능동적으로 참여하려면 우선 한반도를 통일하는 문제로부터 출발하여야 하는데, 한반도 통일에서 가장 핵심적인 문제는 남북한 주민들의 의지를 같은 방향으로 결집시키는 것이다. 한반도 주민들의 장래에 가장 유리한 통일 조건은 남북한 주민들이 공동으로 자유민주주의의 가치관을 수용하고 이러한 가치관을 건전하게 발전시키는 것이다.

참고문헌

(1) 서적
가. 한국어 서적

孔丘, 孟軻/李家源 譯解, 「論語 孟子」: 東西文化社, 1978

曾參. 子思/車相轅 譯解, 「大學 中庸」: 東西文化社, 1978

金容九, 「世界外交史(上. 下 合本)」: 서울대학교출판부, 1993

羅鐘一, 閔錫泓, 尹世哲, 「文化史」: 서울대학교출판부, 1982

邊太燮, 「三訂版 韓國史 通論」: 三英社, 1993

白鐘基, 「近代韓日交涉史研究」: 正音社, 1977

김계동, 「현대유럽정치론 정치의 통합과 통합의 정치」: 서울대학교출판부, 2007

나. 영어 서적

Bertrand Russel, 「A History of Western Philosophy」, Simon & Schuster, New York : 1972

Arnold J. Toynbee, 「A Study of History, Vol. 1-X」, Oxford University Press, Oxford : 1973

J. M. Roberts & Odd Arne Westad, 「The History of the World(sixth edition)」, Oxford University Press, Oxford : 2013

John A. Garraty and Peter Gay (edited), 「The Columbia History of the World」, Harper & Row, Publishers, New York : 1984

Max Weber, 「The Protestant Ethic and the Spirit of Capitalism」, Wilder Publication, LLC., TN.USA 2011

Wing-Tsit Chan (translated and compiled), 「A Source Book in Chinese History」. Princeton University Press, Princeton, New Jersey: 1963

Fung Yu-Lan, 「*A Short History of Chinese Philosophy (edited by Dirk Bodde)*」. The Free Press, New York, London, Toronto, Sydney, Singapore: 1976

Mikiso Hane, 「*Modern Japan- a Historical Survey*」, Westview Press, USA : 1992

Peter Heather, 「*Empires and Barbarians, The Fall of Rome and the Birth of Europe*」, Oxford University Press, Oxford, New York: 2009

Eric H. Mielants, 「*The Origin of Capitalism and the Rise of the West*」, Temple University Press PA, USA: 2008

R. H. Tawney, 「*Religion and the Rise of Capitalism*」, Transaction Publishers, New Bunswick (U.S.A.) and London(U.K.),: 2008

Francis Fukuyama, 「*The End of History and the Last Man*」, Avon Books, New York,: 1992

Francis Fukuyama, 「*The Origins of Political Order, from Prehuman times to the French Revolution*」, Farrar, Straus and Giroux, New York: 2011

Francis Fukuyama, 「*America at the Crossroads, Democracy, Power and the Neoconservative Legacy*」, Yale University Press, Newhaven and London: 2007

Herold C. Hinton, 「*Communist China in World Politics*」, Houghton Mifflin Company, Boston: 1966

Henry Kissinger, 「*On China*」, Penguin Group, New York, New York; 2011

Harrison E. Salisbury, 「*The Long March, the untold story*」, Harper & Row, Publishers, New York: 1985

Carl E. Walter, Fraser J. T. Howie, 「*Red Capitalism*」, Wiley & Sons,

Singapore Pte. Ltd. Singapore: 2012

Tony Saich, 「Governance and Politics of China」, New York, England, Palgrave Macmillan, second edition, Hampshire, New York: 2004.

Richard C. Bush, 「Untying the Knot. Making Peace in the Taiwan Strait Brookings」, Washington, DC: 2005.

Judith F. Kornberg & John R. Faust, 「China World Politics, Policies, Processes, Prospects」. Lynne Riener Publishers. Inc., Boulder, Colorado, London, Vancouver: 2005.

Andrew J. Nathan, 「Chinese Democracy」, Alfred A. Knopf, Inc., New York, New York: 1985

Steinfeld, S. Edward, 「Playing Our Game, Why China's Economic Rise doesn't Threaten the West」, Oxford University Press, Oxford, New York: 2010.

Robert A. Dahl, 「A Preface to Economic Democracy」, University of California Press, Los Angeles : 1985

Daniel A, Bell. 「China's New Confucianism, Politics and Everyday Life in a changing Society」. Princeton University Press, Princeton, New Jersey, Oxford: 2008.

Ezra Vogel, 「Deng Xiaoping and the Transformation of China」, Harvard University Press, U.S.A.: 2011

Martin Jacques, 「When China Rules the World」, Penguin Books :2012

Joseph S. Nye, Jr. 「Is the American Century Over?」, Polity Press, Cambridge, (U.K.) : 2015

Willy Wo-Lap Lam, 「Chinese Politics in the Era of Xi Jinping, Renaissance, Reform, or Retrogression?」, Routledge (New York and London : 2015

Xiaoming Chen, 「*From the May Fourth Movement to Communist Revolution, Guo Moruo and the Chinese Path to Communism*」, State University of New York, Albany(USA), 2007

Stephen Hawking, 「*The illustrated, A Brief History of Time*」, Bantam Books, New York : 1996

Stephen Hawking and Mlodinow, 「*The Grand Design*」, Bantam Books, New York : 2010

다. 중국어 서적

李澤厚, 「*中國古代思想史論*」, 三民書局, 臺北, 1994

　　　 「*中國近代思想史論*」, 三民書局, 臺北, 1994

　　　 「*中國現代思想史論*」, 三民書局, 臺北, 1994

徐中約, 「*中國近代史(上册)*」 *1600-1923,* 中文大學出版社, 香港, 2001

　　　 「*中國近代史(下册)*」 *1911-1998,* 中文大學出版社, 香港, 2002

張玉法, 「*中國現代史,* 臺灣: 〉東華書局, 臺灣, 2004.

張豈之, 楊先才, 「*中華人民共和國*」, 五南圖書出版公司, 臺北, 2002.

施哲雄 主編, 「*發現當代中國*」, 揚智文化, 臺北: 2003

蘇起, 「*危險邊緣: 從兩國論到一邊一國*」, 台北, 天下文化書坊, 台北, 2004

龍華, 「*胡溫治國揭秘*」, 香港新華彩印出版社, 香港: 2005

赵汀阳, 「*天下体系, 世界制度哲学导论*」: 中國人民大學出版社, 北京, 2011

劉明福, 「*中國夢*」: 中華書局. 香港, 2010

蒋庆, 「*政治儒学──当代儒学的转向 '特质与发展*」, 三联书店, 北京, 2003

(2) 신문

조선일보

매일경제신문

International New York Times (International Herald Tribune)

中國時報

(3) 인터넷 자료

百度百科,〈解放思想〉http://baike.baidu.com/view/1033138.htm

百度百科,〈科学发展观〉http://baike.baidu.com/view/15952.htm

百度百科,〈集体主义〉http:/baike.baidu.com/view/15952.htm

新浪财经,〈科学发展观统率中国经济〉

    http://finance.sina.com.cn/nz/kxfzg/index.shtml

搜狐新闻,〈庆祝中国共产党成立90周年大会(文字实录)〉

http://news.sohu.com/20110701/n312192568.shtml

财经网,《财经》综合报道,〈我国城乡收入差距比 3.23：1

    全球差距最大的国家之一〉

    http://www.caijing.com.cn/2011-08-24/110824874.html

人民网.〈中共中央关于构建社会主义和谐社会若干重大问题的决定〉

    http://politics.people.com.cn/GB/1026/4932440.html

搜狗搜索, 中华人民共和国国家统计局 http://123.sogou.com

〈2014年国民经济和社会发展统计公报〉

    http://www.stats.gov.cn/tjsj/zxfb/201502/t20150226_685799.htm

搜狗百科,〈中华人民共和国国家统计局, 中国统计年鉴 2014〉

    http://www.stats.gov.cn/tjsj/ndsj/2014/indexch.htm

搜狗搜索,〈中共力推党组织全覆盖 私营企业中党组织：无实质作用〉

    http://www.wyzxwk.com/Article/shidai/2015/07/347779.html

❀ ⋯• 색인(Index)

주(註): 인명, 지명, 국명 등 고유명사는 가능한 한 원음을 한글로 표기하되 국어화한
것은 우리말 발음에 따랐다.

(숫자)

(ㄴ)

(ㄷ)

(ㄹ)

（ㅂ）

(ㅈ)

（ㅊ）

(ㅌ)

(ㅍ)

(ㅎ)